Inhaltsverzeichnis

1. Abkürzungsverzeichnis

AGrp	Armeegruppe
AK	Armeekommando
AKO	Armeeoberkommando
Brig.	Brigade
Div.	Division
DOHL	Deutsche Oberste Heeresleitung
Dt.	deutsch
Erzhg.	Erzherzog
EB	Evidenzbüro; Nachrichtendienst
FM	Feldmarschall
FML	Feldmarschallleutnant
FKR	Feldkanonierregiment
Frhr. v.	Freiherr von
FZM	Feldzeugmeister
GdA	General der Artillerie
GdI	General der Infanterie
GdK	General der Kavallerie
GFM	Generalfeldmarschall (dt.)
GLt	Generalleutnant (dt., russ.)
GM	Generalmajor
GO	Generaloberst
Glstb	Generalstab
GR	Geheimer Rat
HGr	Heeresgruppe
HITD	Honvéd-Infanterie-Truppendivision
HKTD	Honvéd-Kavallerie-Truppendivision
Hptm	Hauptmann
Inf.	Infanterie
Inf.Div.	Infanteriedivision
ITD	Infanterie-Truppendivision
KA	Kriegsarchiv
KM	Kriegsministerium
Kav.	Kavallerie
KavDiv.	Kavalleriedivision
Kdo. (Kmdo.)	Kommando
Kdt.	Kommandant
k.k.	kaiserlich-königlich
KTD	Kavallerie-Truppendivision
k.u.	königlich-ungarisch
k.u.k.	kaiserlich und königlich
Ldw	Landwehr
LG	Leibgarde
Lt	Leutnant
LITD	Landwehr-Infanterie-Truppendivision
Mjr	Major
MK	Militärkanzlei
MKSM	Militärkanzlei Seiner Majestät
MMThO	Militär-Maria-Theresien-Orden

NA	Nachrichtenamt
österr.-ung.	österreichisch-ungarisch
OB	Oberbefehlshaber
Oblt	Oberleutnant
Obst	Oberst
Obstlt	Oberstleutnant
russ.	Russisch
RR	Reichsrat
1. WK	Erster Weltkrieg
WKÖ	Wirtschaftskammer Österreichs

2. Vorwort

Die vorliegende Arbeit beschäftigt sich mit Leben und Wirken des GO Josef Frhr. v. Roth-Limanowa-Lapanów, dem zu seiner Zeit vielbeachteten Sieger der gleichnamigen Schlacht südöstlich von Krakau und dem späteren Militärkommandanten von Tirol.
Nachdem ich selbst aus einer alten Militärfamilie stamme und mich in der Vergangenheit mit der Geschichte der k.u.k. Armee rund um die Zeit des Ersten Weltkrieges beschäftigt hatte, fiel mir auf, dass es zwar seit etwa 1985 zahlreiche (noch) nicht gedruckte Dissertationen und Diplomarbeiten hoher Militärs sowie aktuelle Verlags-Publikationen von Persönlichkeiten wie FM. Svetozar Boroević, FZM Oskar Potiorek, Baron Gottfried v. Banfield, GO Stefan Frh.v. Sarkotić, FM. Franz Conrad v. Hötzendorf und Mjr. Edmund Glaise von Horstenau gibt, nicht jedoch von GO Josef Roth, der zwar – vom Wirkungsbereich gesehen – in der zweiten militärischen Hierarchieebene stand, jedoch aus dieser Position vor allem an der Ostfront im 1. Kriegsjahr Außerordentliches geleistet hat. Zu seiner intellektuellen Fähigkeit, seinem Mut, seiner Entschlusskraft, kam noch etwas hinzu, das in keiner Qualifikationsbeschreibung deutlich hervortritt: seine Kommunikations- und Begeisterungsfähigkeit sowie seine Begabung Menschen zu motivieren und dadurch zu führen. Fähigkeiten, die heute im Bereich des industriellen Managements gesuchte Raritäten sind!
GO Josef Roth´s Söhne, Josef und Alfred, haben schon in den 70er-Jahren die wichtigsten Unterlagen – mehr oder minder ungeordnet – dem Kriegsarchiv in Wien übergeben. HR Dr. Peter Broucek hat sich als Archivar und Militärhistoriker der Skripten, Korrespondenzen, Dokumente und Fotos angenommen und sie unter dem Verzeichnis B.u.C/14 geordnet. Damit war für mich der noch unbearbeitete Nachlass relativ leicht zugänglich. In diesem Zusammenhang möchte ich HR Dr. Broucek für seine wichtigen Hinweise, seine Hilfestellung bei der Recherche und seine Literaturtipps danken.
Die einzige nervliche Belastung bei der Recherche ergab sich für mich aus dem Umstand, dass im Lesesaal des Staatsarchivs/Kriegsarchivs nur ein einziger Fotokopierer vorhanden war, um den sich – zumindest von mir in den Monaten Juni/Juli/August 2003 beobachtet – durchschnittlich fünf bis zehn Wartende scharten. Kompensiert wurde diese nervliche Herausforderung durch die freundliche, kompetente und hilfsbereite Beamtenschaft des Staatsarchivs.
Ein marginales Problem ergab sich für mich aus der Schwierigkeit, dass es mir nicht möglich war, zu allen Persönlichkeiten, die anhand biographischer Skizzen in den Fußnoten beschrieben wurden, die vollständigen Personaldaten zu eruieren.
Mein Dank richtet sich vor allem auch an Dkfm.Dr. Erika Roth-Limanowa, der Enkelin des GO Josef Roth, die mich beim Korrekturlesen sehr unterstützte. Auch hat sie mir ihr privates Roth-Archiv geöffnet und mich damit in die Lage versetzt, einige Begebenheiten darzustellen und Fotos zu publizieren, die nicht im Kriegsarchiv aufliegen.
Unterstützt hat mich auch Ing. Michael Breithofer mit einem Stapel von Fotokopien aus diversen Fachbüchern sowie MMag.DDr. Alexander Hönel, der mich zunächst zum Geschichtestudium verführt, sodann mit Fachliteratur und

Hinweisen eingedeckt und schließlich mit Durchhalteparolen über Wasser gehalten hat.
Last but not least möchte ich mich an dieser Stelle ganz herzlich bei meinem Mentor, Betreuer und Begutachter meiner Arbeit, Univ.Doz.Dr. Bertrand M. Buchmann, bedanken, der mir bei meinem Thema, bei der Auswahl der Schwerpunkte, jede kreative Freiheit gelassen hat.
Somit ist es mir eine Genugtuung, dass ich so eine integere, menschlich wie soldatisch wertvolle Persönlichkeit der versunkenen k.u.k. Armee, genau 90 Jahre nach Kriegsbeginn und der im Dezember 1914 folgenden Schlacht von Limanowa-Lapanów, für einen kleinen aber feinen Interessentenkreis wieder an die Ebene der Wahrnehmung zurückholen konnte.

Hinterbrühl, im August 2004 Georg Reichlin-Meldegg

3. Einleitung

Beruhend auf dem Hintergrund dramatischer Ereignisse und sich dynamisch fortwährend ändernder Szenarien in der Apokalypse des „Großen Krieges" erhoben sich für mich nachstehende Forschungsfragen und Überlegungen, die GO Josef Roth-Limanowa-Lapanów nicht nur als Armeegruppenführer an einigen Brennpunkten des 1. Weltkrieges zeigen, sondern auch den Menschen und Soldaten mit seinen Hoffnungen und Enttäuschungen, Siegen und Niederlagen vor dem Auge des Lesers lebendig machen.

- Wie und unter welchen Abläufen gestaltete sich die Schul- und Akademiezeit von Josef Roth?
- Was waren seine Beweggründe die Kriegsschule zu besuchen?
- Erfolgreicher Kommandant und Erzieher der Jugend in der Theresianischen Militärakademie sowie siegreicher Feldherr in der Stunde der Bewährung – ein Gegensatz?
- Werden die Qualifikationslisten dem Menschen Josef Roth wirklich gerecht? Inwieweit haben sie sein Karriere gefördert, inwieweit behindert?
- Welche Zielsetzung, welchen Verlauf und welche Ergebnisse zeitigte die Schlacht von Tannenberg im Vergleich zur Schlacht von Limanowa-Lapanów?
- Inwieweit verlief die für die k.u.k. Armee unglückliche Schlacht um Luck 1915 auch für GO Josef Roth glücklos?
- Welchen Aufgaben widmete sich Josef Roth-Limanowa-Lapanów nach 1918?

Die Ausarbeitung dieser Fragestellungen sollten GO Josef Roth nicht nur einfach glorifizieren, sondern es sollte versucht werden ein differenzierteres Bild von Roth zu zeichnen, als das, was bisher in den Tageszeitungen zu lesen oder anlässlich von Festreden zu hören war.

FML Josef Roth; Kohlezeichnung v. H. Troggler;
Debno im Februar 1915
Privatbesitz Dr. Erika Roth-Limanowa, Wien 16

4. Lebenslauf – Übersicht[1]

Generaloberst Josef Freiherr von Roth-Limanowa-Lapanów

21. Okt. 1859:	geboren in Triest/Küstenland. Sohn des Josef Roth, kk. Obstlt.; und der Henriette Roth, geb. Heidenreich
21. April 1879:	nach Absolvierung der Wr. Neustädter Militärakademie, Ausmusterung zum Leutnant im Feldjägerbaon No. 21
1. Mai 1884:	Beförderung zum Oberleutnant
1884 – 1886:	Besuch der Kriegsschule / Generalstabskurs
1. Nov. 1886:	Zuteilung zum Generalstab
1. Nov. 1889:	Hauptmann im Generalstabskorps; Dienstleistung bei der 12. ITD Nach Absolvierung einer Truppendienstleistung, Chef des Instruktionsbüros des Generalstabes
30. Jän. 1892:	röm.kath. Eheschließung mit Gräfin Malwine v. Lažansky-Bukowé in Wien (4 Kinder: Melanie, Josef, Marga und Alfred)
1. Nov. 1895:	Beförderung zum Major i.G.
1. Nov. 1897:	Versetzung zum V. Korpskdo.
1. Mai 1898:	Beförderung zum Obstlt. i.G.
1. April 1900:	Versetzung zum IR. 76
28. März 1901:	Überstellung ins Generalstabskorps; Chef des Büros für instruktive Arbeiten und Übungen des Generalstabes
1. Nov. 1901:	Beförderung zum Oberst i.G
25. April 1908:	Kdt der 94. InfBrig
1. Mai 1908:	Ernennung zum Generalmajor und Brigadier
8. April 1910:	Kdt. der MilAK in Wr. Neustadt (bis zum Ausbruch des Ersten Weltkrieges)
1. Mai 1912:	Ernennung zum FML.
5. Aug. 1914:	Zu Kriegsbeginn Kdt der 3. ITD. Teilnahme an allen Operationen der Armee Auffenberg sowie an der siegreichen Schlacht von Komarów.
1. Okt. 1914:	Kdt. des XIV. (Tiroler) Korps. Leitung der Operation, die zur siegreichen Schlacht von Limanowa-Lapanów führte.
Mai 1915:	Teilnahme an der Offensive, die zur Eroberung von Lublin führte, Vormarsch bis Suchowole, Kämpfe über Cholm nach Luck
22. Aug. 1915:	Ernennung zum General der Infanterie, Ernennung durch Kaiser Franz Joseph I. zum wirkl. Geheimen Rat
15. März 1916:	Landesverteidigungskdt. v. Tirol, Erhebung durch Kaiser Franz Joseph I. in den Ritterstand mit dem Adelsprädikat "von Limanowa-Lapanów"

[1] Österr. Staatsarchiv/Kriegsarchiv, Bestandsgruppe „Nachlässe und Sammlungen des ÖStA, Nachlass Roth-Limanowa B 14 : 6
Siehe auch: Österr. Akademie d. Wissenschaften (Hg.), Österreichisches Biographisches Lexikon 1815-1950, redgt. v. Eva Obermayer-Marnach, IX Bd., Wien 1988, 282

15. Juli 1916:	Kdt. des Korps Roth (später XX. Korps) in Brixen, sodann in Südtirol)
29. Juli 1917:	Ehrenbürger von Brixen
27. Feb. 1918:	Gleichzeitig mit der Beförderung zum Generaloberst erfolgt seine Berufung zum Generalinspektor der Militär-Erziehungs- und Bildungsanstalten sowie zur Obersten Leitung des Heimkehrerwesens
2. Okt. 1918:	Zuerkennung des Ritterkreuzes des Militär-Maria-Theresienordens (MMTHO), Erhebung in den Freiherrenstand
2. Dez. 1918:	Pensionierung des GO Josef Frhr. v. Roth-Limanowa mit nur 59 Jahren
Nach 1919:	Präsident und Ehrenpräsident des Vereines Alt-Neustadt, Präsident und Ehrenpräsident des Offiziers-Verbandes, Vorsitzender des obersten Offz.-Ehrenrates, Präses des Kapitels des Militär-Maria-Theresienordens, Erster Präsident des Reichskameradschafts- und Kriegerbundes von Österreich Vorwahl zum Kandidaten der Bundespräsidentenwahl;Josef Roth lehnt jedoch aus gesundheitlichen Gründen ab.
9. April 1927	Josef Roth stirbt in Wien an einem Darmkrebsleiden
13. April 1927	Aufbahrung im großen Marmorsaal des Militärkasinos in Wien 1., und anschl. Staatsbegräbnis auf dem Wiener Zentralfriedhof

5. Herkunft, Abstammung und Familienumfeld der Familie Roth

Das Geschlecht der Familie Roth stammt ursprünglich aus Württemberg[2], war aber seit Mitte des 18. Jahrhunderts in Wien ansässig. Stammvater ist der Würzburger Baumeister und Stuckateur Franz Joseph Roth, ein Zeitgenosse und Mitarbeiter des Balthasar Neumann, Ende 16./ Anfang 17. Jhdt.
Die Ahnentafel[3] ergibt nachstehendes Bild:

Josef Roth, * Wien 1812, + Agram 1862, Obstlt., verh. mit Henriette Heidenreich[4], * Wien-Gumpendorf 1830, + Graz 1888, Tochter d. Baumwollfabrikanten Johann Heidenreich u.d. Fabrikantentochter Magdalena Kunerth
Drei Kinder:

- August, * Triest 1853, + Krakau 1909, k.u.k. Linienschiffskapitän, verh. mit Maria Anuntiata Freiin v. Schneider-Arno, * Pola 1872, + Wien 1954, Tochter d. Ludwig Frhr.v. Schneider-Arno u.d. Henriette, geb. Freiin von Reichlin-Meldegg, **} 3 Kinder**
- Marie, * Triest 1855, + Wien 1907, verh. mit FMlt Ferdinand v. Köhler, **} ein Sohn**
- **Josef, * Triest 1859, + Wien 1927**, ab 1918 Frhr.v.Limanowa-Lapanów, k.u.k. GO, verh. 1892 in Wien-Hietzing mit Malwine, geb. Reichsgräfin Lažansky-Bukové, * Graz 1873, + Wien 1947, Tochter d. Gutsbesitzers Jaroslaw Reichsgraf v. Lažansky-Bukové und d. Hedwig Edlen von Uhl auf Uhlheim
  Vier Kinder:
  - Melanie, * Wien 1892, + Wien 1934
  - Josef, * Wien 1893, + Wien 1969, MilAk, Wr. Neustadt, k.u.k. Hptm a.D., Mjr. im 2. WK., Bundesbeamter, verh. mit Maria, geb. Frundsberg, Tochter d. k.u.k. Oberstabsarztes Dr. Franz Viktor Frundsberg u.d. Alma von Grancich-Cetinathal **} Eine Tochter:** Dkfm.Dr. Erika Roth-Limanowa, * Wien 1943, Redakteurin, bis 2000 Leiterin d. Auslandsredaktion der Pressestelle in der WKÖ
  - Marga, * Krakau 1896, + Seefeld/Tirol 1950, verh. mit GM Erwin v. Lahousen-Vivremont[5], Sohn d. k.u.k. General Heinrich v. L-V **} keine Kinder**

---

[2] Österr. Staatsarchiv/Kriegsarchiv, NL B 14 : 15; Typoskript: Josef Roth. Soldat und Mensch. Ein Lebensbild für Jugend, Volk und Heer, Juli 1939, ohne Verfasserangabe, ca. 70 Seiten, nicht paginiert
[3] ÖStA, KA, NL B 14 :L 18, ergänzt durch Angaben/Daten von Dr. Erika Roth-Limanowa
[4] Henriette Heidenreich, verh. Roth, war Klavier-Privatschülerin von K.M. Bocklet, S.F. Thalberg und F. Liszt; bis 1850 erfolgreich verlaufende Virtuosenlaufbahn, später Klavierpädagogin
[5] GM Erwin Lahousen v. Vivremont, Sohn des k.u.k. Mjrs Heinrich Lv.V., war im 2. WK in der Abwehr tätig und enger Mitarbeiter von Admiral Wilhelm Canaris. Lahousens Beschreibung der „Geheimorganisation Canaris" wurde erst 2003 von Dr. Peter Broucek entdeckt und publiziert. Lahousen war in die Vorbereitung des Attentatsversuchs des Diplomaten E. Kordt Ende Okt. 1939 ebenso eingeschaltet wie in den Versuch v. 13. März 1943, Hitler bei einem Besuch des Hptqu. d. HGr. Mitte durch Oberst Henning von Treckow zu ermorden. Lahousen wurde am 19.Juli 1944 an der Front schwer verwundet, was ihm als Mitwisser des 20. Juli – letztlich – das Leben rettete. Am 30. Nov. 1945 sagte er vor dem Nürnberger Kriegsverbrecherprozess aus. (Siehe auch: Peter Broucek, Der österreichische

- Alfred[6], * Pressburg 1899, + Wien 1977, k.u.k. Oblt., erster Sprecher der RAVAG, später Dir. d. Österr. Rundfunks, verh. mit Margarethe, geb. Barvinek

Josef war somit das dritte und jüngste Kind des Oberstleutnants Josef Roth (1812-1862) der zu dieser Zeit im k.k. Infanterie-Regiment No. 22 in Triest dienstzugeteilt war und seiner Frau Henriette Heidenreich (1830-1888), eine Schülerin von Franz Liszt und Sigismund von Thalberg, vor ihrer Heirat eine gefeierte Pianistin und Komponistin. Beide Eheleute waren geborene Wiener.
Sein älterer Bruder August war 1853 – ebenso wie Josef – in Triest geboren worden, wo sein Vater in Garnison lag. August wurde später Marineoffizier und hat an der Marineakademie in Pola unterrichtet. Ein von ihm verfasstes Lehrbuch für Nautik[7] ist noch heute an der Wiener Universitätsbibliothek entlehnbar. Der international anerkannte Spezialist für Nautik und astronomische Navigation quittierte bald den Dienst bei der Marine und nahm einen Lehrauftrag an der Universität Krakau an. Am Höhepunkt seiner Karriere war August Roth Dozent an dieser Universität. August war mit Maria Anuntiata Freiin von Schneider-Arno verheiratet, GO Josef Roths Schwester Marie mit FML Ferdinand von Köhler. Josef Roth war zeitlebens mit seiner Schwester besonders eng verbunden. Ihr tragisches Schicksal – die unglückliche Ehe mit FML v. Köhler, der frühe Tod ihres einzigen Sohnes und ihre lange und schwere Krankheit, gingen ihm sehr nahe.

Am 24 Oktober 1862 starb der Vater der drei Geschwister unerwartet im Alter von knapp 50 Jahren im Rang eines k.k. Oberstleutnants nach einem Reitunfall in Agram: Er hatte nach einem heftigen Hufschlag seines Pferdes auf dem Manöverfeld eine so schwere Verletzung davon getragen, sodass er nach kurzem, schweren Leiden im Lazarett verschied.
Dieser tragische Unfall war ein schwerer Schicksalsschlag für die ganze zurückgebliebene Familie. Zu dieser Zeit gab es noch keine Witwenpension, daher musste Henriette nahezu mittellos mit drei kleinen unversorgten Kindern den Lebenskampf alleine aufnehmen, denn das Vermögen, das ihr früh verstorbener Vater Johann Heidenreich hinterlassen hatte, war bald verbraucht.

Widerstand in Beispielen und Dokumenten, in: Tyrannenmord – Der 20. Juli 1944 und Österreich, Manfried Rauchensteiner (Hg.) Begleitband zur Sonderausstellung im HGM Wien 2004.)

[6] Alfred Roth, nach 1938 Mitglied einer monarchistisch/legitimistischen Widerstandsgruppe, war aus diesem Grund in der NS-Zeit mehrere Jahre im Gefängnis

[7] Vgl.: August Roth, Lehrbuch der astronomischen Navigation, im Auftrage des k.u.k. Reichs-Kriegs-Ministeriums, Marine Sektion, Fuime 1898

6. Kindheit und Ausbildung 1859–1879

6.1. Kindheit

Ein Jahr nach dem Unfall des Vaters übersiedelte die Familie 1863 von Agram, nach Marburg in der Steiermark[8]. Der ältere Sohn August (Anm.: der spätere Korvettenkapitän) kam in das Kadetteninstitut von Marburg und von dort schließlich in die Marineakademie von Pola.
Josef besuchte zu diesem Zeitpunkt noch die Volksschule und kam schließlich 1869 in die Unterstufe des k.k. Gymnasiums zu Marburg. Das Schulzeugnis der 1. Klasse[9] weist ihn als durchschnittlichen Schüler aus: Von 49 Schülern ist er der Zweiunddreißigste. Fast alle Gegenstände bewältigte er mit einem „befriedigend" oder „genügend". Die Gegenstände Latein und Griechisch bereiteten Josef noch größere Probleme. So machte er doch auch seiner leidgeprüften Mutter und den Lehrern Sorge, da er eine gewisse Eigensinnigkeit nicht ablegen wollte. Jedoch fühlte er schon damals eine gewisse Vorliebe für das Militär und war schließlich überglücklich, durch Vermittlung seines Vormundes GM. Erhardt im Herbst des Jahres 1873 in das Militär-Kollegium in St. Pölten aufgenommen zu werden.
Mit der Einkleidung in „des Kaisers Rock" und mit der erzwungenen Unterordnung in die sprichwörtlich eiserne militärische Disziplin geschah auch eine persönliche Wandlung: Aus einem sehr eigenwilligen Buben wurde ein gefügiger und folgsamer Eleve (somit repräsentierte er das Erziehungsideal der damaligen Zeit), wenn ihn auch – wie aus Briefen ersichtlich – das Heimweh zu Mutter und Schwester sehr peinigte.
Nach Absolvierung des Militär-Kollegiums im Jahre 1875, während der großen Sommerferien, erkrankte Josef an Typhus und wurde von den behandelnden Ärzten bereits aufgegeben. Durch die aufopfernde Pflege seiner Mutter und seiner Schwester konnte er dem Tode knapp entrinnen. Nach langer Rekonvaleszenz kam er im Jänner 1876 in die Theresianische Militärakademie zu Wiener Neustadt.

6.2. Akademiezeit

Der Ausgleich des Jahres 1867 hatte de facto zur Schaffung von drei (bei Zuzählung der Kroaten: vier) getrennten Streitkräften in der Monarchie geführt.
Grundprinzip des neuen Erziehungswesens war, dass alle Offiziere eine Militärschulausbildung erhalten sollten.[10] Indem von jedem einzelnen Offizier ein gewisses Maß an Bildung gefordert wurde, verschloss das neue System ehrgeizigen Gemeinen und Unteroffizieren weitgehend den Aufstieg zum Offizier.
Nach der letzten großen, 1874 von Oberst Adolph von Wurmb ausgearbeiteten Reform der militärischen Ausbildung, gab es drei Schultypen für die Aus-

[8] KA, NL, ebda
[9] KA, NL B 14 : 2
[10] István Deák, Der k.(u.) k. Offizier 1848-1918, Wien-Köln-Weimar 1991, 107-108

bildung von Berufsoffizieren: Akademien, Kadettenschulen und Einrichtungen für die Ausbildung von Reserveoffizieren. An der Spitze dieses neuen Schulsystems standen jedoch weiterhin die Militärakademien, deren Zöglinge vorwiegend von den eigens eingerichteten Militärunterreal- und Militäroberrealschulen kamen. Schüler von öffentlichen Realschulen und Gymnasien konnten ebenfalls im Alter von 17 Jahren, wie es Josef Roth getan hatte, auf eine Militär-Akademie überwechseln, d.h. bevor sie die Matura abgelegt hatten. Diese Akademien (Anm.: Im heutigen Sinne Fachhochschulen) boten eine dreijährige Ausbildung an, die mit der Ausmusterung zum Leutnant endete (den Rang eines Leutnants II. Klasse gab es zu dieser Zeit nicht mehr).
Ungefähr jeder achte Infanterieoffizier kam aus der Militärakademie, während dieses Verhältnis bei der Kavallerie eins zu zwei lautete. Die meisten anderen Offiziere kamen von den Kadettenschulen. In diesen Anstalten dauerte die Ausbildung vier Jahre und endete mit der Ausmusterung der Kadetten zum „Kadett-Offiziers-Stv.", nach 1908 zum Fähnrich. Die Ernennung zum Leutnant erfolgte üblicherweise nach ein oder zwei Dienstjahren.
Das Schulgeld war an den Kadettenschulen allerdings nur halb so hoch wie an den Akademien, die Mehrzahl der Zöglinge an beiden Institutionen zahlte jedoch nichts. Josef Roth gehörte wegen der materiellen Not seiner Mutter als Offizierswitwe zu diesen Begünstigten.
Die Absolventen der Militärakademien hatten gute Aussichten, später in den Generalstab aufzusteigen und damit ihre Laufbahn als Generäle zu beschließen. Josef Roth ist diesen steinigen Weg gegangen.
Der dritte Weg zur Berufslaufbahn führte über die Aktivierung nach der Beförderung zum Reserveoffizier. Aufgrund der österr.-ung. Wehrgesetze des Jahres 1867 mussten Rekruten mit Gymnasial-Matura oder Realschulabschluss nur ein Jahr statt drei Jahre dienen. (Anm.: Den Status eines „Einjährig Freiwilligen" gab und gibt es auch noch in den Armeen der 1. und 2. Republik Österreich)
Die Ausbildungs- und Umgangssprache an den k.u.k. Armee-Schulen war weiterhin deutsch. Erste Änderungen in dieser Hinsicht zeichneten sich ab, als ungarische Zöglinge darauf bestanden, in der Öffentlichkeit ihre Muttersprache sprechen zu dürfen und es der ungarischen Regierung 1904 gelang, ungarisch als Pflichtsprache in Wiener Neustadt einzuführen. Zu diesem Zeitpunkt hatte Josef Roth die Akademie schon seit rund 25 Jahren verlassen.

Durch die schwere und langwierige Krankheit hatte Josef Roth viel vom Unterricht versäumt. Es gelang es ihm jedoch, beinahe alles nachzuholen. Obwohl das erste Akademiezeugnis nicht besonders gut ausfiel, war es 1876 nicht mehr notwendig, den 1. Jahrgang zu wiederholen.
1877 fällt für ihn die persönliche Entscheidung: Fleiß, ehernes Wollen und entschlossener Arbeitseinsatz, oder sich gehen lassen. Roth entschied sich für das erstere. Sein Interesse für die militärischen Fächer vertiefte sich mit den höheren Jahrgängen, sein Lern- und Prüfungserfolg steigerte sich ebenso.
Mit viel Hingabe hing Josef Roth an der Militärakademie Wiener Neustadt. Die altehrwürdige Burg mit ihrer beeindruckenden Geschichte, der prachtvolle Park, einstmals ein großer Wildpark, die wohlwollende Behandlung und die gewachsene Kameradschaft machten ihm die positive Erinnerung an den Aufenthalt in der Anstalt unauslöschlich. Josef Roth schrieb zu dieser Zeit an

seine Mutter: *„In der Schule wird der Grundstein für ein kräftiges Heer und einen mächtigen Staat gelegt“.*
Der damals kaum Zwanzigjährige dachte demnach wohl nicht im Traum daran, dass er rund 30 Jahre später selbst als Erzieher und Kommandant dieser Anstalt vorstehen würde.
Nach seiner feierlichen Ausmusterung am 24. April 1879 verbrachte Josef Roth seinen 14tägigen Urlaub bei seiner Mutter in Marburg.

7. Armeedienst im Frieden 1879 bis 1914

7.1. Von der Okkupation Bosnien-Herzegowinas bis zur Annexionskrise 1908/09

Niemals in ihrer jahrhundertealten Geschichte hatte die Habsburger-Monarchie eine derart lange und stabile Friedenszeit erlebt wie zwischen 1867 und 1914. Mit Ausnahme jener „glücklichen Minderheit“[11] , die an den östlich begrenzten Militäroperationen an der Südgrenze der Monarchie teilnahm, durchlief eine ganze Generation von Offizieren ihre Berufslaufbahn ohne jemals gekämpft zu haben. Ein 1870 ausgemusterter Offizier beispielsweise ging 1910 im Alter von 60 Jahren in Pension und hatte stets nur Exerzieren, Paraden und die üblichen Herbstmanöver erlebt. Da trug der „Feind“ rote oder blaue Abzeichen und selbst der schneidigste Kavallerie-Angriff konnte durch einen Generalstabsoffizier mit einer weißen Armbinde (als Schiedsrichter) gestoppt werden. All dies mag sehr frustrierend gewesen sein, aber bei weitem nicht so frustrierend wie das langsame Vorrücken der Offiziere auf der Karriereleiter zu dieser Zeit. Die „Gnade der Geburt“ (Anm. 1859) hatte Josef Roth jedoch in eine günstigere Position gestellt: Als der 1. Weltkrieg ausbrach war er noch nicht 55 Jahre alt.

In der langen Friedenszeit gab es allerdings auch innerhalb der Monarchie kriegerische Konflikte, an denen Josef Roth jedoch nicht teilnehmen konnte: 1869 lehnten sich die Einwohner der Gebirgsgegend von Krisvosije im südlichen Dalmatien gegen die Einführung der allgemeinen Wehrpflicht auf und verfochten gegenüber 18 Infanterie-Bataillonen ihr geheiligtes Recht, Waffen tragen zu dürfen.
1878/79, in dem Zeitraum, in dem Josef Roth erstmals als Leutnant zu seiner Truppe, dem Feldjägerbataillon No. 21 nach Klagenfurt einrückte, kam es als Verhandlungsergebnis des Berliner Kongresses zur Okkupation von Bosnien-Herzegowina, ein wesentlich ernsterer Konflikt, an dem 270.000 Soldaten beteiligt waren. Wider Erwarten stießen die österreichisch-ungarischen Truppen auf den erbitterten Widerstand von rund 90.000 türkischen Soldaten und weiten Teilen der moslemischen Bevölkerung. Die Armee hatte bis zum Zeitpunkt des offiziellen Endes des Feldzuges, am 20. Oktober 1879, 5.198 Gefallene als Verluste zu beklagen. Schließlich gab es 1881 einen weiteren Aufstand in dem Gebiet von Krisvosije sowie im erst kürzlich okkupierten Bosnien-Herzegowina. Doch damit sind die größeren militärischen Ereignisse auf dem Gebiet der Monarchie bis 1914 auch schon aufgezählt. Kurzum: Es gelang den österreichisch-ungarischen Truppen, diese Gebiete mit ihren Operationen weit besser zu „befrieden“, als dies wahnbesessene deutsche und italienische „Rasseideologen“ im Zweiten Weltkrieg vermochten.

Der Empfang beim Feldjäger-Bataillon No 21 war für Josef Roth ein so herzlicher, dass sich der junge Leutnant bald heimisch fühlen konnte. Da der Adjutant plötzlich schwer erkrankt war und sich kein jüngerer Offizier fand, der gut

[11] István Deák, ebda, 78-81

reiten konnte, wurde Roth sogleich Bataillonsadjutant und konnte in dieser Position alle Gefechts-Übungen des Bataillons mitmachen.
Im Herbst rückte er wieder zur 1. Kompanie ein, die für kurze Zeit nach Tarvis detachiert wurde. Jedoch schon im darauffolgenden Winter wurde das ganze Bataillon nach Freistadt in Oberösterreich verlegt.
Im Frühjahr 1880 musste sich Leutnant Roth mit einer höchst unangenehmen Kommandierung auseinandersetzen: Als Kommandant eines Detachements von 100 Mann wurde er in das Strafgefangenenhaus nach Garsten befohlen. Sein Auftrag: Überwachung von rebellischen Gefangenen. Ein schwerer Dienst für die Mannschaft und den jungen Offizier, – umso mehr als der Anstaltsdirektor – gleichsam als Verschärfung der Situation – ein pedantischer und grantiger Herr war.
Kaum nach Freistadt wieder eingerückt, brach in der Kaserne ein Großfeuer aus. Die Kaserne und rund 40 umliegende Häuser wurden ein Raub der Flammen. Eine weitere bittere Lebenserfahrung für den jungen Herrn Leutnant.
Einige Zeit später, kurzfristig als Pionieroffizier nach Linz einberufen, wurde Roth als Bataillonsadjutant „definitiv gestellt". In dieser Zeit verfasste er auch eine gedruckte Abhandlung über neue Richtlinien zur Gefechtsentwicklung.

Zur Zeit als das Bataillon nach Bosnien verlegt worden war, wurde Roth im Mai 1884 zum Oberleutnant befördert. Zunächst marschierte man nach Banjaluka, dann nach Zenica und schließlich in den späteren Schicksalsort Sarajevo. Die Soldaten lebten feldmäßig in Baracken. Man richtete sich dort häuslich ein, so gut es eben ging.
Josef Roth sah erstmals die prachtvolle karge Landschaft und die stolze Männlichkeit der vom Islam geprägten Menschen, wie sie Oblt. Oskar Hesshaimer, der geniale Zeichner und spätere Kriegsberichterstatter, in einem Reiseskizzenbuch[12] festgehalten hat.
Etwa zu dieser Zeit erfuhr Josef Roth, dass einige seiner Jahrgangskameraden aus der Akademiezeit bereits die Kriegsschule in Wien frequentierten. Die Absolvierung der 1852 errichteten Kriegsschule war verpflichtende Voraussetzung für die Aufnahme in den Generalstab. Josef Roth meldete sich zum Generalstabskurs und bestand im Frühjahr 1884 die Aufnahmeprüfung, die zunächst eine ernstzunehmende Hürde[13] darstellte:
Truppendienstleistung und eine günstige Beurteilung durch die Vorgesetzten waren Bedingungen für die Teilnahme an schriftlichen Vorprüfungen, die im April, in späteren Jahren bereits im Jänner stattfanden. Geprüft wurden neben einzelnen Bereichen des Allgemeinwissens auch militärische Fächer. Wer bestand, durfte im September zur Hauptprüfung nach Wien. Hier wurden schriftlich und mündlich vor allem militärische Fächer abgefragt. Die Durchfallquote war beträchtlich: von den rund 300 Kandidaten für die Vorprüfung im Jahr

[12] Ludwig Hesshaimer, Miniaturen aus der Monarchie. Ein k.u.k. Offizier erzahlt mit dem Zeichenstift, (Okky Offerhaus, Hg.), Wien 1992. Hessheimmer:* am 10.3.1872 in Kronstadt, Siebenbürgen, + 10.1.1956, Brasilien, 1.5.1893 Lt. IR.36, meist Lehrer an versch. Militärerziehungsanstalten, 20.2.1915 Kunstgruppenführer beim Heeresgrpkmdo. FM Erzhg. Eugen, bzw. FM. Conrad, 1917 transferiert ins KM, 1917 pens. Briefmarkenstecher, Maler, Radierer

[13] Günther Kronenbitter, „Krieg im Frieden". Die Führung der k.u.k. Armee und die Großmachtpolitik Österreich-Ungarns 1906-1914, München 2003, 50-51, in: Studien zur Internationalen Geschichte, Wilfried Loth (Hg.), Bd.13

1884 wurden zwei Drittel zur Hauptprüfung zugelassen, von denen 94 in die Kriegsschule aufgenommen wurden. Acht Offiziere wurden von der Honvéd entsandt, während sich vier Landwehr-Offiziere im normalen Auswahlverfahren zusammen mit den 90 anderen durchgesetzt hatten.
Die Gesamtzahl der wöchentlichen Unterrichts- und Übungsstunden lag Ende des 19. Jahrhunderts bei durchschnittlich 41 Stunden. Da zudem selbstständiges Lernen zur Vertiefung des vorgetragenen Stoffes verlangt war, vor allem aber zur Vorbereitung applikatorischer Besprechungen und zur Bearbeitung schriftlicher Aufgaben, kamen die Kriegsschüler auf ein hohes Arbeitspensum. Der Kontrast zu Leutnantszeit wurde von den jungen Menschen deutlich empfunden, ebenso wie die Tatsache, dass beinahe Dreißigjährige nochmals die Schulbank drücken mussten . Die Reaktion war zum Teil auch ein schülerhaftes Verhalten, unter Einschluss von „Streichen", wie Roth in einem Brief an seine Mutter berichtete.
Noch während der Kriegsschule machte Roth eine Mappierungsreise in Ober österreich (Anm.: eine praktische Übung im Kartographieren) und eine große Übungsverlegung von Tarvis nach St. Pölten mit. Am 1. November 1886 wurde er nach sehr gutem Abschluss der Kriegsschule dem Generalstab zugeteilt und anschließend zu der 13. Infanteriebrigade (GM Hranilovic) eingeteilt.
Die „Classifikationsliste[14] über die Schluss-Prüfung der Frequentanten des 2. Jahrganges im Jahre 1886", unter dem Kommando von General Merta[15], beschreibt den Kandidaten Oblt. Josef Roth wie folgt: *„Fleiß: sehr fleissig, Erfolg: sehr gut; Anmerkung: Charakter noch etwas schwankend, bedarf noch etwas mehr Entschlossenheit und Energie; nicht genügend Selbstvertrauen; dürfte sich nach einigen Erfolgen einstellen. Militärisches Wissen gut, militärischer Blick richtig, dürfte nach einigen Übungen auch sicher und rasch werden; milit. Urteil zutreffend, Würdigung der (...... Anm.: Wort im Dokument unleserlich) Verhältnisse ziemlich gut und richtig. Dispositionsfähigkeit: im Mentorischen (Anm.: Beurteilen/Abschätzen) ziemlich gut, jedoch noch nicht rasch genug, hat noch keine richtige und gute Methode gefunden, seinen Gedanken Ausdruck zu geben, kämpft noch mit Mängeln in der Form und im Detail. Arbeit: sehr fleißig, und ziemlich verlässlich; ausdauernd, verträgt körperliche und geistige Anstrengung. Benehmen: Offen, freimütig; noch etwas verzagt, mehr Strammheit wäre erwünscht. Gut entsprochen. – Zum Generalstabdienste geeignet".*
Zu Roths Jahrgangskameraden zählten gemäß „Abteilungs-Liste" Aloys Prinz Schönburg-Hartenstein, der spätere Verteidigungsminister in der 1. Republik von 1933-35, Rudolf Stöger, der letzte k.u.k. Kriegsminister 1917-18, Richard Schreyer, später GdI und Leiter des Kriegsüberwachungsamtes und schließlich die späteren Korps-Kdten Viktor Scheuchenstuel[16] und Heinrich Fáth. Von 34 Absolventen konnte Josef Roth den 14. Rang erreichen.

[14] KA, Mil.Schulen Karton 13
[15] GdI Ignaz Merta; Kriegschulkommandant von 1886 bis 1891
[16] Viktor Graf v. Scheuchenstuel, GO, * 10.5.1857 in Witkowitz, + 17.4. 1938 in Wien, 1907GM, ab 1910 Kdt. d. 10 ITD, 1911 FML, ab 1912 Kdt.d. 9. ITD, bald nach Kriegsausbruch übernahm Scheuchenstuel die heikle Aufgabe der Führung des VIII. (Prager) Korps, mit dem er 1915 am Feldzug gg. Serbien (u.a. großen Anteil an der Eroberung Belgrads) und 1916 an der Südtiroloffensive Teilnahm, knapp nach der Verlegung an den russ. Kriegsschauplatz im Juli 1916 nach einem Konflikt mit dem AOK des Kommandos enthoben, auf Einspruch des KM hin jedoch nicht pensioniert, sondern im Sept. 1916 zum Kdt. des I. Korps, 1917 zum Kdt. d. 11. Armee ernannt, die er im Rahmen der Heeresgruppe FM Conrad in Tirol ohne Niederlage bis zum Waffenstillstand führte.

Die Zugehörigkeit zum Generalstabskorps garantierte nicht nur ein beachtliches Quantum an Exklusivität, damit verbunden war auch die (fast traditionell zu nennende) Anfeindung seitens der weniger Glücklichen[17] oder derjenigen Kameraden, die diese sehr schwierige Prüfung nicht geschafft hatten.
Hans Mailáth-Pokorny, ein Absolvent der Artilleriekadettenschule, geißelte das System der Rekrutierung des Generalstabsnachwuchses in besonders scharfen Worten[18]. Die Kriegsschule – die Mailáth-Pokorny persönlich nicht besucht hatte – sah er als Brutstätte einer charakterlich deformierten Elite an: *„Marionetten wurden gezüchtet, die jeweilig genau wussten, was zu denken vorgeschrieben war. Daß es offiziell immer hieß, man lege auf freie Meinung Gewicht, das war eine Farce und wurde durch die Tatsachen laufend widerlegt. Wie hätte man erwarten können, dass solche Automaten, unvermittelt vor eine schwere Entscheidung gestellt, befähigt erscheinen würden, selbständig zu handeln? Das war von diesen Puppenfiguren zu viel verlangt".*
Hier machte sich die Frustration, wohl auch der Neid eines Außenseiters Luft, der dem „Orden" nicht angehörte und der, angesichts der Erfahrungen des Ersten Weltkrieges über die Verehrung aufgebracht war, die „Neustädter" und Generalstäbler nach dem 2. Weltkrieg noch bis in die 1960er-Jahre Franz Conrad von Hötzendorf und der Armeeführung fast kollektiv entgegenbrachten.
Wie auch immer: Die in allen Armeen mit Erfolg durchgeführte Absicht, der Erfahrung und abgeklärten Routine des Truppenkommandanten das jugendliche Engagement und den Ideenreichtum eines Beratenden und letztlich auch mitverantwortlichen jüngeren Generalstabchefs beizustellen, musste zwangsläufig zur Folge haben, dass die hiezu ausgewählten Offiziere sich weit über den Wirkungskreis ihrer im Truppendienst aktiven Kameraden herausheben konnten.[19] Das damit verbundene bessere Avancement und die Tatsache, Angehöriger der mit den entscheidenden Aufgaben betrauten Personengruppe zu sein, führen aber auch zu einem Standesdünkel und zu einem Überlegenheitsbewusstsein der Generalstabsoffiziere, das einen Antagonismus zu den Truppenoffizieren unvermeidlich machte. Die Ursache dafür lag nicht zuletzt auch in der dienstrechtlichen Besserstellung der Generalstäbler, die ein wesentlich rascheres Vorwärtskommen bei interessanterer und größere Machtfülle bietender Tätigkeit bot und schließlich auch den Weg in die Generalcharge ebnete. Und nicht zuletzt: Die höchsten Ränge der Armee blieben nahezu ausschließlich den ehemaligen Generalstabsoffizieren vorbehalten.
So musste der spätere FM Hermann Baron Kövess de Kövessháza[20] diese schmerzliche Tatsache mit einem sehr zeitraubenden Karriereknick bezahlen:

---

[17] Siehe auch: Bernhard Th. Wenning, Die Affaire Adolf Hofrichter. Der Giftmordprozess gegen OLt. Hofrichter, dargestellt anhand der Untersuchungs- und Gerichtsakten, (ungedr.Diss. 2002), weiters den Roman: Maria Fagyas, Der Leutnant und sein Richter, Hamburg 1971. Der Kriminalfall: Zehn k.u.k. Offiziere zur Zeit ihres Abschlusses der Kriegsschule erhalten im Nov. 1909 mit der Post Proben eines „Potenz-Stärkungsmittels". Einer der Empfänger nimmt die im Begleitschreiben als Aphrodisiakum angepriesenen Kapseln und stirbt. Für einen Kameraden ist damit die Vorrückung in der Rangliste gegeben. Wer ist der Täter ?

[18] Günther Kronenbitter, „Krieg im Frieden", 52

[19] Helmut Bührer, FM. Hermann Kövess von Kövesshaza. Letzter Oberkommandant der k.u.k. Armee, Wien 2000, (Ungedr. Dipl.Arbeit), 19-20

[20] Baron Hermann Kövess de Kövessháza, * am 30.3.1854 in Temesvar + am 22.9.1924 in Wien, FM seit 5. August 1917, im WK in Kommandantenfunktion des XII.Krops, der 3., der 7. Armee, einer

Etwa fünf Jahre älter als Josef Roth, war Kövess, zwei Jahre bevor Roth mit seinem Bataillon nach Banjaluka und schließlich nach Sarajevo verlegt worden war, schon im Rang eines Hauptmannes zur Niederschlagung des Aufstandes von Krivosije im Zuge der Operationen im Okkupationsgebiet Bosnien-Herzegowina abkommandiert worden, ohne aber in größere Kampfhandlungen verwickelt zu werden.
Zur Zeit als Josef Roth den zweijährigen Generalstabskurs an der Kriegsakademie erfolgreich abschloss, wurde Kövess am 1. November 1886, nach Absolvierung der vorgeschriebenen Truppendienstzeit, beim Infanterie-Regiment No. 38 in Wien zum I. Korps nach Krakau versetzt. Während der dortigen Tätigkeit sollte er die Prüfung zum Stabsoffizier absolvieren um sodann endgültig in den Generalstab aufgenommen zu werden. Diese für Kövess so entscheidend wichtige Prüfung fand im Frühjahr 1888 statt. Er scheiterte jedoch. Dieses Negativerlebnis sollte im Nachhinein maßgeblich für die Stagnation der weiteren Karriere von Kövess sein und führte nicht zuletzt dazu, dass seine Laufbahn erst im Verlauf des Ersten Weltkrieges, nach zahlreichen Verzögerungen und Demütigungen zum Rang des Feldmarschalls und schließlich zum Oberkommandierenden der Armee führen konnte.
Nach seiner ersten Generalstabsreise für drei Wochen in Bosnien wurde Josef Roth seitens des Chef des Generalstabes die erst schriftliche Belobigung zuteil.

Der Winter 1887/88 war für die Monarchie eine Zeit großer Spannungen: Eine Bulgarien betreffende „Balkankrise“ hatte die Beziehungen mit Russland vergiftet und das 1881 geschlossene „Dreikaiserabkommen“ zwischen Österreich, Deutschland und Russland beendet. Im folgenden Jahr rettete Bismarck zwar die deutsch-russischen Beziehungen zumindest noch für kurze Zeit mit dem sog. „Rückversicherungsvertrag“. Für Österreich-Ungarn schien der Krieg mit Russland jedoch im Bereich des Möglichen, wenn nicht sogar unmittelbar bevorzustehen.
Unter diesen Rahmenbedingungen machte Roth im Sommer des Jahres 1888 die Kaisermanöver bei Belovar mit, wobei der noch jugendliche Oberleutnant das erste Mal in seinem Leben Kaiser Franz Joseph I., Kronprinz Rudolf und den Prinzen von Wales (Anm: den nachmaligen König Edward VII. von England) aus nächster Nähe zu Gesicht bekam.
Knapp vor Weihnachten des Jahres 1888 erreichte Josef Roth die Nachricht, dass eine Mutter nach zwei Operationen im Sterben liege. Er eilte nach Graz und traf seine Mutter noch lebend an. Sie starb im 57. Lebensjahr unter qualvollen Schmerzen. Roth litt sehr durch diesen Verlust, hatte doch die Witwe unter großen persönlichen Opfern und Schwierigkeiten ihre drei Kinder großgezogen.
Im Februar 1889 wurde Josef Roth dem 12. Korpskommando nach Hermannstadt zugeteilt. Am 1. November des gleichen Jahres wurde er – genau 30 Jahre alt – zum Hauptmann im Generalstabskorps ernannt und musste nunmehr die Jägeruniform gegen den flaschengrünen Waffenrock und den Tschako mit dem Zweispitz und den elegant herabhängenden grünen Geierfedern des Generalstabes tauschen. Fast 19 Jahre trug er diesen Waffenrock.

Heeresfront (Kolozvar), einer Heeresgruppe (Belgrad, Ujvidek) ab 3.11.1918 letzter Armee-Oberkdt, Komm. d. MMThO., GR., lebenslg. Mtgd. d. Magnatenhauses des ung. Reichstages, Obstinhb. IR 2

Josef Roths' früherer Chef, GM Oskar von Hranilovic[21], der zwischenzeitlich zum Kommandanten der 13. Infanterie-Division in Wien aufgestiegen war, forderte ihn für eine Verwendung im Kommando der ID an. Mit dieser Anforderung wurden in dienstlicher wie in privater Hinsicht für Josef Roth die Weichen seines Lebens neu ausgerichtet.
Kaum in Wien angelangt, wurde Roth sogleich unter der Leitung von FM Erzherzog Albrecht, des Siegers von Custozza[22], und des langjährigen Generalstabschefs FZM Friedrich Freiherr (später Graf) Beck[23] stehende Generalstabsreise eingeteilt, welche im nördlichen Niederösterreich stattfand.

Im Dezember 1890 lernte er auf einem Hausball in Wien seine spätere Frau Malwine, die Tochter des Reichsgrafen Jaroslaw Lažansky, Freiherrn von Bukové kennen. Nachdem Josef Roth seine Heiratskaution[24] hinterlegt hatte, fand etwa ein Jahr später, am 30. Jänner 1892, die Vermählung in der Hietzinger Pfarrkirche statt.
Für diese obligatorische Heiratskaution, seit der Regierung Maria Theresias eine Tradition im habsburgischen Offizierskorps, gibt es im Bereich der modernen Geldgeschäfte oder –transaktionen kein Pendant[25]. In gewisser Weise wies sie Ähnlichkeiten mit einer Lebensversicherung auf. So man sie einmal hinterlegt hatte, unterlag das Guthaben Bedingungen, die jenen der Eigenvorsorge- oder Pensionspolizzen des 21. Jahrhunderts nicht unähnlich sind. Die Heiratskaution sollte die Versorgung von Offizierswitwen und –waisen sichern und gewährleisten, dass Offiziere nur dann heiraten konnten, wenn sie die Mittel hatten, einer Familie einen annehmbaren Lebensstandard zu bieten. Stieg man in einen höheren Rang auf, sank die Kaution. Offiziere über den Rang eines Majors waren von der Hinterlegung einer Kaution überhaupt ausgenommen. Als HptmdG hatte Roth 1892 eine Heiratskaution von 18.000 Gulden zu hinterlegen, eine enorme Summe für einen Mann, der rund 1.200 Gulden pro Jahr verdiente. Da er beinahe keine Ersparnisse hatte, musste er Malwines´ Eltern um fast die gesamte Summe bitten. Um die Bargeldauslagen seiner angeheirateten Verwandten zu verringern, legte Roth, wie viele Offiziere, seine Heiratskaution in österreichisch-ungarischen Staatspapieren an.
Nach einer dreiwöchentlichen Hochzeitsreise, die das jungen Paar nach Oberitalien und in das Küstenland führte, wurde Josef Roth in die 5. Abteilung des Kriegsministeriums, Ressort Waffenübungen, zugeteilt.

---

[21] GM Oskar von Hranilovic-Czvetassin, später Kdt. 145 IBrig.

[22] Albrecht Friedrich Rudolf, Erzhg, v. Österreich, Herzog von Teschen, * 1817 in Wien, + 1894 ebendort, Sohn des Erzhg. Karls, des Siegers von Aspern, im Revolutionsjahr 1848/49 Div.Kdt. in der Lombardei, 1851 Militär- und Zivilgouverneur in Ungarn. 1863 zum FM ernannt. Errang im Kriegsjahr 1866 als Kmdt der Südarmee seinen größten militärischen Erfolg in der Schlacht von Custozza. Als Nachfolger Benedeks mit dem Oberbefehl über die gesamte k.u.k. Streitmacht betraut, widmete er sich der Reorganisation der Armee. Nach dem Berliner Kongress 1878 sprach er sich für einen engeren Anschluss an Deutschland aus.

[23] Friedrich Graf Beck-Rizikowsky, * 21.3.1830 in Freiburg (Breisgau) + 9.2.1920 in Wien. Vorstand der MK des Kaisers, von Juni 1881-1906 Chef des Generalstabes, November 1888 FZM, seit Oktober 1906 Gardekapitän der Ersten Arcieren-Leibgarde, seit 26.2. 1916 GO

[24] Anm.: Um als Offizier heiraten zu können, bedurfte er der dienstl. Bewilligung seiner geplanten Verehelichung und musste darüber hinaus eine hohe, sein Jahreseinkommen vielfach übersteigende Heiratskaution erlegen.

[25] Lawrence Sondhaus, Franz Conrad von Hötzendorf. Architekt der Apokalypse, Wien-Graz 2003, 39-40

Im Oktober 1892 wurde dem Ehepaar Roth das erste Kind Melanie geboren. Melanie ereilte im Alter von 24 Jahren ein tragisches Schicksal: Sie erkrankte graduell progressiv an einem schweren Nervenleiden (Psychose), während ihr Vater an der Front 1917 in Südtirol weilte, von der sie sich nicht mehr erholte und am 4. Februar 1934, zweiundvierzigjährig und damit noch relativ jung an Lebensjahren, verstarb. Der oft kränklichen Melanie folgten in den Jahren 1893 bis 1899 ihre Geschwister Joseph, Margarete und Alfred.
Der älteste Sohn Josef trat zunächst in die Fußstapfen seines Vaters, absolvierte die MilAk zu Wr. Neustadt und marschierte wie sein Vater an die Ostfront. Auch im Zweiten Weltkrieg war Josef Frontoffizier. In der Zwischenkriegszeit und nach 1945 war Josef Bundesbeamter und starb 1969 in Wien.
Tochter Margarete, in der Familie kurz Marga oder auch „Quivi" genannt, heiratete ebenso einen Absolventen der MilAK zu Wr. Neustadt, Erwin Lahousen v. Vivremont.
Der jüngste Sohn Alfred konnte die Militärausbildung in der Monarchie nicht mehr abschließen. Er trat 1924 als 1. Sprecher in die RAVAG ein.

Im Sommer des Jahres 1893 fand das erste Armeemanöver statt, an dem auch der deutsche Kaiser Wilhelm II. teilnahm. Josef Roth wurde für die Vorbereitungsarbeiten mit dem preußischen Kronenorden 3. Klasse ausgezeichnet, später erhielt er für seine Tätigkeit in der 5. Abteilung des Kriegsministeriums die Allerhöchste belobende Anerkennung (Signum laudis)[26].
Im Frühjahr 1895 legte Roth mit allerbestem Erfolg die Stabsoffiziersprüfung im Generalstab ab und wurde am 1. November 1895 zum Major befördert. Gleichzeitig wurde er zum Generalstabschef der 12. ITD in Krakau ernannt. Doch schon nach kurzer Zeit erreichte ihn die Berufung als Lehrer für Taktik an die Kriegsschule nach Wien. Mit Rücksicht auf seine zu dieser Zeit schlechte Gesundheitssituation wurde diese Berufung verschoben und Roth nahm mit seiner Division an den Kaisermanövern in Bistriz teil.
Am 1. November 1897 erfolgte die Berufung zum 5. Korpskommando in Pressburg und schließlich wurde er dort Hauptlehrer für Taktik und für Übungswesen an der dortigen Korpsoffiziersschule.
Am 1. Mai 1898 zum Oberstleutnant befördert, wurde er ein Jahr später zur Truppendienstleistung beim IR Nr. 76 mit dem Standort in Graz eingeteilt und hatte ein Bataillon zu kommandieren.
Kurz vor der Jahrhundertwende war Roths Oberster Kriegsherr, Kaiser Franz Joseph, ein reifer Mann Ende 60. Er hatte in einer kaiserlichen Resolution vom 29. März 1898 seinem Neffen und Erben, Thronfolger Erzhg. Franz Ferdinand von Österreich-Este[27], die Verantwortung als Armeeinspektor übertragen[28]. Doch anstatt Franz Ferdinand formell zum Armeeinspektor zu ernennen, beordnete ihn Franz Joseph „zur Verwendung im Oberkommando", eine nebulose Zuteilung, die es ihm ermöglichen sollte, „Einblicke in alle Aspekte der bewaffneten Streitkräfte zu Lande und zu Wasser zu gewinnen".

[26] KA, NL B 14 : 15; Typoskript: Josef Roth. Soldat und Mensch, Juli 1939, o. V, 70 Seiten, nicht paginiert
[27] Erzhg. Franz Ferdinand v. Österreich-Este, * am 18.12. 1863 in Graz, + am 28.6. 1914 in Sarajewo, 1878 Lt. im IR 32, Dienst in Dragoner-, Infantrie u. Husarenreg., 1890 Obst., HR 9, Rgtskdt, 1892 GM, 1894 Kdt. 38 IBrig., 1896 FML, 1898 zur Disp.d. Allerh. Oberbefehls, 1899 GdI, 1913 Gen.Insp.,
[28] Lawrence Sondhaus, Franz Conrad von Hötzendorf, 63

In dieser Zeit lief für Josef Roth – weitab von allen kaiserlichen Winkelzügen – alles glatt: Er hatte zahlreiche mündliche und schriftliche belobende Anerkennungen erhalten. Endlich war er eine Spanne Zeit dem Schreibtisch im Ministerium entronnen. Somit war ihm die Truppendiensteinteilung sehr angenehm. Der Abschluss seines Aufenthaltes in Graz wurde durch die Erkrankung seiner ältesten Tochter an Scharlach sehr getrübt. Knapp vor der Übersiedlung erkrankte er selbst an dieser Infektionskrankheit.

Im Mai 1901 wurde Roth zum Chef des Instruktionsbüros in Wien ernannt und war in dieser Position direkt dem Chef des Generalstabes unterstellt. Am 1. November 1901 wurde Josef Roth mit kaiserlichem Dekret zum Oberst ernannt. Zu diesem Zeitpunkt war FZM Friedrich Frhr.v. Beck-Rizikowsky schon seit 1881 Chef des Generalstabes und FML Oskar Potiorek[29] Chef des wichtigen Operationsbüros. Potiorek fungierte auch ab 1902 als Becks Stellvertreter.

Um gute Beurteilungen zu erhalten und um zu karrierefördernder Verwendung zu bekommen, benötigte ein zielorientierter Offizier, zu denen auch Josef Roth zu rechnen war, auch nach der Kriegsschule das Wohlwollen und die Unterstützung höherrangiger und einflussreicher Kameraden. Zu den hohen Offizieren, die Roth dieses Wohlwollen entgegenbrachten, zählte der spätere Generaltruppeninspektor FM Erzhg. Friedrich[30], der Roth in zahlreichen Qualifikationen sehr positiv beurteilte und der auch nach dem Weltkrieg mit Roth eine lebhafte Korrespondenz pflegte.

Für Kriegsschulabsolventen war ein Wechseln zwischen dem Dienst bei der Truppe und im Generalstab bzw. anderen Teilen der Armeeführung vorgesehen[31]. Ganz oben in der Prioritätenliste eines jungen Generalstaboffiziers stand die Verwendung im Kriegsministerium. Stabsarbeit wurde auf der Ebene der Verbände – von der Brigade über die Division bis zum Korps – ebenso geleistet wie in den Zentralstellen in Wien.

Bessere Karrierechancen eröffneten sich dabei in den Generalstabsbüros, nicht beim Truppengeneralstab. Unter den zahlreichen Büros des Generalstabs gab es eine klare Rangfolge im Prestige: Besondere Achtung kam dem

---

[29] Oskar Potiorek, * am 20.11. 1853 in Bleiburg (Kärnten), + am 17.12. 1933 in Klagenfurt, wurde 1871 als Leutnant aus der Techn. MilAk zum Genieregiment 2 ausgemustert, 1879 Versetzung in den Generalstab, 1886 war Potiorek im Büro für operative u.bes. Generalstabsarbeiten eingeteilt, 1892 Chef dieses wichtigsten Generalstabsbüros, 1898 GM und Kdt. der 64 Inf.-Brig., 1902 Stv.d. Chefs d. Generalstabes und damit präsumptiver Nachfolger Becks, 1903 FML, 1906 wurde jedoch Conrad neuer Chef des Generalsstabes und Potiorek seines Postens enthoben, was zu einem stetigen Antagonismus zwischen Potiorek und Conrad führte, ab 1907 Kdt. des III. Korps in Graz, 1908 FZM, ab 1910 hatte Potiorek den schwierigen Posten des Armeeinspektors in Sarajewo inne, ab 1911 war er auch Chef der Landesregierung für Bosnien-Herzegowina, während des Besuches von Erzhg. Franz Ferdinand in Sarajewo im Juni 1914 trug Potiorek die Hauptverantwortung für die mangelhaften Sicherheitsmaßnahmen, woraus jedoch keine für ihn nachteiligen Konsequenzen gezogen wurden., am 6.8.1914 Ernennung zum Kdt. der 6. Armee und zugleich OB über alle Balkanstreitkräfte, Ende Nov./Anfang Dez. 1914 schwere Niederlage der unter seinem Kommando stehenden Truppen, die sich politisch und militärisch sehr ungünstig auswirkte, obwohl er bis zu dieser Niederlage als einer der fähigsten Generale der k.u.k. Armee galt, wurde mit Wirkung vom 23.12.1914 seines Kommandos enthoben und 1915 pensioniert.

[30] FM Erzhg. Friedrich, * in Seelowitz, Mähren am 4.6.1856, + in Ung. Altenburg am 30.12. 1936, 1871 Lt. KJ.Rgt., 1879 Obst. IR 13, 1886 FML, 1889 Kdt. V.Korps u. kdi Gen. in Pressburg, 1894 FZM, 1905 Generalstruppeninspektor, 1907 Kdt.d. österr. LW, 1910 Armeeinspektor, 12.7. 1914 zur Disp. des Allerh. Oberbefehls, 31.7.1914 Armeeoberkommandant (AOKdt), 8.12.1914 FM, 2.12.1916 Stv. AOKdt., 11.2.1917 enthoben, 1.12. 1918 versetzt ins Verhältnis „a.D.“.

[31] Kronenbitter, „Krieg im Frieden“, 55

Operationsbüro zu, das in erster Linie mit der Ausarbeitung von Aufmarschplänen, aber auch mit Fragen des Befestigungswesens, der Armeeorganisation und der Truppenausbildung befasst war. In den Jahren 1987 bis 1888 nützte niemand Geringerer als Franz Conrad von Hötzendorf[32] das Operationsbüro als Sprungbrett für die eigene Karriere. Zu Conrads Kameraden im Operationsbüro gehörte damals auch Oskar Potiorek, sein künftiger Rivale.
Im weniger prestigeträchtigen Instruktionsbüro des KM kümmerte sich Obstlt. Roth nunmehr in erster Linie um Ausbildungsfragen des Generalstabs. Dieser Dienst war umfassend und bestand in der minutiösen Vorbereitung sowie Leitung der großen Generalstabsreisen und des Generalstab-Kriegspieles, der Einteilung und Durchsicht der Generalstabsreisen, der Stabsoffiziersprüfungen des Generalstabes, der Artillerie- und des Geniestabes sowie Bearbeitung aller einschlägigen, die wissenschaftliche Ausbildung des Generalstabes berührenden Agenden. Dieses weitgesteckte Aufgabengebiet sollte Josef Roth für fast sieben Jahre betreuen.
Die Idee der Kriegsspiele[33] stammte aus Preußen, wo seit den 1830er-Jahren alljährlich Generalstabsreisen stattfanden. Diese Reise war ein Kriegsspiel, wobei man nicht mit Figuren auf einer Landkarte, sondern auf wirklichen Kriegsschauplätzen, aber ohne reale Truppen „kämpfte“. Nachdem Offiziere dem Generalstab zugeteilt worden waren, nahmen sie beinahe jedes Jahr an einer der angebotenen Reisen teil. Die Übungen wurden für gewöhnlich entlang der Reichsgrenzen durchgeführt, um so mit dem Terrain, das am wahrscheinlichsten Schauplatz künftiger Schlachten sein würde, vertraut zu werden. Zusammen mit den häufigen – postenbedingten – Standortwechsel innerhalb des Reiches stellten diese Reisen sicher, dass Generalstabsoffiziere um die geographische Beschaffenheit der Kronländer aus eigener Erfahrung Bescheid wussten.
Im Jahr 1901[34] fand – unter günstigem Stern – eine umfangreiche Generalstabsreise nach Siebenbürgen statt. Bei einer Exkursion nach Sinaia war Roth

[32] Franz Graf Conrad v. Hötzendorf, * am 11.11. 1852 in Wien/Penzing, + am 25.8. 1925 in Bad Mergentheim (Weimarer Rep.), machte 1878, 1879 und 1882 die Kämpfe in Bosnien-Herzegowina-Dalmatien mit und wurde mehrmals ausgezeichnet, 1895-99 Kdt. d. IR No.1., 1899 Brigadier in Triest, 1903 Divisionär in Innsbruck, 1906 Chef d. Glstbs., Meinungsverschiedenheiten mit Außenminister Aehrenthal und Franz Ferdinand führten 1911 zu seinem Rücktritt, doch wurde er 1912 neuerlich berufen, bei Kriegsausbruch 1914 hatte Conrad die Aufgabe, mit der k.u.k. Armee im Osten die Hauptmassen des Feindes auf sich zu ziehen, um den Deutschen die Gelegenheit zu einem Sieg im Westen zu geben, der jedoch ausblieb. Nach mehrfachen Rückzügen und wiederholten Offensiven mit hohen Verlusten gelang es Conrad mit der Schlacht von Limanowa-Lapanów den Gegner zum Stehen zu bringen, nach der Winterschlacht in den Karpaten kam es nach seinen Plänen am 2.5.1915 zum Durchbruch bei Tarnów-Gorlice, der die verbündeten österr.-ung.-deutschen Kräfte in siegreichem Feldzug weit nach Osten führte, an der endgültigen Niederwerfung Serbiens u. Montenegros 1915, an der erfolgreichen Abwehr Rumäniens 1916 und an der Zurückweisung der ital. Angriffe am Isonzo und in den Alpen seit Mai 1915 hatte Conrad maßgeblichen Anteil, seine Vorschläge, durch Zusammenfassung starker, verbündeter Streitkräfte zuerst am Balkan, dann gg. Italien durchgreifende Lösungen herbeizuführen, fanden nicht die Zustimmung der dt. Heeresleitung und führten immer wieder zu schweren Verstimmungen, 1916 FM, am 28.2.1917 Rücktritt Conrads als Chef d. Glstbs. u. Übernahme des Kommandos d. HGr. Conrad in Tirol, konnte danach aber nicht mehr an frühere Erfolge anknüpfen, da sich die Kräfte der Armee gegenüber dem sich immer stärker werdenden Gegner erschöpften, 1918 Oberst aller Leibgarden, ab 1.12.1918 i.P.
[33] L. Sondhaus, Conrad, 47
[34] KA, NL B 14 : 15; Typoskript: Josef Roth. Soldat und Mensch, Juli 1939, o. V, 70 Seiten, n.pag.

Gast von König Carol I[35]. von Rumänien, der ihn mit dem Kommandeurskreuz des Sternes von Rumänien auszeichnete.
In den darauffolgenden Jahren führten ihn große Generalstabsreisen nach Oberungarn, Ostgalizien und Nordostböhmen. Für seine zufriedenstellende Tätigkeit als Chef einer Abteilung des KM wurde Roth mit dem Orden der Eisernen Krone 3. Klasse ausgezeichnet.
Weitere Generalstabsreisen führten nach Istrien, längs der adriatischen Küste bis Cattaro, schließlich bis nach Kroatien. Auf einer Fahrt durch Kroatien, auf dem Weg nach Lioik ereignete sich ein schwerer Unfall: Eine Brücke über einen reißenden Bach, der bereits bis zur Fahrbahnhöhe angeschwollen war, musste mittels zweispännigen Kutschen passiert werden. Nur der voranfahrende Wagen mit dem Chef des Generalstabes, Baron Beck, konnte gerade noch das andere Ufer erreichen, als die Brücke mit den Insassen der nachfolgenden Kutsche, FML Potiorek und Oberst Roth, mit Wagen und Pferden in den tosenden Bach stürzten. Nur mit Müh´ und Not konnten sich die Gestrandeten an herausragende Bäume, die im Uferbereich verkeilt waren, so lange festklammern, bis nach etwa einer Stunde Hilfe herbeieilte. Die Herrn konnten gerettet werden, die Pferde und das Fuhrwerk musste man jedoch hilflos dem reißenden Wasser überlassen. Am Ende der Reise, in Sarajewo, löste sich der Schreck in einer großen Feier zu Ehren von FZM Baron Beck auf, der sein 25igjährigens Jubiläum als Chef des Generalstabes würdig beging.
Doch drei Jahre später, im September 1906, hatte FZM Beck nichts mehr zu feiern: Friedrich Frhr.v. Beck-Rizikowsky, wie Kaiser Franz Joseph 1830 geboren, hatte ganz offensichtlich den Zeitpunkt zurückzutreten, bevor er dazu gezwungen wurde, verpasst[36]. Als er Anfang September 1906 bei den von argen Pannen geprägten Kaisermanövern vom Pferd stürzte, lieferte er selbst das passende Symbol für den Erneuerungsbedarf in der Armeeführung. Knapp zwei Monate später wurde er auf den Posten des Kommandanten der Arcièren-Leibgarde abgeschoben. Zu dem damaligen Zeitpunkt wusste noch niemand, das seinem Nachfolger im Amte – 12 Jahre später – ein ähnliches Schicksal blühen sollte.
Im Hauptbericht der Qualifikationsliste für das Jahr 1906[37] nach Durchführung der Kaisermanöver beurteilte FML Oskar Potiorek als Stv.Chef des Generalstabes, damals schon bekannt für seine herablassende, abweisende Art gegenüber seinen Kameraden, den GM Josef Roth doch erstaunlich einfühlsam und ausgewogen: *„Pkt. 8) Repräsentation: ist verheiratet und lebt finanz. in geordneten Verhältnissen. Sehr taktvoller Offizier, der nach Erscheinung, Auftreten und allgem. Bildung auch allen Anforderungen, vorzüglich Repräsentation entspricht. Pkt. 9) Eigenschaften: ernster, entschiedener Charakter, lebhaftes Temperament , heiteres Gemüth; vorzügl. Geistesgaben mit rascher Auffassung, klarem Urtheile und sicherem Verständnis. Pkt 10) Dienstkenntnisse: besitzt gründliche mil. Kenntnisse, die sich auf alle Gebiete mil. Wissens erstrecken; Bildung sehr bewandert. Pkt. 11) Benehmen gg. Vorgesetzte und Untergebene: Gegen Vorgesetzte: Gehorsam, offen, anhänglich, willig, mit gewinnenden Formen. Gg. Untergebene: Bestimmt, klar, energisch. Beurteilt seine Untergebenen: gerecht u. wohlwollend. Einwirkung auf die Truppe:*

[35] Anm.: aus dem Hause Hohenzollern-Sigmaringen
[36] Kronenbitter, „Krieg im Frieden", 58-59
[37] Österr. StA, Gen.Dion, KA, Gruppe 1: Personalevidenzen, Qualifikationslisten f. Offz. 1869-1918, Qu.-Liste Josef Roth-Limanowa, Qu.Kt. 2823

von durchgreifender Einwirkung; sehr fürsorglich; Anhänglichkeit und Vertrauen der Untergebenen besitzend. Pkt. 12) Diensteifer und Erfolg: Hervorragend eifrig und thätig. Wirkt in seiner gegenwärtigen Dienststellung mit vorzüglichem Erfolg und hat auch in seinen früheren Verwendungen vorzüglich entsprochen,
gez. Potiorek, FML"
Der neue Generalstabschef, der knapp 54 Jahre alte FML Conrad, verdankte seine Ernennung Erzherzog Franz Ferdinand, der ihn schon als Regimentskommandant und sodann als Brigadier in Triest kennen gelernt hatte. 1903 war Conrad zum Kommandanten der 8. ID in Innsbruck ernannt worden, und zwei Jahre später beeindruckte er den Thronfolger als Befehlshaber einer Partei bei Gebirgsmanövern in Südtirol. Franz Ferdinand musste Conrad mehrfach drängen, bis dieser bereit war, den Chefposten Mitte November 1906 zu übernehmen.
Die Wahl des Thronfolgers fiel auch auf Conrad wegen seines heftigen Temperaments und seiner persönlichen Qualitäten, wobei die Tatsache übersehen wurde, dass sein Fachwissen für diesen Posten nicht adäquat war[38]. 1911 sollte es zu einer Vertrauenskrise der beiden kommen.
Josef Roth hatte sich zu diesem Wechsel an der Spitze des Generalstabes in seinen „Erinnerungen"[39] sehr persönliche Gedanken gemacht: *„An Stelle des sicheren, klaren, wenn auch etwas langsamen Systems, trat ein rasches, überhastetes und sprunghaftes mit einer recht traurigen Protektionswirtschaft. Es kam der Beginn des nun leider entgetretenen Endes. Ich habe auch unter diesem Chef sehr gut gedient, obwohl auch ich infolge des sprunghaften und lärmenhaften Wesens manchmal gelitten habe".*
Die erste Reise unter dem neuen Chef führte nach Kroatien, natürlich unter anderen Vorzeichen und Prioritäten. Doch man wusste sich zu arrangieren.
„Anfangs des Jahres 1908[40] wurde ich mit Oberst Kleibel nach Italien geschickt um dort Länderkenntnisse zu erlernen, dafür ich meinem Chef sehr dankbar war. Trotz des elenden Wetters war die Reise höchst interessant und verwertbar. Zurückgekehrt wurde mir für meine bisherigen Leistungen und für meine bisherige Tätigkeit im Generalstab der Leopoldsorden 3. Klasse verliehen und außerdem der schriftliche Dank und Anerkennung ausgesprochen".
Roths Kundschafterreise nach Italien im Auftrag von Franz Conrad von Hötzendorf mag wohl nicht ganz zufällig gewesen sein: Conrad hatte in einer Denkschrift vom April 1907 zu einem Präventivkrieg gegen Italien aufgefordert und wollte nun das mögliche Schlachtengelände auskundschaften.
Am 1. Mai 1908 wurde Josef Roth zum Generalmajor befördert, mit gleichzeitiger Ernennung zum Kommandanten der 97. IBrig. in Wien.
Anfang Mai 1908 kamen alle deutschen Fürstlichkeiten und Monarchen nach Wien, um Kaiser Franz Joseph anlässlich seines 60jährigen Regierungsjubiläums zu gratulieren. GM Josef Roth kommandierte die ausgerückten Truppen beim Empfang des deutschen Kaisers und der Könige von Schweden und Griechenland. Roth erhielt aus diesem Anlass den Stern und das Kommandeurskreuz des preußischen Roten Adlerordens und des schwedischen Schwertordens.

[38] L. Sondhaus, Conrad von Hötzendorf, 89
[39] KA, NL B 14 : 10, Josef Roth, Erinnerungen (Konzept), Typoskript, ca. 40 Seiten, nicht paginiert
[40] KA, NL B 14 : 10, ebda

Die Festlichkeiten dauerten einige Tage. Roth wurde bei der Gratulationscour bei Kaiser Franz Joseph in der Hofburg und bei der folgenden Soireé beim Erzherzog-Thronfolger im Wiener Belvedere des öfteren von beiden ins Gespräch gezogen.

Im Februar 1909 fand in Wien das erste Generalkriegspiel statt. Roth erinnert sich[41]. *„Hierauf würde ich – im Falle eines Krieges – zum Generalstabschef der Armee GdI Erzhg. Friedrich ernannt, und in dieser Eigenschaft fand unter seiner Leitung bereits ein solches Kriegsspiel bei Krakau statt. In dieser Stellung verblieb ich bis zum Ausbruch des Weltenringens“.*
Die Möglichkeit eines Krieges – von Roth in seinen „Erinnerungen“ noch im Konjunktiv gesetzt, stand allerdings schon fast vor der Türe: Auf die Bekanntgabe der Annexion von Bosnien-Herzegowina am 7. Oktober 1908 bei gleichzeitiger Räumung des Sandschaks von Novipazar *folgte „... ein Proteststurm, der an die Vorgänge anlässlich der britischen Burenkriege ab 1896 erinnerte“* wie es der Historiker Stephan Verosta so treffend formuliert hat. Anders als von Außenminister Aehrenthal im Ministerrat vorhergesagt, stellten sich mit Ausnahme Deutschlands alle europäischen Großmächte gegen den unilateralen Schritt der Habsburgermonarchie, der letztlich im Widerspruch zu den Vereinbarungen des Berliner Kongresses stand.
Franz Conrad von Hötzendorf zeigte sich jedenfalls tief verbittert über die verpasste Gelegenheit für einem Schlag gegen Serbien, über die letztendlich friedliche Lösung und über die mageren politischen Gewinne aus der Bosnienkrise 1908/09 . Er erinnerte Aerenthal immer wieder, dass man eine entscheidende Aktion hätte ausführen können und sollen[42]. In seinen Memoiren „Aus meiner Dienstzeit“ merkt Conrad verbittert an, dass „im Jahre 1908/09 *„... weder Serbien noch Russland für den Krieg vorbereitet“* waren; *„Österreich-Ungarn war es*“, wie er meinte. Der Großteil des Offizierskorps war der gleichen Ansicht. Im Zuge des von Roth angesprochenen neuen Generalkriegsspiel und der anderen Reformen, die Conrad 1907/08 durchgedrückt hatte, markierte die bosnische Krise von 1808/09 einen weiteren Schritt in der Umwandlung der Armee Franz Josephs zu einer Armee Conrads von Hötzendorf. Die Bosnienkrise hatte jedenfalls eine Überarbeitung der Kriegspläne zur Folge, die zur Formulierung von Szenarien und Dispositionen führte, die fünf Jahre später entscheidend sein würden. Das Operationsbüro bereitete neue Versionen der Standardkriegsfälle B, R und I (Anm.: für Balkan, Russland und Italien) in mehreren Varianten vor. Um der Armee die Flexibilität zu geben, möglichen Bedrohungen mit größter Vielfalt zu begegnen, teilte Conrad sie in drei Mobilmachungsgruppen.
Von den Manövern zurückgekehrt[43] wurde GM Josef Roth vom Kriegsministerium zum Vorsitzenden des neugeschaffenen Berufungsehrenrates für Oberoffiziere ernannt, eine Arbeit, die ihn sehr forderte. Einerseits galt es, das noch immer grassierende „Duellunwesen“ einzudämmen, andererseits musste so manchem konkursbedrohten Offizier wieder auf die Beine geholfen werden. Roths Einsatz und seine väterliche Fürsorge trugen ihm jedoch bei höchsten Stellen nicht wenige Vorwürfe ein.

---

[41] KA, NL B 14 : 10, ebda
[42] L. Sondhaus, Franz Conrad von Hötzendorf, 105-107
[43] KA, NL B 14 : 15; Typoskript: Josef Roth. Soldat und Mensch, Juli 1939, o. V, ca. 70 Seiten, nicht paginiert

Im März 1910 fand ein weiteres Generalkriegsspiel im Großraum Krakau statt. Im Zusatz zum Hauptbericht 1910 qualifiziert Erzhg. Friedrich seinen Generalstabschef GM Josef Roth wie folgt[44]: *„Hat vorzügliche Auffassung und vollste Beherrschung großer operativer Verhältnisse erwiesen. Arbeitet mit großer Ruhe und Sicherheit; ist im dienstlichen Verkehre mit Höheren und Niederen besonders taktvoll. Entspricht als Armee=Generalstabschef in jeder Beziehung vorzüglich und besitzt als solcher mein vollstes Vertrauen. Läßt als Truppenführer und auch in anderen höheren Verwendungen hervorragende Leistungen erwarten. gez. Erzhg. Friedrich e.h."*

7.2. Kommandant der „Allzeit getreuen" von 1910 bis 1914

„In der Schule wird der Grundstein für ein kräftiges Heer und einen mächtigen Staat gelegt" Josef Roth

Zu Beginn des Jahres 1910 wurde GM Josef Roth vom Chef des Generalstabes, GdI Franz Conrad von Hötzendorf, dienstlich mitgeteilt, er sei als Kommandant der Kriegsschule in Wien auserkoren. Doch ebenso, ließ ihm Conrad mitteilen, sei in Erwägung gezogen worden, ihn als Kommandant der Wiener Neustädter Akademie zu bestellen. Conrad ersuchte ihn, die Auswahl abzuwägen und ihm, Conrad, mitzuteilen, für welchen Posten er sich letztlich entschieden habe.
Doch die Dinge entwickelten sich rascher als von Conrad geplant: Schon einige Tage nach dem Vorschlag Conrads wurde bei der Generalskonferenz beschlossen, Josef Roth im Auftrag von Erzherzog-Thronfolger Franz Ferdinand das Kommando der Thesianischen Militär-Akademie in Wiener Neustadt zu übergeben. Anfang April 1910 wurde GM Josef Roth zum Kommandanten einer der traditionsreichsten Akademien der k.u.k. Armee, die „Allzeit Getreue", ernannt.
Die nicht immer erfolgreichen Kriege hatten Maria Theresia im Jahre 1752 bewogen, in Wr. Neustadt eine eigene Bildungsanstalt für Offiziere ins Leben zu rufen. Diese Theresianische Akademie war die quantitativ bedeutendste Quelle späterer Generalstabsoffiziere: Bei Kriegsbeginn 1914 standen fünf der sechs Armeen, zehn der zwölf Korps sowie zwei Armeegruppen und ein kombiniertes Korps Österreich-Ungarns unter dem Kommando von Absolventen der Theresianischen Akademie[45].
Somit erhielt GM Roth die Aufgabe, für die er gleichsam geboren war, nämlich einen der befriedigendsten Posten, den die Alte Armee – wie auch das heutige Bundesheer – zu vergeben hat. Roth vereinigte in sich alles, was man dazu braucht: den Schwung des Truppenoffiziers mit den Kenntnissen des Generalstäblers und dem Auftreten des Kavaliers[46].
Die Militärakademiker wussten auch sogleich, woran sie waren, wenn sie die elegante Erscheinung ihres neuen Kommandanten vor der angetretenen Front erblickten, mit den bereits leicht grau-melierten Haaren aber den jungen

[44] KA, Qu.Kt. 2823
[45] Mitteilungsblatt „Alt-Neustadt" 1 (1965), 9-11
[46] Zit. aus einer ungedr. Abschrift einer Rundfunkansprache zum 100. Geburtstag des GO. Roth von Limanowa am 10. Okt. 1959, Radio Wien, 20 Uhr 40 Sendebeginn. Ohne Verf., nicht paginiert.

Augen, die zwischen den etwas zusammengekniffenen Lidern unter dem Tschakoschirm hervorblitzten, als ob sie nach einem fernen Ziel Ausschau hielten.

Und tatsächlich, ein fernes Ziel war es auch, dass Roth sich als Akademiekommandant gesteckt hatte: Es ging ihm darum, den alten Auftrag Maria Theresias: *„Mache er tüchtige Officirs und rechtschaffene Männer daraus..!“*, mit den Forderungen der neuen Zeit, vor allem mit den Anforderungen einer dunkel heraufziehenden Zukunft sinnvoll zu verbinden.

Diese Theresianische Akademie war unter den Bildungseinrichtungen der k.u.k. Armee diejenige, die durch Traditionspflege und den organisierten Zusammenhalt der Absolventen im Bewusstsein der Schüler, zunächst „Zöglinge“, dann „Akademiker“ genannt, besonders präsent blieb[47].

Die „Neustädter“ retteten diesen Korpsgeist auch weit über den Ersten Weltkrieg hinaus. Gerade „Neustädter“ und Kriegschulabsolventen machten sich nach 1818 daran, ihre bleibenden Eindrücke an das Leben in der alten Armee schriftlich festzuhalten. Jedoch lag den autobiographischen Veröffentlichungen in der Regel ernsthafte Kritik an den Kameraden und Vorgesetzen eher fern. Auch die weit zahlreicheren unpublizierten Memoiren – wie Josef Roth mit seinen „Erinnerungen“ – und vergleichbaren retrospektiven Texte ehemaliger k.u.k. Offiziere sind letztlich von einer affirmativen Haltung zur Armeeführung geprägt.

Am 24. April 1910 zog GM Josef Roth als Kommandant in die Neustädter Burg ein[48]. Es war für ihn sicherlich eine erhebendes Gefühl, genau 31 Jahre nach seiner eignen Ausmusterung an diese traditionsreiche Stätte zurückzukehren.

Roth kommandierte nun über rund 50 Lehrer und Offiziere, 450 Zöglinge und rund 350 Soldaten. Zunächst mussten Reformen des Lehrplanes vorangetrieben werden: Wichtig war GM Roth vor allem die Vermehrung der Taktikstunden auf Kosten obsoleter Themen, die Neuregelung des Lehrplanes zu Gunsten der praktischen taktischen Ausbildung, Vermehrung der Reitstunden für die zur Kavallerie bestimmten Akademiker, Einführung und Erweiterung des modernen Leistungssportes, Erhöhung der Parallelklassen von drei auf vier in jedem Jahrgang, wodurch der Unterricht rationeller und individueller gestaltet werden konnte.

Nach den ersten Inspektionen musste Roth feststellen, dass auch die Infrastruktur im argen lag: Die Erweiterung des Akademiefriedhofes war notwendig geworden, ebenso die Erneuerung der Orgel in der St. Georgs-Kirche der Burg, die Errichtung eines Kaisermonumentes, weiters die Errichtung eines Denkmals für die als Flieger verunglückten Neustädter, die Errichtung einer neuen Reitschule mit Einstellplätzen für 70 Pferde sowie ein Krankenstall sowie großer Sportanlagen – auch für die Zivilmittelschulen. Radfahren wurde als obligatorischer Gegenstand eingeführt. Auch wurden spannende Fußballwettkämpfe organisiert. Die Neustädter traten mit großem Hallo gegen Mannschaften der Mödlinger und Budapester Akademie sowie gegen Infanteriekadettenschulen an.

Doch nicht nur Lehrplane und die Infrastruktur musste der neuen Zeit angepasst werden, auch in soziologischer und sozialer Hinsicht waren große Umbrüche zu bewältigen und mussten von Josef Roth in sein Konzept eingebaut

[47] Kronenbitter, „Krieg im Frieden“, 34-35

[48] KA, NL B 14 : 15; Typoskript: Josef Roth. Soldat und Mensch, Juli 1939, o. V, ca. 70 S., n.pag.

werden, denn etwa ab der Jahrhundertwende waren Angehörige der neuen, aufstrebenden Schichten an der Elitemilitärschule wesentlich stärker vertreten.

Kurzum: Am Vorabend des Ersten Weltkrieges hatte sich die gesellschaftliche Zusammensetzung der Zöglinge an den beiden Militärakademien grundlegend geändert[49]. Von den 133 Leutnanten (der eine chinesische Absolvent nicht mitgerechnet) des Ausmusterungsjahrgangs 1913 stammten nur 50 Söhne aus Offiziers-Familien sowie sechs Söhne von Unteroffizieren (1874 hatte es keinen einzigen gegeben) und 11 Söhne von Militärbeamten (1874: einer). So stellten die Söhne von Militärangehörigen nur mehr die Hälfte (67) der Klasse. Selbst wenn man nun die erstaunlich hohe Zahl (32) jener Schüler hinzuzählt, deren Väter Beamte waren, so gab es nur 99 Zöglinge oder 74,4 % Söhne von „Staatsdienern" – 1874 waren es noch 90 % gewesen. Die Berufe der anderen Väter sind in diesem Zusammenhang ebenfalls nicht uninteressant: darunter gab es fünf Grundbesitzer, einen Rentier, einen Fabrikdirektor, einen Hotelbesitzer, einen Großhandelskaufmann, neun Selbständige bzw. Akademiker (einschließlich eines Künstlers), vier Händler, vier Handelsangestellte, vier Handwerker, zwei Bauern und einen Portier.

Damit kamen mehr Angehörige des Ausmusterungsjahrganges 1913 aus einfacheren Verhältnissen, als dies im Vergleichszeitraum 1874 der Fall gewesen war. Bezeichnenderweise war der Adel nur mehr sehr gering vertreten.

Josef Roth förderte Festlichkeiten, wie Fronleichnam, Ausmusterungen, Jubiläen der älteren, bereits ausgemusterten Jahrgänge und den Gedenktag der Gründung der Akademie, da all diese Aktivitäten für ihn ein wichtiges Erziehungsmittel, ein Medium zur Erhaltung und Hebung des Geistes der altösterreichischen Tradition darstellten.

Dabei durfte ein jährlich stattfindender Akademie-Ball nicht fehlen, ein Fest der Jugend und Kameradschaft, auch ein Vorfühlen zum anderen Geschlecht. Da verwandelte sich der neu errichtete Turnsaal mit seinen Nebenräumen in den Augen der jungen Akademiker fast in einen märchenhaften Prunksaal.

Beziehungen zu den jungen Damen zu flechten war nicht erst unter dem Akademiekommando von GM Roth bedeutsam geworden. Der spätere k.u.k. Mjr. Edmund Glaise von Horstenau erinnert sich um das Jahr 1905 lebhaft[50]: *„Der Akademiepark war seit langem der Benützung durch das Zivil freigegeben. Wenn wir, jeder für sich, in den Park spazieren gingen, erlebten wir stets ein wenig Bürgerlichkeit, die auch manchen, allerdings nicht fürs Leben geflochtenen Bund entstehen ließ. Der Akademiepark gab zu verschwiegenen Händedrücken reichlich Möglichkeit. Die von der ‚Kleinen Tour' eingeschlossenen waldreichen Gegenden waren hierzu besonders geeignet. – Auch sonst war die klösterliche Absperrung reichlich durchbrochen. Es gab jeden Sonntag und wöchentlich ein- bis zweimal freien Besuch der Stadt. Wer sich gut verhielt, konnte beim Kompanierapport für Sonntag auch Absentierung nach Wien erbitten. Da schlüpfte man in die prachtvolle ‚eigene' Uniform mit den hohen roten Krägen und himmelblauen Hosen und eilte stolz dem Bahnhof zu, um den nächsten Zug nach Wien zu erreichen. Der letzte Zug am*

[49] István Deák, Der k.(u.) k. Offizier 1848-1918, 107-108

[50] Peter Broucek (Hg.), Ein General im Zwielicht. Die Erinnerungen Edmund Glaises von Horstenau, Wien-Köln-Graz 1980, Bd 1, k.u.k. Generalstabsoffizier u. Historiker, in: Veröffentlichungen der Kommission f. Neuere Geschichte Österreichs, Bd. 67, 116-117

Sonntag, genannt der ‚Lumpensammler', brachte die Bonvivants, in Erinnerungen schwelgend, wieder nach der ‚Allzeitgetreuen' zurück."
Doch der Akademiepark mit seinen amourösen Möglichkeiten übte auf die jungen Akademiker auch eine gelegentlich unkontrollierbare Anziehungskraft aus, – wenn da nicht eine Mauer um das Akademieareal als natürliches Hindernis im Wege stehen würde! Was also tun, um ohne Erlaubnis in den Park der Sehnsüchte zu gelangen? Eine Episode zeigt in Bezug auf diese „Schicksalsfrage" den Offizier, Militärpädagogen und Menschen Josef Roth in einem ungewöhnlichen Licht[51]: GM Roth hatte sich eines Tages auf einem Abendspaziergang in den Akademiepark begeben. Plötzlich vernahm er in der Nähe der Mauer ein Geräusch, ging dem nach und bemerkte zwei Akademiker, die sich gerade über die Mauer mühten und erschrocken ihren Kommandanten bemerkten, der sie bereits zu sich winkte. Namen – Rapport – und die Aufforderung, sofort mitzukommen, ließen sie nichts Gutes ahnen. Nach etwa 50 Meter zeigte Roth auf eine Stelle der Mauer, die durch einige hervorstehende Ziegel leichter zu überklettern war und sagte zu den verängstigten Makern: *„Sehen Sie, hier bin ich vor dreißig Jahren hinüber und herüber, – nur habe ich mich dabei kein einziges Mal erwischen lassen! Abtreten!"* – Übrigens, zum Rapport sind die beiden illegalen Nachtschwärmer nicht befohlen worden.
Zugleich ist GM Roth bemüht, seine Militärakademiker nicht nur der Bevölkerung Wr. Neustadts näher zu bringen, er lässt auch für ältere Jahrgänge Informations-Reisen in die Kronländer, wie auch Fabrikbesuche organisieren und lässt seine Akademiker sich in Reitbewerben qualifizieren.
Gemessen an der nicht nur, wohl aber auch militärischen Bürokratie, waren diese massiven Reformschritte von zweifellos revolutionärer Dimension. Die Freude an Wissenschaft und Wissensvermittlung teilte Josef Roth mit seinem Bruder August, Linienschiffsleutnant und Lehrer für Nautik an der Marineakademie, dem ein Großteil der Marineoffiziere mit der Ausmusterung rund um die Jahrhundertwende eine hochqualifizierte Ausbildung verdankte.
In der Zeit als GM Roth Kommandant der Wr. Neustädter Akademie war, fand zum ersten Mal im Wintersemester 1910/11 ein Schießkurs für die obersten Klassen der Zivil-Mittelschulen statt. „Jugend-Marketing" würde man heute zu dieser umsichtigen Maßnahme sagen.
Edmund Glaise von Horstenau erinnert in diesem Zusammenhang an seine eigene Akademikerzeit[52]: *„Jedes Jahr war feldmäßiges Schießen. Einmal fand es auf der Öd- und Pfennigwiese bei Puchberg am Schneeberg statt, ein andermal am Fuße der Hohen Wand. Immer waren zwei Nächte Einquartierung auf Stroh damit verbunden. Daß ein halbes Jahrhundert darauf statt unser – russische Soldaten dort im Quartier liegen würden, hat keiner von uns ahnen können..."*
Besondere Bedeutung hatte in der Akademie der 18. August, Kaisers Geburtstag[53]. Die schwarz-gelbe Flagge war am Mast des Rakoczyturmes hochgezogen worden, zum Zeichen der hohen Bedeutung des Tages. Zeitlich früh

---

[51] Entnommen aus einem Typoskript eines Vortrages v. Dr. Helmut Steinacker: Die Schlacht von Limanowa-Lapanów 2.-12. Dezember 1914. Gedenkfeier in der MilAk in Wr. Neustadt am 19. November 1994, 9-10
[52] Broucek (Hg.), Ein General im Zwielicht. Die Erinnerungen Edmund Glaises von Horstenau,, Bd 1, 117
[53] KA, NL B 14 : 15; Typoskript: Josef Roth. Soldat und Mensch, Juli 1939, o. V, ca. 70 S., n. pag.

versammelte sich schon der auszumusternde Jahrgang, noch in der Uniform der Akademiker, im Theresienrittersaal zur Verlesung des Verordnungsblattes durch den Akademiekommandanten GM Roth, der die Ernennung der Leutnants namentlich bekannt gab. Nach der Beglückwünschung durch den Kommandanten, der jedem Absolventen seine Hand zum Abschied reichte, zogen sich die Neuernannten zurück, um sich möglichst rasch wieder, aber nunmehr als Leutnants ‚en parade' vorzustellen.
Sodann fanden die Feierlichkeiten erstmals unter GM Roth wieder zur Gänze am Theresienplatz statt: Nach Abschreiten der Front aller ausgerückten Truppen durch den Höchstanwesenden begann die Feldmesse, während dieser das Akademikerbataillon und das Feldkanonenregiment die vorgeschriebenen Ehrensalven abgaben. Edmund Glaise erinnert sich auch an diese feierliche Stunde, als nach Beendigung der Messe die nun zu vereidigenden jungen Offiziere im Halbkreis standen[54]: *„Dann wurde die Fahne zum Altar gebracht. Nicht ohne Wehmut sahen wir zu ihr auf, als wir die wunderbaren Worte des Soldateneides sprachen. Wir schworen, zu Land und zu Wasser, nicht schon in der Luft, wie spätere Generationen, unsere Pflicht zu tun, als ehrenhafter Soldat zu leben – und zu sterben".*
Glaise ergänzt: *„Dann flogen die Säbel aus der Scheide und klirrten in der Luft zusammen, wobei wir wie aus einer Kehle den alten Wappenspruch der Akademie hinausriefen: ‚Treu bis in den Tod!' Jeder musste zusehen, dass er ja eine Scharte in der frischen Klinge davontrug. Das gehörte zu den Selbstverständlichkeiten".*
Eine Defilierung des Zöglingshalbbataillons auf dem Theresienplatz beendete zunächst die Feier. Das Ausmusterungsdiner, gemeinsam mit dem Kommandanten und den Lehrern eingenommen, fand wie üblich in der gedeckten neuen Reitschule im Angesicht der Reiterstandbilder des Prinzen Eugen und des Erzherzogs Carl statt. Trinksprüche wurden gewechselt. Das letzte Mal stieß man zum Umtrunk an.

Und wieder war es ein 18.ter, der einen großen Tag verhieß, diesmal war es der 18. September 1910: Dieser Tag der „Kaiserparade" stand für die Bewohner der „Allzeit Getreuen" im Zeichen der neuesten technischen Errungenschaften – der Aviatik. Schon drei Jahre zuvor hatte die Wr. Neustädter Stadtverwaltung längs der Wöllersdorferstraße Grundstücke zum Bau von Flugzeug-Hangars samt Nebengebäuden bereitgestellt[55]. Denn nach dem Bau eines ersten Motorflugzeugs 1907 durch Igo Etrich wurde ab 1909/10 Wiener Neustadt – durch die "Etrich-Taube" und den "Pischof-Autoplan" des ebenso genialen Konstrukteurs Ing. Alfred Ritter von Pischof[56] – ein erstes Zentrum der Flugzeugproduktion in der Monarchie.

[54] Broucek (Hg.), Ein General im Zwielicht. Die Erinnerungen Edmund Glaises von Horstenau,, Bd 1, 131

[55] Reinhard Keimel, Enzyklopädie des österreichischen Flugzeugbaus. Von den Anfängen bis zur Gegenwart, Oberhaching 2003, 23-25.

[56] Ing. Alfred Ritter von Pischof, * 17. Mai 1882 in Wien, verunglückt am 12. August 1922 bei Paris. Pischof war einer jener Luftfahrtpioniere, die das Flugwesen mit eigenen Konstruktionen in Österreich im Jahre 1910 neben Igo Etrich, Karl Illner, Adolf Warchalowski und der Firma Lohner mit Karl Pau-

Ing. Alfred Pischof brachte im März 1910 den Flugapparat auf das Steinfeld und am 9. des selben Monats gelangen die ersten „Sprünge“ von 300-400 m Weite.
Am 12. April überflog er das Flugfeld dreimal und probierte eine Kurve, am Tage darauf wurden die ersten längeren Flüge unternommen, am 14. folgte der erste Kurvenflug über zwei Runden in 18-20 m Höhe. Am 17. April unternahm Pischof die ersten Flüge für seine Pilotenprüfung (drei Runden von acht Minuten Dauer in 20 m Höhe und ein Schnelligkeitsversuch, wobei eine Geschwindigkeit von 65,5 Km/h ermittelt wurde). Die Flug-Prüfung selbst legte er am 24. als zweiter Österreicher ab.
Am darauffolgenden Tag wurden die ersten Passagiere mitgenommen (drei Aufstiege mit Hauptmann Booms, zwei mit Ing. Pichler), am 8. Mai flog Pischof mit seiner Gattin 13,5 Minuten in Höhen bis zu 25 m, am 9 Mai folgte der erste Überlandflug eines Flugzeuges in Österreich: Pischof startete in Wr. Neustadt, überflog anschließend Wöllersdorf – Felixdorf – Steinabrückl – Wöllersdorf und landete nach 41 Minuten wieder in Wr. Neustadt.
Zur Kaiserparade am 18. September 1910 wurde Franz Joseph I. um 15 Uhr 30 vom Bürgermeister von Wr. Neustadt empfangen. GM Josef Roth meldete sich als Militärstations- und Akademiekommandant und wurde von Seiner Majestät lange in ein Fachgespräch gezogen. Ing. Pischof wurde vom Kaiser ebenso persönlich begrüßt und in ein längeres Gespräch über den militärischen Nutzen der Flugapparate verwickelt.
Die Folge dieser Zusammenkunft in Wr. Neustadt war, dass die österreichische k.u.k. militäraeronautische Anstalt auch ein Exemplar des „Pischof-Autoplan“ in Erprobung nahm. Doch trotz der sehr guten Flugeigenschaften erwarb die k.u.k. Heeresverwaltung im Jahre 1911 nur ein einziges Exemplar! Dies war wohl mit ein Grund, weshalb der geniale Pischof in den folgenden Jahren sein Konstrukteurs- und Fliegerglück im Ausland versuchte. Ein typisches österreichisches Erfinderschicksal.

Der Besucherreigen war für GM Roth in dieser Zeit durchaus vielschichtig: Am 7. Oktober 1910 traf in Wr. Neustadt, von Wien kommend, eine kaiserlich japanische Militärmission, bestehend aus 12 Offizieren unter Führung von Gdl Kageaki-Kawamura, zur Besichtigung der Anstalt ein.
Um dieser ausländischen Militärmission bei ihrem sehr kurz bemessenen Aufenthalt ein Bild des Ausbildungsniveaus zu bieten, wurde rasch ein Programm entworfen, wonach im Verlaufe des Vormittages taktisches Exerzieren, Nahkampf in Kompaniestärke mit Gegenseitigkeit, Reiten, Springen und Voltigieren der Kavallarieabteilung, Schießen auf der Kapselschießstätte, Übungen der MG-Abteilung sowie Turnen und Fechten vorgeführt wurde.
Die Mittagspause war der Besichtigung des Hauses und einem gemeinsamen Dinner in der Offiziersmesse gewidmet, wobei die Gäste durch den Akademiekommandanten in einem Trinkspruch in französischer Sprache geehrt wurden. Gdl. Kageaki erwiderte unter frenetischem „Bansei“ der Gäste.

---

las bestimmten und vorantrieben. Pischof erwarb das österr. Aviatische Diplom Nr. 2 am 24. April 1910 in Wiener Neustadt auf seinem Pischof-Autoplan, gebaut bei Werner & Pfleiderer.
Ab 1911 fertigte die neugegründete österr.-ung.. Autoplanwerke Ges. dieses Flugzeugmuster in Wien und in der Zweigniederlassung in Paris in Serie bis zur Auflösung dieser Gesellschaft im Jahre 1913. Pischof vollführte in Paris zahlreiche Flüge, sodass der Apparat auch in Frankreich ein kommerzieller Erfolg wurde.

Die Vorführungen hatten nachhaltige Eindrücke bei den Gästen hinterlassen, denn schon am 28. Februar 1911 traf eine japanische Studienkommission unter Führung von Oberst Rikkudzuchi Yamada ein. Noch während der Begrüßungszeremonien überreichte der Militärattaché Major Sheihi Hotta GM Roth den Orden des Heiligen Schatzes I. Klasse, welcher ihm von SM, dem Kaiser von Japan, verliehen worden war. In Anschluss wurden der Studienkommission einige Gefechtsbewegungen des Akademikerbataillons vorgeführt.
Im April 1911 fand neuerdings eine große Generalstabsreise im Mittelgalizien statt und anfangs September die Kaisermanöver in den Karpaten, wobei GM Roth als Generalstabschef der „Nordpartei" fungierte. Seine Truppen konnten einen glänzenden Sieg erringen, wobei ihm der anwesende Erzherzog-Thronfolger spontan ein großes Lob aussprach.
FML Arthur von Sprecher[57] urteilte in der Qualifikationsliste des Hauptberichts für das Jahr 1911 in den Rubriken, *„...ob der Beschriebene seiner gegenwärtigen Stellung entspricht, ob er und für welchen höheren Posten, oder für welche höhere Kommandofunktion, dann ob er für die höhere Charge geeignet ist,"* zusammenfassend wie folgt: *„Hat auch im verflossenen (Winter-)Halbjahr in allen seinen Verwendungen vorzüglich entsprochen. Zum Kommandanten einer Infanterie-Truppendivision und zum FML hervorragend geeignet".*
Erzhg. Friedrich ergänzt zu diesem Hauptbericht[58]: *„Hat vorzügliche Auffassung und vollste Beherrschung großer operativer Verhältnisse erwiesen. Arbeitet mit großer Ruhe und Sicherheit; ist im dienstlichen Verkehre mit Höheren und Niederen besonders taktvoll. Entspricht als Armee = Generalstabchef in jeder Beziehung vorzüglich und besitzt als solcher mein volles Vertrauen. Läßt als Truppenführer und auch in anderen höheren Verwendungen hervorragende Leistungen erwarten. gez. Erzhg. Friedrich".* Die nun schon mehrmalige sehr positive schriftliche Einschätzung von Erzhg. Friedrich, zu dieser Zeit Armeeinspektor, war sicherlich auch die Basis der Vertrauensstellung, die Roth zu Beginn des „Großen Krieges" bei Conrad von Hötzendorf genoss.

Unter dem Kommando des GM Roth fanden auf der Akademie auch interessante Ausmusterungs-Jubiläen statt: Am 10. Oktober 1911 beging der Ausmusterungsjahrgang 1871 das vierzigjährige Jubiläum. An dieser Feier in Wr. Neustadt nahmen u.a. die ehemaligen Zöglinge, der Chef des Generalstabes Gdl Franz Conrad von Hötzendorf, der damalige Korpskommandant und kommandierende General Gdl Schödler, der Kriegsminister Moritz von Auffenberg[59] und der Landesverteidigungsminister Gdl Friedrich von Georgi[60] teil. Nebstbei: Etwa zwei Monate später, am 2. Dezember 1911, wurde Conrad von Hötzendorf von Kaiser Franz Joseph als Generalstabschef entlassen.

---

[57] FML Artur Sprecher von Bernegg, zu dieser Zeit Kdt.d. 47. ITD in Wien
[58] KA, Qu.Kt. 2823
[59] Moritz Auffenberg Frhr.v. Komarów, * in Troppau 22.5.1852, * in Wien 18.5.1928, 1871 aus MilAK als Lt. zu IR 28, Gen.Stabs Offz., 1895 Kdt. IR 23, 1896 Kdt. IR 78, 1900 Kdt. 65.IBrig. in Raab. Gleiches Jahr GM, 1905 Kdt. 36. ITD. in Agram, 1907 zugeteilt dem Reichskriegsministerium, 1907 Generalsinsp. d. Korpsoffiziersschulen, 1910 GdI., 1911 Kriegsminister, 1912 enthoben, 1912 Armeeinspektor und ab Kriegsbeginn Kdt.d. 4. Armee, 9.10. 1914 enthoben, 1915 Freiherrnstand, 1919 i.P.,
[60] Friedrich Robert Frhr. v. Georgi, * in Prag am 27.1.1852, + in Wien am 23.6.1926, 1903 Brig-Kdt., 1906 Sekt.Chef im LVMin., 1907-17 österr. Landesverteidigungsminister, 1912 Frhr., 1916 GO, 1918 in Disponibilität, machte sich vor allem um den Ausbau der österr. Landwehr, des österr. Landsturmes und der österr. Gendarmerie vor und im 1. WK und um die Errichtung der Franz-Joseph-Militärakademie verdient.

Franz Ferdinands Unterstützung hatte im November 1906 maßgeblichen Anteil an der Ernennung Conrads gehabt, fünf Jahre später sollte es die mangelnde Unterstützung des Erzhg-Thronfolgers sein, die zum Sturz Conrads führte[61]. Franz Ferdinand hatte keinen Zweifel daran gelassen, dass er den Handel, der ihm von Aehrenthal wegen des Präventivkriegswahns von Conrad gegen Serbien erstmals im Sommer 1911 vorgeschlagen worden war, akzeptierte: die Ernennung Auffenbergs zum Kriegsminister anstelle Schönaichs[62] im Gegenzug zur Ersetzung Conrads durch den offenbar weniger streitsüchtigen Generalstabschef Blasius Schemua[63]. Sobald Auffenberg im September 1911 sein Amt angetreten hatte, war Conrad nicht länger vonnöten.

Die allerhöchste Personalpolitik streifte das abgezirkelte Leben an der Akademie nur am Rande: Im April 1914 jubilierte diejenige Klasse, in der sich auch Josef Roth befunden hatte. Es war der 35. Jahrestag der Ausmusterung. Roth war in dieser Klasse der einzige, der in den folgenden Kriegsjahren den MMThO erringen konnte.

Mit Allerhöchster Entschließung wurde Josef Roth – auch aufgrund der sehr positiven Qualifikationen – am 1. Mai 1912 zum FML befördert.

Als sich der Tag des 1. Mai zur Neige senkte, saß FML Roth nach dem Abendessen lesend in seinem Privatzimmer. Plötzlich öffnete sich die Türe und sein Offiziersdiener Josef Schügerl, der ihn zwei Jahre später in den Krieg begleiten und sich durch Treue und Anhänglichkeit durch die schweren Jahre auszeichnen sollte, meldete ergebendst Seine Exzellenz möge auf die Generalterrasse kommen. Für Roth völlig überraschend stand der gesamte Lehrkörper vor ihm.

Man führte ihn zur Brüstung der Terrasse. Aus dem Waldesdunkel des großen Parks blitzen auf einmal aus den tiefen Schattengründen der Baumriesen vereinzelt Lichter auf. Die einzelnen Fackelflammen wuchsen rasch immer mehr zu einer geschlossenen Kolonne rythmisch sich bewegender Leuchtpunkte heran, die sich wie ein vielfärbiger Lavastrom in den Vordergrund wälzte. Dem erstaunten FML Roth bot sich ein zauberhaft beeindruckendes Bild. Hinter dem Maria Theresiendenkmal teilte sich der Lichtstrom und löste sich dann in vier verschiedenfärbig leuchtende Perlenschnüre auf. Die Lichtgruppen erstarrten plötzlich zu einer regungslosen leuchtenden Figur. Man las in Riesenschrift das Wort „Hoch!". Die Musikbanda schmetterte den Huldigungsgruß. Dann zerfiel das Wort in zwei funkelnde Sterne, symbolisch für die FML-Kragenspiegel-Distinktion.

Als alle Akkorde verstummt waren, richtete der dienstälteste Stabsoffizier, Oberst von Severus, an den Kommandanten das Wort, indem er ihn daran erinnerte, dass Roth vor 33 Jahren seine akademischen Jugendträume hier wohl geträumt und sie jetzt verwirklichen konnte: *„Militärakademiker!",* rief der Oberst abschließend aus, *„... wir wollen unsere tiefe Dankbarkeit und wahre Verehrung für unseren ritterlichen und väterlichen Kommandanten Ausdruck geben durch den Ruf: Seine Exzellenz lebe hoch!"*

---

[61] L. Sondhaus, Franz Conrad von Hötzendorf, 115

[62] Franz Frhr.v.Schönaich, * in Wien am 27.2.1844, + ebda am 28.1.1916, Glstabslfbhn, 1899 als GM Skt.Chef im KM, 1905 Min.f. LV, 1906 Kriegsminister, 20.9. 1911 pens.,

[63] FML Blasius Schemua, * in Klagenfurt am 2.1.1856, + ebda am 21.11.1920, 1878-1881 Mil.Instruktor in Persien, Glstbslfbhn, 1887-1891 zugeteilt dem EB d. Glstbs, 1909 Sekt.Chef im RKM u. FML, 3.12.1911 Chef d. Glstbs, 12.12. 1912 enthoben, div. Kriegsverw im WK., 23.3. 1915 pens. auf eigenes Ersuchen

Die offenbar von sehr vielen Zöglingen und Lehrern auf der Akademie als ebenso selten wie angenehm empfundenen Charaktereigenschaften Roths, die angesprochene Ritterlichkeit und das väterliche Verhalten, war in den Sturmgewittern der folgenden Kriegszeiten allerdings weniger gefragt und sollten Roth gegen Ende des Weltkrieges auf ein ehrenhaftes Abstellgleis führen: So schreibt Erzherzog Eugen[64] als Heeresgruppenkommandant am 9. April 1916 in das Vormerkblatt der Qualifikationen für den Zeitraum 4. Aug. 1914 bis 31. Mai 1916 trocken und schonungslos: „*Beschreibung: Sehr liebenswürdiger, schmiegsamer und entgegenkommender Charakter mit ebensolchem Auftreten nach oben und unten; lässt daher oft an der* (Anm.: Wort unlesbar) *rücksichtslosen Durchsetzung nötiger Maßnahmen fehlen. Sehr tätig, schont sich nicht; sucht selbst im Hochgebirge* (Anm.: Wort unlesbar) *an Ort und Stelle einzugreifen. Eignung zur Führung: Zum Armeekommandanten fehlen die überwiegenden soldatischen Charaktereigenschaften. Anmerkung: Zur Beurteilung als Führer auf den Schlachtfelde ergab sich keine Gelegenheit.*
gez. Ezhg. Eugen“
Zumindest als Korpskommandant des XIV. Korps und als Landesverteidigungs-Kommandant von Tirol sollte Josef Roth dem gestrengen Erzherzog im März 1916 nachfolgen. Diese Positionen hatte Eugen vom Jahre 1908 bis 1912 inne.
Als einer der denkwürdigsten Tage in der Geschichte der Theresianischen Militär-Akademie vor dem Großen Krieg gilt der 4. Oktober 1912, an dem in den Parkanlagen das Standbild des Kaiser Franz Joseph I. feierlich enthüllt wurde. Im Jahre 1912 rüstete die Akademie zu einem Doppelfest, galt es doch, den 160jährigen Bestand der „Alma mater Theresiana“ zu feiern sowie die fünfzigste Wiederkehr des Tages festlich zu begehen, an dem der großen Königin und Landesmutter ein ehernes Standbild als Zeichen der Verehrung errichtet worden war. Der AkademieKdt. FML Josef Roth hatte dieses Vorhaben im Oktober 1911 angeregt. Am 9. Jänner 1912 kam es im Theresienrittersaal zur ersten konstituierenden Sitzung. Es sollten noch einige Sitzungen und vermeidbare Schwierigkeiten bis zur Fertigstellung des Standbildes folgen.
Am Vorabend des 4. Oktober erstrahlte die alte Babenbergerfestung in glanzvoller Beleuchtung, während zur Vorfeier die Musikbanda des k.k. priv. Bürgerkorps die festlich geschmückten Straßen von Wr. Neustadt durchzog.
Während am frühen Morgen des 4. Oktober der Salut von 24 Kanonenschüssen über die Stadt schallte, stieg wieder einmal die Kaiserstandarte am Rákoczyturm empor.
Vor dem noch verhüllten Standbild hielt zuerst der Nestor der Neustädter, der damals einzige noch lebende Theresienritter, GdI Géza Baron von Fejérváry[65], eine Ansprache und bat, S.k.u.k. Hoheit Erzhg. FML Josef Ferdinand[66]

---

[64] Erzhg. Eugen von Österreich, * am 21.5. 1863 in Groß Seelowitz, + am 30.12.1954 in Meran, Glstbslaufbahn, Brig., Divis.., GM 28.10. 1893, FML 3.4.1900, GdK 27.4.1901, Kdt d. XIV.Korps u. LVKdt von Tirol u. Voradlbg., Gen.TruppenInsp. u. LVoberKdt, 17.10.1908, beurlaubt 7.8. 1912, Kdt.d.5. Armee 23.12.1914, GO u. Kdt.d. Südwestfront 26.5.1915, seit März 1916 Kdt. der HGr. Erzhg. Eugen in Südtirol, seit März 1917 wieder an der Heeresfront Erzhg. Eugen, Ausscheiden aus dem aktiven Dienst 11.1.1918, FM 23.11.1916, Hoch- u. Deutschmeister d. Dt. Ritterordens bis 1923
[65] Baron Géza Féjerváry de Komlos-Keresztes * am 15.3. 1833 in Josefstadt, + am 25.4.1914 in Wien, 15.8.1851 aus MilAk als Lt. ausgemustert zu IR 52, Ritter des MMThO für Schlacht bei Magenta, 1865-1870 zugeteilt der MKSM., 1884-1903 Honvédminister, 1905-1906 k.ung. Ministerpräs., 1912

möge den Befehl zur Enthüllung erteilen. Auf dessen Zeichen senkte sich unter den Dechargen aller ausgerückten Truppen sowie unter dem Salut aller Geschütze und den Klängen der Volkshymne die Hülle, und das überlebensgroße Standbild des Kaisers zeigte sich den beeindruckten Gästen und Zuschauern.
Der Tag klang aus mit einem Festdiner. Als sich Baron Fejérváry von seinem Sitz erhob um den Kaisertoast zu sprechen, strömten sämtliche in der Nähe befindlichen Akademiker in den Saal und – umgeben von der Jugend, der Zukunft der Armee, sprach der älteste aktive Neustädter und Theresienritter vom Leben und Sterben für ein hohes Ideal. Die „Hoch- und Èljenrufe" aller Anwesenden mengten sich mit den Klängen des Kaiserliedes und den im Saale wiederhallenden Kanonenschüssen. Die Stimmung war offenbar dermaßen aufgeheizt, dass der Baron von einigen Offizieren auf die Schultern gehoben und durch den Saal getragen wurde.
Das Zeichen zum allgemeinen Aufbruch bildete ein von der Akademie veranstaltetes Feuerwerk.

Doch Europa drohte zu dieser Zeit ein gefährliches politisches Feuerwerk, das weder schön anzusehen noch kontrollierbar zu sein schien: die Abschussrampen waren auf dem Balkan montiert. Dabei hatte die Habsburgermonarchie – verglichen mit anderen europäischen Großmächten, keine nennenswerten außenpolitischen Probleme[67]. Sie wollte kein Territorium hinzu gewinnen und kämpfte eigentlich schon Jahrzehnte nur um den Fortbestand. Gebietsteile Österreich-Ungarns hingegen waren sehr wohl Ziel nationaler Aspirationen und territorialer Forderungen, vor allem Serbiens, Italiens sowie Russlands. Letztlich wurde der Monarchie ihre Politik der Eindämmung zum Verhängnis: Denn in dem Augenblick, als die Regierung dazu überging, mehr zu tun als nur abzuwiegeln, die Okkupation Bosniens und der Herzegowina 1908 in eine Annektion umwandelte und vor allem Serbien gegenüber deutlich machte, dass großserbische Träume nicht auf Kosten Österreich-Ungarns gehen durften, machte sich eine Krieg-in-Sicht-Stimmung breit. Die Eindämmung des serbischen Expansionstriebs im Verlauf der beiden Balkankriege 1912/13, die verhinderte, dass Serbien die Okkupation der westlich des Kosovo gelegenen albanischen Gebiete vornahm, sorgte in Belgrad für Aufruhr. Durch die Schaffung eines unabhängigen Staates Albanien durch die europäischen Großmächte wurde Serbien der Weg an die Adria versperrt. Daraufhin hegten wohl viele Serben Mordgedanken. Als schließlich eine Reihe von teils unreifen jungen Männern vom serbischen Geheimdienst gewonnen werden konnte, um bei dem lange angekündigten Besuch des Erzherzogs Franz Ferdinand in der Hauptstadt Bosniens ein Attentat auszuführen, ging es letztlich um Mord und nicht um Krieg.

Kapitän d. ung. Leibgarde; F. galt als Prototyp d. schwarz-gelben Magyaren. Vgl. über ihn: R. Kiszling, Féjerváry, in: Neue Österr. Biographie, 12.Bd., Wien 1957, 89-97

[66] Erzhg. Josef Ferdinand v. Österreich, * am 24.5.1872 in Salzburg, + am 25.8.1914 in Wien,1892 als Lt. aus der MilAk zu TJR, 1.5.1911 FML, 31.7. 1914 Kdt.d. XIV (von FML Roth abgelöst) u.GdI, seit 9.11.1915 definitiv Kdt.d.4. Armee, 26.2.1916 GO., 7.6.1916 enthoben, 8.7.1917 Gen.Insp. der Luftstreitkräfte, seine Rolle in der Schlacht von Luck, im Juni 1916, ist sehr umstritten.

[67] Manfried Rauchensteiner, Österreich-Ungarn, in: Enzyklopädie Erster Weltkrieg, Gerhard Hirschfeld, Gerd Krumeich, Irina Renz (Hg.), Paderborn-München 2003, 64-65

Doch kehren wir vorerst zurück zum Jahr 1912. Um das Verhältnis mit anderen Schulen enger zu gestalten und den gegenseitigen Kontakt zu heben, besuchte FML Josef Roth im Laufe des Frühjahres 1912 mehrere Erziehungs- und Bildungsanstalten, darunter die Ludovica Akademie in Budapest, die Marineakademie in Fiume (Rijeka), sodann die Oberrealschulen und Kadettenschulen in Breitensee, Mödling, Traiskirchen, Liebenau, Eisenstadt (Kis Marton) und Ödenburg (Sopron).
Nach einer kurzen Generalstabsreise in das Gebiet um Görz nahm FML Roth am feierlichen Stapellauf des damals größten Schlachtschiffes der sogenannten Tegetthoff-Klasse, der „Viribus Unitis[68]“, in Triest teil.
Nach einem letztendlich doch noch zustande gekommenen Urlaub mit seiner Familie im Gebiet rund um Rax und Schneeberg fand gegen Ende des Frühjahrs wieder ein Kriegsspiel in Krakau statt, an dem Roth teilnehmen musste.
Im April 1913 folgte eine Reise zu den Kaisermanövern nach Tolmein und Karfreit. Bei diesen Manövern auf den späteren Schlachtfeldern des 1. Weltkrieges wurde ihm ausnahmsweise bewilligt, eine auf vollen Kriegsstand gebrachte ITD zu kommandieren. Eine Erfahrung, die Roth bald in die Praxis umsetzten konnte.
Nach nur einem Jahr als Armeeinspektor kehrte Conrad im Zusammenhang mit der wachsenden Balkankrise auf den Chefposten zurück[69]. Dies geschah zwar erneut auf Wunsch des Thronfolgers, bedeutete jedoch keinesfalls eine vorbehaltlose Festlegung auf eine Dauerlösung. Die Oberst-Redl-Affaire hinterließ bei Franz Ferdinand von Zuträgern genährte Zweifel an Conrads Bereitschaft, im Generalstab auch mit Härte für Ordnung zu sorgen. Dass sich der neue-alte Generalstabschef schützend vor den Chef des Evidenzbüros[70], August von Urbanski[71] stellte, selbst als 1914 Fehler bei der Untersuchung des Falls nicht mehr geleugnet werden konnten, missfiel dem Thronfolger besonders. Franz Ferdinand hatte erbost in einem Memorandum[72] festgehalten: *„Ich sehe nicht ein, wozu es ein Evidenzbüro gibt, wenn ein Offizier ein oder zwei Automobile besitzt und Orgien feiert, ohne daß so etwas auffällt.“* Urbanski entging letztlich nur durch die Schüsse von Sarajevo einer vorzeitigen, schmachvollen Pensionierung.
Nachdem der Landesverrat des Obersten Alfred Redl, der lange Jahre, von 1907 bis 1911, immerhin als Stv.-Bureauchef des EB, zentrale Teile der Aufmarschpläne im Fall „R“ an Russland verraten hatte, erst im Mai 1913 durch

---

[68] Anm: Der Tegetthoff-Klasse der k.u.k. Kriegsmarine, international Dreadnoughts genannt, gehörten bis zum Untergang der Monarchie neben der „Viribus Unitis“, die „Prinz Eugen“, „Szent István“ und die „Tegetthoff“ an. Das Schnittmodell, Stand 1914, (1:200) der „Viribus Unitis“ steht heute noch im HGM Wien und wurde um das Jahr 1995 von Ing. Friedrich Prasky von Grund auf restauriert. Vgl. auch: Friedrich Prasky, Die Tegetthoff-Klasse. Modellbau – Technik – Geschichte, Wien 2000

[69] Kronenbitter, „Krieg im Frieden“, 71

[70] Anm.: Offensiver (nach außen) und defensiver (nach innen) Kundschafter (Spionge)-Dienst der k.u.k. Armee seit dem erstmals von Prinz Eugen gegründeten „Kundschafterbureau“

[71] August Urbanski v. Ostrymiecz, * in Ragusa am 26.8.1866, * in Thal bei Graz 15.3. 1950, 1885 aus der Techn. MilAk als Lt. zur schweren Batteriediv. 25, Glstbslfbhn, 1907 Obstlt.i.G., 28.10 1909 Chef des Evidenzbüros (EB), 1910 Obst.i. G., nach der Affäire Redl am 29.4. 1914 v. Erzhg.-Thronfolger zur Superarbitrierung zwecks beabsichtigter Pensionierung kommandiert, machte jedoch nach Ausbruch des 1.WK den gesamten Krieg mit, zuletzt als FML (4.9.1917). Verfasste nach dem WK u.a. Artikel über den mil. Nachrichtendienst in div. Fachzeitschriften u. Sammelwerken sowie die erste umfangreichere Conrad-Biographie: Conrad von Hötzendorf –Soldat und Mensch, Graz-Leipzig-Wien 1939²

[72] Georg Markus, Der Fall Redl, Wien-München 1984, 263

einen am Hauptpostamt Wien liegengebliebenen Poste-restante-Geldbrief (hinterlegt auf den Namen Nikon Nizetas) aufgedeckt werden konnte, ging das Bemühen des Evidenzbüros und von Generalstabchef Conrad in Richtung Verschleierung. Doch im Rahmen der Schadensbegrenzung schlug auch das fehl. Ob es der Journalist und spätere Rotgardist Egon Erwin Kisch war, der, wie von ihm selbst behauptet, als erster die Story an Land zog, ist allerdings fraglich.

Bis heute rätselt man: Was genau verriet Alfred Redl, und wie waren die Folgen des Verrates zu bewerten? Die um 1990 durchgeführten Recherchen des Direktors des HGM Wien, HR Manfried Rauchensteiner[73], in den Beständen des Kriegshistorischen Archivs in Moskau[74], lassen jedoch den Schluss zu, dass sich die Angaben Redls als besonders wichtig einstufen lassen, – mengenmäßig allerdings nur einen Bruchteil der den Russen zur Verfügung gestandenen Informationen darstellten. Die von Zar Nikolaj II. genehmigten *„Grundlegenden Erwägungen für den Aufmarsch Unserer bewaffneten Macht in einem Kriege gegen den Dreibund“* beruhten jedenfalls zum Teil auf Redls erstklassigen Informationen. Zudem liegt die Vermutung nahe, meint Manfried Rauchensteiner[75], dass es noch mindestens einen weiteren hochrangigen Informanten für die Russen in den Reihen des k.u.k. Generalstabs gegeben haben muss, da in Moskau auch ein Originalexemplar eines Kriegsfalls „M“ (=Montenegro) aufliegt, der erst Ende 1912 ausgearbeitet wurde und zu dem Redl wegen seiner Verwendung in Prag keinen Zugang mehr gehabt haben konnte.

Die Aufmarschpläne des 1. Weltkrieges fußten vor allem auf der Logistik der Eisenbahnverbindungen. Wo die Linien hinführten, wie sie ausgestaltet waren, wie es um ihre Leistungsfähigkeit bestellt war, war den jeweils verfeindeten Mächten in groben Zügen selbstverständlich bekannt. Ein nicht unwesentlicher Teil der Erkundung befasste sich mit der Eisenbahn – und Offiziere und Konfidenten bereisten intensiv die Strecken des benachbarten Auslandes.

Das professionelle Abwiegeln der Staatsaffaire durch das OAK hatte jedoch den Vorteil, dass die Russen der Auffassung waren, die an sie verkauften Aufmarschpläne seien noch weitgehend in Geltung, – was so nicht stimmte: Conrad hatte wohl in einem wesentlichen Detail umdisponiert. Die k.u.k. Armeen entfalteten sich bei Kriegsausbruch August 1914 rund 100 bis 200 km weiter westlich als ursprünglich geplant.

Der Verrat des beinahe gesamten österreichischen Agentennetzes durch Alfred Redl an Russland wog dabei fast schwerer. Die österr.-ung. Aufklärung war – zeitlich knapp vor dem 1. Weltkrieg – für mindestens ein Jahr „blind“ geworden!

Das Ausmaß der Schwächephase der österr.-ung. Spionageabwehr belegt eine weiterer Fall, der sich unmittelbar vor dem Redl-Skandal abgespielt hatte, doch konnte man hier noch von Glück im Unglück sprechen, da dieser ebenso schwerwiegende Spionagefall[76] in der Öffentlichkeit praktisch keine

[73] Manfried Rauchensteiner, Der Tod des Doppeladlers. Österreich-Ungarn und der 1. WK, Graz 1993, 113-114

[74] Dr. Georg Markus hatte in den Kriegsarchiven von St. Petersburg u. Moskau schon Ende der 70er-Jahre z.Z. eines kurzfristigen „Tauwetters“ der Breschnijew-Ära als erster Westeuropäer geforscht.

[75] M. Rauchensteiner, Der Tod des Doppeladlers, 636, mit Hinweis auf Diether Degreif, Operative Planungen, 113-223 (phil.Diss., Mainz 1983)

[76] Sondhaus, Franz Conrad, 137

Aufmerksamkeit erregt hatte: Nachdem Conrad von Hötzendorf als Generalstabschef zurückgekehrt war, perfektionierten die Škodawerke in Böhmen einen 30,5 Mörser, der sogar dem deutschen Modell von Krupp überlegen war[77]. Das erste geheime Probeschießen mit dem Mörser erfolgte Anfang 1913 auf dem Artillerie-Schießplatz am Steinfeld bei Wr. Neustadt. Zu den Offizieren, die diesem Schießen beiwohnten, gehörte auch der bosnisch-serbische Oberleutnant Cedomil Jandric, nebstbei ein Kamerad Kurt Conrads[78] an der Kriegsschule. Am 8. April 1913 wurde Jandric nach einer Untersuchung des Evidenzbüros und der Polizei verhaftet und angeklagt, Informationen über den Mörsertest an die Russen weitergegeben zu haben. Er weigerte sich entschlossen, Selbstmord zu begehen. Vielleicht nicht ganz zufällig reichte man ihm dieselbe Pistole, die sechs Wochen später Redl angeboten wurde. Ein Militärgericht in Wien verurteilte ihn zu 20 Jahren in Ketten. Zum Glück für Conrad und die Armee zeigte die Presse wenig Interesse an dem Fall und stellt daher auch keine dementsprechenden peinlichen Zusammenhänge her.

Wie in Österreich oft üblich, klang das Jahr 1913 mit einer Gedenkfeier aus: So fand am 16. Oktober auf dem Wiener Schwarzenbergplatz beim Monument des Fürsten Felix zu Schwarzenberg die „100-Jahr-Gedenkfeier" der Schlacht von Leipzig statt, zu der auch eine Ehrenkompanie der Neustädter Akademiker gestellt war. FML Roth erinnert sich[79]: *„Beim nachfolgenden Empfang in Schönbrunn wurde mir gegenüber vom alten Kaiser das prächtige Aussehen und die wunderbare Haltung der Neustädter in herzlicher Weise belobt und hervorgehoben".*

Eine weitere Schlachten-Feier verlief für Conrad ganz nicht ungetrübt: Anlässlich einer Dankmal-Enthüllung in Leipzig hatte Erzhg. Franz Ferdinand Conrad vor zahlreichen peinlich berührten Ohrenzeugen erneut bloßgesellt. Schon zuvor hatte der Thronfolger bei den Kaisermanövern Conrad durch Vorwürfe in zeremoniellen und organisatorischen Fragen provoziert, vor allem durch die eigenmächtige Abänderung der Manöverdisposition. Dem Thronfolger ging es offenbar darum, die Abhängigkeitsverhältnisse klarzustellen, und so hatte es Baron Carl von Bardolff[80] mit seinem Stab nicht leicht, einen spontanen Rücktritt des tief beleidigten Conrad zu verhindern.

Bardolff verstand diesen Konflikt nur allzu gut, hatte er den Zusammenprall dieser unterschiedlichen menschlichen Grundhaltungen ganz persönlich zu spüren bekommen. Bardolf erinnert sich[81]: *„Conrad sollte auch wirklich seines Amtes neben dem Thronfolger nicht mehr so recht froh werden. Trennend zwischen beiden stand nach wie vor die völlig auseinandergehende Grund-*

[77] Anm.: Die Deutschen erbaten sich – und erhielten schließlich – Artillerieeinheiten der k.u.k. Armee, die mit diesen Geschützen ausgestattet waren, für ihren Vormarsch über Belgien nach Frankreich im August 1914

[78] Kurt Conrad von Hötzendorf, erster von vier Söhnen des Generalstabschefs Conrad, geb. 1887

[79] KA, NL B 14 : 15; Typoskript: Josef Roth. Soldat und Mensch, Juli 1939, o. V, ca. 70 S. nicht pag.

[80] Dr. Carl Frhr.v.Bardolff, * in Graz 3.9.1865, + ebda am 17.5.1953, 1.10. 1884 als EF zu IR 4, 1.3.1889 aktiver Lt IR 27, Gstbslfbhn, 1903-1906 Lehrer d. Strategie an der Kriegsschule, 1911 Obst., 1.12.1911 Flügeladjutant u. Vorst. d. MilKzl. Erzhg. Franz Ferdinands, 3.8. 1914 Kdt. 29 IBrig., 27.9.1914 Glstbschef d. 2. Armee, 4.3.1918 FML, 9.3.1918 Kdt. 60.ID, 3.9. 1918 Sekt.Chef im KM., später in der Privatwirtschaft, Präs.d. Deutschen Clubs, höherer SA-Führer, Autobiographie bis 1918: Soldat im alten Österreich, Jena 1938.

[81] Carl Frhr.v. Bardolff, Soldat im alten Österreich. Erinnerungen aus meinem Leben, Jena 1938, 176-177

einstellung zur Kardinalfrage: Präventivkrieg gegen Serbien oder nicht? Nach einer längeren Aussprache mit Conrad anfangs Februar 1913 – unsere Truppen standen noch mit erhöhten Ständen an der serbischen Grenze – fuhr ich nach Konopischt[82]*, um dem Erzherzog noch einmal unsere militärische Lage ausführlich im Sinne Conrads vorzustellen und daran die Bitte zu knüpfen, er möge sich klar darüber aussprechen, ob die Gedankengänge Conrads in der Richtung eines Krieges gegen Serbien, der zum Eingreifen Russlands führen müsse, weiter verfolgt werden könnten. Ich hatte noch kaum zu Ende gesprochen, als mich Franz Ferdinand in Gegenwart der Herzogin in höchster Aufregung unterbrach: ‚Conrads Idee ist ein Wahnsinn. Ein Krieg mit Russland ist unser Ende. Wenn wir gegen Serbien auftreten, so steht Russland hinter ihm, und wir haben den Krieg mit Russland. Sollen sich der Kaiser von Österreich und der Zar gegenseitig vom Thron stoßen und der Revolution die Bahn freigeben? Sagen Sie Conrad, dass ich weitere Vorstellungen in dieser Richtung entschieden ablehne.' Die Szene bleibt mir unvergesslich. Sie warf ein grelles Streiflicht auf das Niederdrückende unserer Lage. Nahezu völlig operationsbereite Truppen an den Grenzen stehen zu haben und sich nicht rühren dürfen, Beleidigungen hinnehmen und warten müssen, bis die Gegner so stark sind, dass sie die Initiative ergreifen können, das ist für einen ehrbewussten und wehrfähigen Soldaten, der sein Handwerk versteht, etwas Furchtbares."*
Mit seiner Forderung nach Präventivkrieg stand Conrad ja nicht allein, sondern war ein „Kind seiner Zeit[83]". Und viele, wenn nicht die meisten k.u.k. Generäle in führenden Stellungen waren Anhänger jener Interpretationen von Clausewitz geworden, wonach ein Präventivkrieg dann zu führen sei, wenn ein Staat nur durch die militärische Offensive einer Verschlechterung seiner Zukunftsaussichten entgegenwirken könnte.

Wien, die Haupt- und Residenzstadt, war eben wirklich anders. Die bedeutendsten Exponenten des Präventivkriegs waren hier ebenso zu Hause wie die wichtigsten Vertreter des Pazifismus. Doch am 21. Juni 1914 starb Bertha von Suttner, nicht unerwartet. Die Baronin hatte an Krebs gelitten und war lange dahingesiecht. Die Vorbereitungen für den geplanten 21. Weltfriedenskongress in Wien gingen dennoch weiter, – bis schließlich der Krieg den Friedenskongress verhinderte. Ironie des Schicksals und Symbol zugleich.

---

[82] Anm: Jagdschloss des Erzhg. Thronfolgers ca. 40 km südl. von Prag an der Moldau gelegen. Heute Museum mit Präsentation der gewaltig großen Zahl von Jagdtrophäen Franz Ferdinands'

[83] M.Rauchensteiner, Der Tod des Doppeladlers, 59-61

8. Wetterleuchten: die politisch-militärische Situation vor dem Ersten Weltkrieg

Nach der Annexionskrise waren zwar von den beiden Parlamenten in Wien und Budapest immer wieder nur das bereits vor Jahren genehmigte Rekrutenkontingent bewilligt worden, doch wenigstens mehr Geldmittel waren nun vorhanden, da die flüssig gemachten Rüstungskredite die Anschaffung wertvollen Kriegsgerätes ermöglichten[84]. So lagerten in den Zeughäusern nicht nur die neuen Geschütze für die Feldkanonenregimenter des Heeres, sondern auch für die geplanten Landwehrartillerien, dann die Waffen für die Maschinengewehrabteilungen beim Heer und bei den Landwehren. Die neuen Gebirgsgeschütze wurden – mit gutem Grund – bei den in Bosnien stehenden Batterien eingestellt. An der Südtiroler Grenze wurden an den wichtigsten Einbruchswegen neue Panzerwerke gebaut, und auch zum Schutz der Küste konnte einiges getan werden.

So ergab sich wenige Jahre vor dem Ausbruch des „Großen Krieges" der geradezu groteske Zustand, dass die materiellen Kampfmittel – wenn auch nicht vollständig – so doch in einem hohen Ausmaß vorhanden waren. Es fehlte jedoch an Männern und Pferden für die Batterien, es fehlte an Festungsartillerie für die Sperrwerke, es mangelte an dem nötigen Personal zur Ausgestaltung der unzureichenden Verkehrstruppen. Ja, es fehlte sogar an der Mannschaft für die von Franz Ferdinand forcierten neuen Panzerschiffe, weshalb das Heer der Marine mit rund 3.000 Mann aushelfen musste!

Zu Jahresende 1911 erfolgte das bereits erwähnte Revirement auf den beiden höchsten militärischen Dienststellen. Doch auch der Kriegsminister General Frhr.v. Schönaich musste in weiterer Folge bald aus seinem Amt scheiden: Sein Nachfolger wurde General Moritz von Auffenberg, von dem man sich die Erwirkung eines höheren Rekrutenkontingentes in Budapest erwartete. Tatsächlich glückte es dem auch auf dem innenpolitischen Parkett sehr gut orientierten General, bei den Delegationsverhandlungen in Budapest eine Erhöhung durchzusetzen.

Im Oktober 1912 rückten nun nach dem neuen Wehrgesetz, das auch beim gemeinsamen Heer die zweijährige Dienstzeit vorsah, für Heer, Marine und beide Landwehren 181.000 Mann ein, also um rund 42.000 Rekruten mehr als im Vorjahr. Durch diese Standesvermehrung wurde es möglich, die bisherigen Notstandsmaßnahmen[85] bei der Infanterie aufzuheben.

Wenige Wochen nach dem Geltungsbeginn des neuen Wehrgesetzes war der bereits erwähnte Balkankrieg ausgebrochen, der u.a. den unerwartet raschen Zusammenbruch der Türkei zur Folge hatte. Nun wandte sich das siegestrunkene Serbenkönigreich wieder gegen die Donaumonarchie und stellte unerfüllbare Forderungen, wobei es von Russland , das seine Truppen an der galizischen Grenze verstärkt hatte, aus politisch nahestehenden Gründen unterstützt wurde. Zum Schutz gegen diese massive Drohung wurden die beiden bosnischen Korps Nr. XV und XVI auf Kriegsstand versetzt, wie auch FML Dr.

---

[84] Rudolf Kiszling, Die österr.-ung. Armee in den letzten Dezennien vor 1914, in: ÖMZ, Sonderheft II/1964 , 32-34

[85] Anm: man hatte z.B. bei der Infanterie die Zahl der Musiker, der Tamboure und der Hornisten herabgesetzt

Bardolff in seinen Erinnerungen festgehalten hatte. Ebenso wurden die sechs Grenzkorps Agram XIII, Budapest IV und Temesvár VII auf Kriegsstärke gebracht, ebenso die drei galizischen Korps I, X und XI.
Das neue Wehrgesetz war gerade rechtzeitig erlassen worden. Doch zur Behebung aller Rückständigkeiten reichte das im Jahre 1912 bewilligte Rekrutenkontingent doch nicht aus. Es wurde im Sommer 1914 auf 252.000 Mann erhöht; aber beide Rekrutenvermehrungen, die gestaffelt erfolgen und bis 1918 durchgeführt werden sollten, konnten sich bis zum Ausbruch des Weltkrieges nicht mehr genügend auswirken.
Das militärische Machtaufgebot, das Österreich-Ungarn zur Jahresmitte 1914 seinen Feinden im Osten und auf dem Balkan entgegenstellen konnte, bestand aus 1.094 Bataillonen, 6 Radfahrkompanien, 425 Schwadronen, 483 Batterien, 224 Festungsartillerie-, 155 technischen und 15 Fliegerkompanien. Sie waren in sechs Armeen und eine Armeegruppe zusammengefasst, die insgesamt 48 Infanterie-, 2 Landsturm- und 11 Kavalleriedivisionen sowie 41 Marsch- und Landsturmbrigaden zählten. Diese Brigaden vereinigten in sich rund 400 Bataillone; mehr als ein Drittel der Infanterie waren somit Truppen zweiter Linie. Die operative Flotte in der Stärke von 264.000 t bestand aus 12 Panzerschiffen, 7 Kreuzern, 18 Zerstörern, 55 Torpedobooten, 6 Unterseebooten sowie den erforderlichen Schiffen für die Küstenverteidigung und die Sonderdienste. Nicht zu vergessen die Donauflottille: sie wurde aus 6 Monitoren und etlichen Patrouillenbooten gebildet.
Diese durchaus imposanten Zahlen täuschten aber darüber hinweg, dass die k.u.k. Armee taktisch und operativ, führungs- und ausbildungsmäßig sowie auch rüstungstechnisch nicht auf dem neuesten Stand war, was sich insbesondere in den Kriegsjahren 1914/15 sowohl im Balkanfeldzug als auch an der Ostfront deutlich zeigen sollte.
So nahm das Schicksal seinen Lauf: Während in den letzten Junitagen 1914 in Wien das Begräbnis von Baronin Bertha von Suttner vorbereitet wurde, begannen in Bosnien Manöver des auf Kriegsstärke gebrachten k.u.k. XVI. Korps. Erzhg. Franz Ferdinand wollte ihrem Abschluss beiwohnen[86].
Zuvor absolvierte der Thronfolger in diesen Juni-Tagen 1914 ein Treffen mit dem deutschen Kaiser Wilhelm II. im Jagdschloss Konopischt. Der Kaiser riet Österreich-Ungarn, von seiner antiserbischen Politik abzurücken. Franz Ferdinand, der über die internationale Lage sehr beunruhigt war, sprach sich für eine Wiederholung des Dreikaiserbündnisses und für eine neuerliche Annäherung an Russland aus. Er wusste nicht, dass nahezu zur selben Zeit Frankreichs Außenminister Raymond Poincaré während eines Staatsbesuchs in St. Petersburg das russisch-französische Bündnis festigte Auch versprach der Thronfolger, ein besseres Einvernehmen mit dem Vierbundpartner Rumänien zu pflegen und in Hinkunft weniger aggressiv gegen Serbien aufzutreten. Niemand konnte ahnen, dass diese politischen Neueinschätzungen vom Thronfolger nicht mehr umgesetzt werden konnten. Kurz darauf fuhr der Thronfolger über Wien nach Bosnien. Seine Reise sollte nicht nur dazu dienen, den Truppen den Besuch des hohen Herrn zu bescheren. Die Reise war vielmehr als Demonstration gedacht[87]. Der Landesbefehlshaber von Bosnien-

[86] Bertrand Michael Buchmann, Kaisertum und Doppelmonarchie, Wien 2003, (Reihe Geschichte Österreichs, Bd. V.), 186
[87] M. Rauchensteiner, Der Tod des Doppeladlers, 63-63

Herzegowina, FZM Oskar Potiorek, hatte sie erbeten, da er der Meinung war, man müsste etwas für das Ansehen der Monarchie tun und „Flagge zeigen".
Die Reise schien auch nicht gefährlicher zu sein als alle anderen Fahrten des Erzherzogs. Allerdings mussten auf Grund der schon 1902, 1906 und 1910 versuchten Attentate umfassende und geeignete Sicherheitsmaßnahmen getroffen werden. Von politischer oder militärischer Seite kam kein wirklich ernsthafter Einwand gegen die geplante Reise. Nur der Chef des Evidenzbüros, August von Urbanski, hatte Bedenken geäußert.
Als der Kaiser 1910 die Provinz besucht hatte, war für die Sicherheit gesorgt worden: Entlang der Straßen, durch die der Monarch gefahren war, waren Doppelreihen von Soldaten gestanden. Der Generalinspektor Erzhg. Franz Ferdinand hatte allerdings nichts dergleichen zu erwarten.
Die Manöver vom 26. bis 27. Juni 1914 verliefen zur allgemeinen Zufriedenheit. Das militärische Programm war damit im Prinzip erledigt, der Generalstabschef Conrad reist ab. Nach der am 27. Juni abends stattfindenden Hoftafel versuchten einige Herren des Gefolges des Erzherzogs, diesen zu überreden, die Sarajevofahrt am nächsten Tag zu unterlassen und sogleich über Mostar zum Schlachtschiff „Viribus Unitis" zu fahren[88]. Als der Thronfolger wankend wurde, war es Obstlt. Erik von Merizzi[89], Potioreks ehrgeiziger Mitarbeiter, der die Absage der Fahrt durch die Stadt als undurchführbar hinstellte, da dies als Affront und direkte Beleidigung des Landeschefs und des loyalen bosnischen Bevölkerungsteiles aufgefasst werden konnte. Merizzi mag dabei vor allem die unvermeidliche Kränkung Potioreks, des „Eremiten im Konak", im Auge gehabt haben.
Nachdem bei einem ersten Attentat die Begleiter, Graf Boos-Waldeck und Erik von Merizzi, im Garnisonspital medizinisch versorgt wurden, fragte der Thronfolger Potiorek, ob noch ein Attentat zu befürchten sei: *„Ich erwiderte, dass ich dies nicht glaube, aber nicht dafür einstehen könne, es daher für das Richtige hielte, vom Rathause direkt (in) den Konak zu fahren und dort so lange zu bleiben, bis die Straße vom Konak zum Bistrikbahnhof entsprechend gesichert sei"*. Der Thronfolger fügte sich Potioreks Vorschlag, „erklärte aber bestimmt", vor seiner Abreise noch Merizzi besuchen zu wollen. Jenen Merizzi, von dem man später meinte, seine Verletzung sei so leicht gewesen, dass er ebenso wie die anderen verwundeten Wageninsassen auf eine Spitalsbehandlung hätte verzichten können. Dieser neue Entschluss wurde in Hinkunft stets als ureigenste Idee des Thronfolgers kolportiert – wie dies auch Potiorek tat –, und wurde zum Bestandteil der Tragödie vom menschenfreundlichen Prinzen, der in treuer Pflichterfüllung, in Durchführung eines ritterlichen Krankenbesuches sterben musste, doch dürfte es in Wahrheit Potiorek gewesen sein, der den Erzherzog zumindest bestärkt hat, dieses neuerliche Risiko einzugehen, um durch Inszenierung seines und seines Freundes Merizzis Heldendrama zu retten, was nur möglich war, nachdem ihn die Schlappe des ersten Attentats die ersehnte Gunst des Thronfolgers gekostet haben mochte. Potiorek, der nicht an das Bestehen eines regelrechten Komplotts glaubte, sagte „leider" zu.

[88] Rudolf Jerabek, Potiorek. General im Schatten von Sarajewo, Graz-Wien-Köln 1991, 82-86
[89] Erik v. Merizzi, * in Laibach am 3.4.1873, + in Val Laghetto Compoluzzo am 1.6.1917, 1894 als Lt. aus Techn MilAk zu KAR.2, Glstbslaufbhn, 1.11.1910 Mjr.i.G, ab 30.4.1910 Flügeladj.d. FZM O. Potiorek, 1.11. 1913 Obstl.i.G., 24. 8. 1914 Gstbschef d. Armeeekmdos. Syrmien, 3.5. 1917 Kdt.d.8. FABrig.

Die zweite Fahrt des Thronfolgers hat mit seiner katastrophalen Folgewirkung Weltgeschichte gemacht und darf als bekannt vorausgesetzt werden. Ein interessantes Schlaglicht auf den Charakter Potioreks liefert sein eigenhändiger Zeugenbericht von der alles entscheidenden Minute des Dramas. Der Chauffeur des ersten Wagens war über die neue Route nicht informiert worden. Potiorek: *„Ich rief unserem Chauffeur zu: ‚nicht in die Gasse hinein, sondern geradeaus am Quai weiter', wozu er aber vorher etwas zurückschieben hätte müssen, da wir bis zum Moment, wo er das Auto an der Ecke zum Stehen brachte, mit der ganzen Autolänge ganz in die Franz Josephstraße und zwar hart an das in der Fahrtrichtung rechts liegende dicht mit Menschen besetzte Trottoir geraten waren. Im gleichen Momente hörte ich den rasch aufeinanderfolgenden Knall zweier Pistolenschüsse und sah kurz darauf, dass ein knapp vor mir stehender Mann von seiner Umgebung zu Boden geworfen wurde, während gleichzeitig der blanke Säbel eines unmittelbar daneben gestandenen Sicherheitswachmannes auf den Attentäter niederfuhr. Letzterer muß unmittelbar vor mir gestanden sein, da ich später am Auto sah, dass der erste, die Herzogin treffende Schuß die Autowand in schiefer Richtung von vorne nach rückwärts durchschlagen hat. Ich kann ruhigen Gewissens ohne die geringste Selbstüberhebung sagen, weder beim ersten noch beim zweiten Attentate mit keiner Wimper gezuckt oder irgendwelche Wirkung auf meine Nerven gespürt zu haben."*

Obwohl das Attentat von Sarajewo in Conrad Angst um die Zukunft der Doppelmonarchie aufkommen ließ, betrauerte er den Tod Franz Ferdinands wohl nicht. Dass mit Erzherzog Franz Ferdinand auch der mögliche Oberbefehlshaber getötet worden war, konnte leicht kompensiert werden[90]. Einer der älteren Erzherzöge, Friedrich, übernahm nunmehr die Funktion.

Dass der 84 Jahre alter Kaiser Franz Joseph bei der strategischen Führung eines Krieges keine Rolle mehr spielen würde, war allen Verantwortlichen klar. Die eigentliche Führungsrolle kam GdI Franz Conrad von Hötzendorf zu. Er hatte sämtliche Kriegsfälle mit allen möglichen Kombinationen schon längst ausarbeiten lassen und auch nach vielerlei Friktionen die Gespräche mit dem Bündnispartner in Berlin intensivieren können.

Historiker sind sich immer noch nicht einig, bis zu welchem Ausmaß die Unterstützung und Erwartungen der Deutschen Österreich-Ungarn dazu trieben, einen allgemeinen Krieg zu riskieren, um Serbien für die Ermordung des Erzherzogs zu bestrafen. Berlin gab Wien jedenfalls Rückendeckung – bedingungslos. Italien wurde gar nicht gefragt. Nur drei Tage nach dem Mord in Sarajevo war General Pollio, der italienische Generalstabchef, an einem Herzinfarkt gestorben. Er war in der italienischen Armeehierarchie der konsequenteste Befürworter des Dreibundes und der einzige italienische General gewesen, dem Conrad persönlich vertraute.

Schließlich übersah man nicht nur in Wien vollkommen, dass sich die zwar noch nicht sehr konkreten, aber doch erkennbaren Drohgebärden zu verselbständigen begannen. Serbien erhielt Unterstützung von Russland, dieses seinerseits von der britisch-französischen Allianz, der Entente. Als sodann das Wiener Kabinett, wegen der Ernteurlaube von Teilen der k.u.k. Armee mehr als drei Wochen nach dem Mord an Serbien ein Ultimatum richtete, waren die Weichen für den großen Krieg eigentlich gestellt. Die österr.-ung. Forderun-

90 Manfried Rauchensteiner, Österreich-Ungarn, in: Enzyklopädie Erster Weltkrieg, Paderborn-München 2003, 65-66

gen zielten darauf ab, nicht nur Genugtuung zu fordern, sondern die Hintergründe des Mordes restlos aufzuklären und Serbien international bloßzustellen. Belgrad taktierte, glaubte noch einen Verhandlungsspielraum zu haben und antwortete – sehr wohl innerhalb der gestellten Frist – in zwei Punkten ausweichend. Nach dem erfolgten Abbruch der diplomatischen Beziehungen seitens des Wiener Kabinetts, meinte wohl nicht nur Kaiser Wilhelm II., dass damit der Kriegsgrund eigentlich weggefallen wäre. Doch jetzt konstruierte Österreich-Ungarn einen bewaffneten Zwischenfall an der serbischen Grenze, aus dem sogleich die Kriegserklärung abgeleitet wurde. Eine folgenschwere Bündnisautomatik setzte sich nunmehr in Gang.

Auch FML Josef Roth hatte die Wochen nach der Ermordung des Thronfolgers in großer innerer Spannung verbracht. Als er von einer Gefechtsübung mit dem Akademikerbataillon am 23. Juli 1914 wieder nach Wiener Neustadt zurückgekehrt war, wurde das Ultimatum an Serbien bekannt[91]. Schließlich wurde eine partielle Mobilisierung angeordnet.
Die Aufregung in der Akademie steigerte sich von Tag zu Tag und jeder im Burghof in Marschadjustierung erscheinende Offizier, der im begriff war in die Bereitstellungsräume abzugehen, wurde mit Jubel begrüßt. Am Abend nach der Anordnung der allgemeinen Mobilisierung fand durch Wiener Neustadt ein großer Fackelzug statt, der vor dem Platz der altehrwürdigen Burg beendet wurde.
Das Datum der ersten Kriegsausmusterung wurde vom historischen Tag des 18. August auf den 1. August 1914 vorverlegt. Erzherzog-Thronfolger Karl[92] war vom Kaiser beauftragt worden, die Parade und das Gelöbnis als Höchstanwesender abzunehmen. Das Akademikerbataillon und alle stationierten Truppen, die noch nicht ins Feld abgegangen waren, hatten sich am Theresienplatz und in den Alleen des Parks Aufstellung genommen.
Unter den am diesem Tag ausgemusterten Leutnants befand sich auch Josef, der älteste Sohn des FML Roth, der in den nächsten Tagen mit seinem Regiment an die Ostfront in Galizien abrollen sollte.
Nach dem Abschreiten der Front und nach der Feldmesse nahm der Kommandant nicht nur von den jungen Offizieren, sondern auch von der „Alma mater Theresiana" mit bewegten Worten Abschied, da er schon in den nächsten Tagen als Kommandant der 3. ITD (Linzer) an die Front abgehen sollte.
Diesmal verlas Roth selbst die Eidesformel und erinnerte noch die jungen Leutnants, niemals den Wahlspruch Maria Theresias zu vergessen.
Nach dem Schwur und der festlichen Stunde am Theresienplatz fand das gemeinsame traditionelle Essen wieder in der großen, mit Fahnen und Lorbeer geschmückten Reitschule statt.
Als der Thronfolger zur Abfahrt im Landauer mit dem Akademiekommandanten Platz genommen hatte, war der Jubel derart grenzenlos, dass die Pferde ausgespannt wurden und unter Hochrufen, Tücher- und Fahnenschwenken von den Akademikern durch die Stadt zum Bahnhof gezogen wurde. Verspätet rollte sodann der Hofzug gegen Wien.

[91] KA, NL B 14 : 15; Typoskript: Josef Roth. Soldat und Mensch, Juli 1939, o. V, ca. 70 S., n. pag.
[92] Erzhg. Carl Franz Joseph, * in Persenbeug am 17.8.1887, + in Funchal auf Madeira am 1.4.1921, seit 1916 Karl I. (IV.)

FML Josef Roth wurde auf die Generalterrasse in Triumph hinaufgetragen und musste sich auf dem Balkon mehrmals unter Jubel und Applaus zeigen. Gerührt und bewegt gemahnte er schließlich doch zur Nachtruhe.

Roths letzter Akademiekommando-Tagesbefehl am 2. August 1914 lautet: *„Auf meine Kriegsdienstbestimmung abgehend übergebe ich das Akademiekommando an den Herrn FML Bellmond von Adlerhorst.*
Ich scheide von diesem Kommando, das ich durch 4 1/4 Jahre inne hatte zwar schweren Herzens, weil mich der Zauber dieser altersgrauen Burg schon seit fast 40 Jahren beherrscht – ich scheide aber stolzen Muts und, selbstbewusst, dass ich die hohe Aufgabe, der Armee einen kriegsbrauchbaren Nachwuchs zugeben, nach bestem Können gelöst habe. Als Mittel, diese Kriegsbrauchbarkeit zu erreichen, schwebte mir vor Allem die Heranbildung von Herz, Gemüt und Geist vor.
Dass ich mein Ziel erreicht habe – unbekümmert um etwaige andere Meinungen – dafür bürgt mir der in den Analen unseres Hauses bisher nicht verzeichnete Grad der Begeisterung, den die gestrige Kriegsausmusterung gezeitigt hat.
Ich habe viele schöne, aber auch manche schwere Stunde als Kommandant unserer ‚Alma mater' verlebt. In der Erinnerung wird der Eindruck der gestrigen Feier die letzteren ganz verwischen.
Und nun sage ich allen Offizieren und Beamten der Akademie meinen herzlichen Dank für ihre hingebungsvolle, meinen Intentionen Rechnung tragende Unterstützung. Ich danke den Militärakademikern für ihren guten Willen und ihren guten Geist, der gesamten Mannschaft für ihre brave Mitarbeit.
Wir gehen an den Feind!
Es liegt in Gottes Hand, ob wir uns wiedersehen. Allen, allen Angehörigen der Theresianischen Militär-Akademie sage ich ein herzliches, inniges Lebewohl, und wünsche Ihnen Soldatenglück!
Bis zum letzten Atemzug werde ich der Neustädter Burg und den Neustädtern meine Treue und Liebe bewahren."

9. Josef Roth-Limanowa im Weltkrieg 1914–1918

„Krieg ist eher eine Auseinandersetzung zwischen zwei klugen Köpfen als zwischen zwei bewaffneten Truppen.“
Aus einem Vorlesungsskript eines britischen Stabslehrganges im Jahre 1901[93]

Lageskizze 1

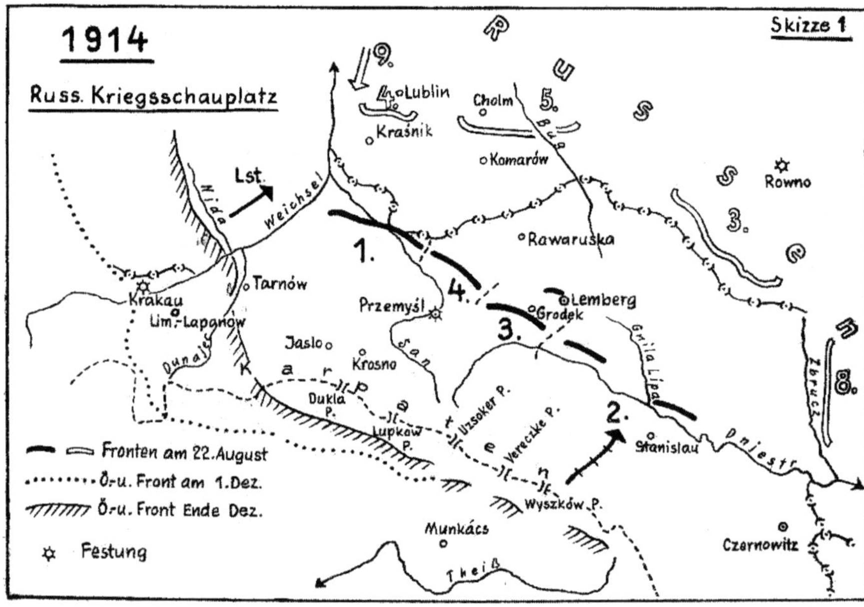

9.1. Die Kriegsereignisse bis zur Katastrophe am San

Die Kriegserklärung an Serbien hatte in der Doppelmonarchie nicht nur bei den Akademikern in Wr. Neustadt Begeisterung ausgelöst. Es zeigte sich auch ein Phänomen, das gerade in Österreich-Ungarn überraschen musste: Die Nationalitäten des Reiches wurden unterschiedslos von dieser Begeisterung erfasst, und auch die politischen Parteien machten ihr ‚Ja' zum Krieg von nichts abhängig. Die Soldaten aller 13 Nationen des Reiches folgten im Sommer 1914 ohne Weigerung dem Einrückungsbefehl. Grillparzers einst der Armee Radetzkys gewidmeter Vers erfuhr noch einmal seine Berechtigung[94]:

„Die Gott als Slaw' und Madjaren schuf,
Sie streiten um Worte nicht hämisch;

[93] Entnommen dem Werk von Erik Durschmied, Der Hinge-Faktor. Wie Zufall und Dummheit Weltgeschichte schreiben, Frechen, 2001, 146
[94] Kiszling, Die österr.-ung. Armee in den letzten Dezennien vor 1914, in: ÖMZ, SH II/1964 , 33

Sie folgten, ob deutsch auch der Feldherrnruf,
Denn: Vorwärts ist ungrisch und böhmisch."

Die volle Mobilmachung brachte die Schaffung des Armeeoberkommandos (AOK), des Oberkommandos der k.u.k. Armee in Kriegszeiten, mit sich. Von Beginn an war Erzhg. Friedrich nomineller Armeeoberkommandant, der es Franz Conrad von Hötzendorf, als seinem Stabschef, ermöglichte, das effektive Kommando über die Streitkräfte auszuüben. Da die beiden Männer einander wirklich mochten und respektierten[95], blieb ihr Verhältnis so lange ungetrübt, bis sie beide zweieinhalb Jahre später entlassen wurden.
Der am Horizont heraufdämmernde Zweifrontenkrieg bedeutete für die weitere operative Vorgehensweise des österreichischen Heeres außerdem, dass die verschiedenen Aufmarschszenarien, die der k. u. k. Generalstab geplant hatte, nicht mehr nacheinander eintraten, sondern fast gleichzeitig wirksam wurden. Conrad hatte in seinem bereits erwähnten Reorganisationsplan das k. u. k. Heer in drei Teile zerlegt: Der erste Teil, etwa drei Armeen, sollte für den Kriegsfall" R" (Krieg gegen Russland) mit der sogenannten "A-Staffel" (neun Korps und zehn Kavalleriedivisionen) in Galizien aufmarschieren, die "B-Staffel" als zweiter Teil (vier Korps, eine Kavalleriedivision), hatte ihr als strategische Reserve zu folgen, während gegen Serbien und .Montenegro der dritte Teil, die "Minimalgruppe Balkan" (drei Korps), zur Bedeckung der Grenze auf den Plan treten sollte[96].
Die "A-Staffel" war ausschließlich für einen Krieg gegen Russland vorgesehen, wobei sie für ihre Versammlung in Galizien, die in diesen Aufmarschraum gehenden Eisenbahnen bis zum 18. Mobilisierungstag voll in Anspruch nehmen würde.
Für den Fall eines zusätzlichen Eingreifens von Serbien auf Seiten Russlands in einen möglichen Krieg mit der Donaumonarchie sah Conrads Plan vor, dass die " Minimalgruppe Balkan" gegenüber Serbien aufmarschierte, wobei sie in ihrer Stärke so bemessen war, dass sie Serbien in Schach halten konnte.
Die Stärke der" B-Staffel" belief sich auf 12 Infanteriedivisionen, 1 Kavalleriedivision und 6 Landsturminfanterie- und Marschbrigaden. Sie hatte, falls in einem möglichen Balkankonflikt Russland ruhig blieb, verstärkt durch 2 Kavalleriedivisionen der" A-Staffel" und gleichzeitig mit der " Minimalgruppe Balkan" an die Grenzen Serbiens zu rollen, um gemeinsam mit diesen Verbänden, gegen Serbien vorzugehen.
Würde aber Russland sofort militärisch aktiv werden, so war auch die" B-Staffel" grundsätzlich für den Transport nach Galizien bestimmt.
Im Fall "B" (Balkan: Krieg nur gegen Serbien und Montenegro) war der Einsatz der "Minimalgruppe" und der "B-Staffel", verstärkt durch zwei Kavalleriedivisionen der "A-Staffel", vorgesehen.
Für die k. u. k. Armeen begann jedoch der Erste Weltkrieg mit einem folgenschweren operativen Irrtum: Da Conrad Tage hindurch gemeint hatte, der Krieg würde auf Serbien beschränkt bleiben, rollte mit der Kriegserklärung an Serbien vom 28. Juli 1914 der Aufmarsch gemäß Kriegsfall "B" planmäßig an. Als aber aufgrund der nachfolgenden politischen Ereignisse die Monarchie am

---

[95] L. Sondhaus, Conrad von Hötzendorf, 160

[96] Helmut Bührer, FML Herrmann Kövess von Kovesshaza – letzter Oberkommandant der k.u.k. Armee, Wien 2000, ungedr. DiplArb, 64-66

6. August 1914 auch an Russland den Krieg erklärte, war urplötzlich zusätzlich der Kriegsfall" R" eingetreten. Da aber der Großteil der "B-Staffel" bereits verladen war und nach Süden rollte, gelang es Conrad daher nicht mehr, eine Änderung des exakt vorbereiteten Eisenbahnaufmarsches kurzfristig herbeizuführen und so musste zunächst der Aufmarsch gemäß Plan" B" abgeschlossen werden. Erst ab dem 18. August 1914 konnte sodann die Masse der "B-Staffel" nach Galizien verlegt werden. Die 2. Armee unter Böhm-Ermolli[97], die ein Eckpfeiler in den Planungen für den Fall „R" darstellte, verblieb jedoch auf Intervention Potioreks am Balkan. Dies führte letztlich zu einer enormen Schwächung der Offensivkraft der k.u.k. Armee.
Dieser improvisierte Aufmarsch an den zwei Fronten führte letztendlich dazu, dass weder am Balkan noch an der Ostfront das Maximum an im Prinzip vorhandenen Kräften zur Verfügung stand, um die jeweils geplanten Operationsziele erreichen zu können.
Der k.u.k. Armee war an beiden Fronten die Offensivkraft genommen und sie musste nach anfänglichen Teilerfolgen, – auch wegen der großen Zahlenüberlegenheit der russischen Soldaten – herbe Niederlagen und hohe Verluste an Menschen und Material hinnehmen.
Nach vollzogenem Aufmarsch waren die österr.-ung. Streitkräfte auf dem Balkan am 12. August 1914 operationsbereit. In Galizien, wo der Aufmarsch auch wegen des Ausfalles des rumänischen Heeres in der San-Dnjester-Linie zurückverlegt werden musste, erlangten die Verbände des linken österr.-ung. Flügels (1. Armee) am 23. August und die Mitte (4. und 3. Armee) am 25. bzw. 26 August ihre Operationsbereitschaft. Der Aufmarsch der 2. Armee, der rechten Flügelarmee, erfuhr – wie dargestellt – eine erhebliche Verzögerung, die gleich bei den ersten Kämpfen im August und September 1914 eine entscheidende Bedeutung erlangte.
Entgegen den Erwartungen des öster.-ung. Generalstabes brachen jedoch die russischen Reitermassen nicht nach Galizien ein. Es konnten daher die beiden linken Armeen mehr oder weniger ungehindert nach Norden, die beiden rechten Armeen ebenso nach Osten aufgeschwenkt werden.

Nach erfolgter Übergabe des Kommandos an der Akademie und nach Verabschiedung von seiner Familie fuhr FML Josef Roth nach Linz, um mit dem Dions-Kdo seiner 3. ITD am 9. August 1914 über Wien auf den Kriegsschauplatz abzugehen. Roth beschreibt die Fahrt in seinem Tagebuch[98]: *„Am 9. August passierten wir Wien, Staatsbahnhof. Um ½ 2 Uhr M. fuhr ich weg. Die Fahrt ging über Pressburg, Budapest, Miskolc, Chyrów nach Rudki. In Rudki trafen wir in der Nacht vom 11. auf den 12. ein, also Fahrt etwas über drei Tage. Auswaggonierung in Rudki in der Nacht und Ritt in die Kantonierungsstation Wankowice, wo wir am 12. mittags anlangten. Im dortige Kastell*

[97] FM Eduard Frhr.v. Böhm-Ermolli, * in Ancona am 12.2.1856, + in Troppau am 9.12.1941, 1875 Drag.Lt. Ausmusterung MilAK, 1888 Hptm.d.G, 1905 Mjr., 1909 FML u. Kdt. der 12. ITD, 1911 GdK u. Kdt. I.Korps (Krakau), 1914 Kdt. 2. Armee, mit dieser beteiligt an der 1. Offensive gg. Serbien über die Save, anschl. Ostfront, Schlacht bei Lemberg, anschl. mit seiner Armee nach Preußisch-Schlesien dirigiert, um dieses nördl. d. Linie Krakau-Czenstochau zu decken, anschl. mit 2. Armee in den Karpathenabwehrkämpfen Winter 1914/15 erfolgreich verwickelt, am 22.6.1915 Wiedereroberung Lembergs, 1916/17 Kdt. d. Heeresgruppe Böhm-Ermolli, 1917 Gegenoffensive bis zum Zbrucz und Befreiung v. Czernowitz, 1918 Besetzung der Ukraine u. Einnahme v. Odessa, 1918 FM, Geh.Rat, lebenslängliches Mtgl.d. Herrenhauses, 1917 Freiherrnstand
[98] KA NL B 14 : 10, Kriegs-Tagebuch Josef Roth, Typoskript, undatiert, 1-2

(Landhaus) ganz gut untergebracht und militärisch gut verpflegt. In den nächsten Tagen trafen meine Truppen (Inf.Rgt. 14-4B., 28-3B., 59-4B. u. 2.Tir.Kais.Rgt.-4B., 2 Escadr. Beritt. Schützen aus Wels und einige Artillerieformationen, Sappeurkompagnie, Train, Sanität etc.) ein – und bezogen in den umliegenden Ortschaften Kantonements. Die Truppen waren vorzüglich, die Infanterie sah brilliant aus, Offizierskorps brilliant, Mannschaft gut ausgerüstet und bekleidet, vom besten Geiste beseelt. Kavallerie sehr brav, Artillerie-Material teilweise veraltet, die Gebirgsformationen und die schweren Haubitzen kommen in dem galizischen Dreck kaum fort. Meine Brigadiere waren GM Stipek und GM von Schneider, Artilleriebrigadier GM von Sellner. Mein unmittelbarer Vorgesetzter der Kommandant des XIV. Korps, GdI Erzhg. Josef Ferdinand. Meine Nachbardion, die 8. unter FML Baron Kirchbach, kantonierte links von mir. Das Wetter war meist schön und heiss. – Am 18. August fand eine Ausrückung der in der Nähe befindlichen Truppe satt; Feldmesse, von mir kurze Ansprache mit einem Hoch auf den Kaiser."

Etwa zur gleichen Zeit als FML Josef Roth seinem Kriegsherrn Kaiser Franz Joseph vor angetretener Truppe seine Treue bekundete, begann etwa Mitte August das russische Oberkommando (Anm.: genannt Stawka) mit der Offensive gegen Ostpreußen. Die zahlenmäßig stark unterlegene deutsche 8. Armee (4 ½ Korps, 1 KavDiv., 3 Landwehr-Brig) versuchte am 20. August 1914 in der Schlacht bei Gumbinnen mit zusammengefasster Kraft die russische 1. (Njemen-)Armee unter General v. Rennenkampf zu schlagen, musste jedoch die Schlacht abbrechen und nach Westen zurückgehen, weil das in der Mitte stehende XVII. Korps versagt hatte. Große Landesteile Ostpreußens mussten dem Feind überlassen werden, in der Höhe der Festung Königsberg blieb jedoch die russische 1. Armee stehen.
Angesichts der bedrohlichen Lage in Ostpreußen und des rasch fortschreitenden Aufmarsches der russischen Armeen gegenüber Galizien entschloss sich das AOK, noch vor Beendigung des Aufmarsches sämtlicher österr.-ung. Heeresteile die Offensive Richtung Nord – zwischen Bug und Weichsel – einzuleiten. Bereits am 22. August 1914 rückte die österr-ung. 1. Armee (I., V. und X. Korps, in Summe 9 InfDiv., 2 KavDiv.) aus dem Raum südöstlich der Sanmündung in der allgemeinen Richtung über Frampol bzw. Krásnik auf Lublin. Westlich der Weichsel begleitete die österr.-ung. Armeegruppe Kummer[99] (2 ½ Landsturmdiv., 1 KavDiv.) den Vorstoß der 1. Armee nach Norden. Weiter westlich folgte das deutsche Landwehrkorps Woyrsch dieser Bewegung. Am 23. August 1914 überschritt die 1. Armee unter dem Befehl des GdK Viktor Graf Dankl[100] die Waldzone nördlich des San und begann ihren Vorstoß. In der zweitätigen Schlacht von Krásnik warf Dankl die russische 4. Armee gegen Lublin zurück.

---

[99] Heinrich Frhr. Kummer v. Falkenfeld, * in Pressburg am 22.4.1852, + in Salzburg am 8.12.1929, übernahm als GdK. und stv. Landwehroberkommandant mit Kriegsbeginn eine Armeegruppe, die nach erfolgreichen Kämpfen bei Krásnik und Lublin im Sept. 1914 aufgelöst wurde.

[100] Viktor Graf Dankl v.Krásnik, * in Udine am 18.9.1854, + in Innsbruck am 8.1.1941, 1874 aus der MilAK al Lt. zu DR 3, Glstbslaufbhn, 1899-1903 Chef des Direktionsbüros d. Glstbs., 1903 GM, 1905 Kdt. 16. Brig., 1907 Kdt.d. 36.ITD., 1907 FML, 7.2.1912 Kdt. XIV.Korps, 1.11.1912 GdK, 30.7. 1914 Kdt.d.1. Armee, 23.5.1915 LVKdt. v. Tirol, 1916 Kdt.d. 11. Armee, 1916 GO, 21.1.1917 Kdt.d. 1. Arcieren-Leibgarde, 10.2.1917 Obst. sämtlicher LG, 1.12.1918 pens.; in der Zwischenkriegszeit führende Tätigkeit in der legitimistischen Bewegung.

Indes meisterten der neue Oberbefehlshaber der deutschen 8. Armee, GdI Paul v. Hindenburg und sein kongenialer Stabschef, GM Erich v. Ludendorff, die Krise in Ostpreußen: In einer hervorragend geführten Einkreisungsoperation wurde die 2. (Narew-)Armee unter General Samsonow in der Schlacht von Tannenberg, vom 23. bis 30. August 1914 , vernichtet, denn am 30. August wurde das russ. Zentrum eingeschlossen, und der 31. August wurde zum „Erntetag", wie es Paul von Hindenburg gegenüber Ludendorff formuliert hatte: Mehr als 60.000 Gefangene wurden eingebracht, neben großer Beute an Geschützen und Ausrüstung.

Das Ergebnis war kein Zufall: Ludendorffs schnelles Auge hatte die Lücke, die zwischen den beiden russischen Armeen im Laufe des 23. bis 25 August entstanden war, erkannt und war entschlossen – wie Conrad und Roth in der Schlacht von Limanowa – diese Erkenntnis zu seinem Vorteil auszunützen. Er entschloss sich, nur einen dünnen Schleier von Truppen in Norden zurückzulassen, um Gen. v. Rennenkampf zu beschäftigen und alle anderen Truppen auf Gen. Samsonow zu konzentrieren.

Erich von Ludendorff schreibt in seinen Erinnerungen[101]: *„Allmählich, während der Zeit vom 24. zum 26. August, nimmt der Schlachtplan Gestalt an, mit allen Details. Die große Frage war, ob es wirklich möglich sei, das 1. Reservekorps und das 17. Armeekorps aus ihrer Stellung gegenüber Rennenkampf herauszulösen und sie mit anderen Einheiten der 8. Armee für einen Schlag gegen die Narew-Armee* (Anm: Samsonow) *zu vereinigen. Es hing alles allein von Rennenkampf selbst ab, denn wenn er wusste, wie er seinen Erfolg bei Gumbinnen am besten ausnützen konnte und schnell vordrang, wäre mein Plan undenkbar. (...) Wir erkannten stufenweise, dass Rennenkampfs Vormarsch nur langsam war. Die beiden Armeekorps konnten deshalb allmählich gedreht werden. (...) in eine scharf südliche Richtung nach Bischofsburg-Neidenburg. Folglich, vom 27. August an, standen nur zwei Kavalleriebrigaden zwischen dem Mauer-See und der Pregel mit Front gegen die 24 Infanterie- und einigen Kavalleriedivisionen Rennekampfs.*

Dafür marschierten die zwei Korps in den Rücken der Narew-Armee zwischen Neidenburg und Allenstein, wobei sie ihren eigenen Rücken ohne ausreichenden Schutz Rennenkampfs Armee aussetzten, die nur zwei bis drei Tagesmärsche entfernt war. Als die Schlacht am 27. ernsthaft begann, hing Rennenkamps furchtgebietendes Heer wie eine Gewitterwolke im Nordosten".

Dieser Plan, der von höchstem Wagnis und guter Einschätzung des Gegners zeugt, hat nicht nur einen der brilliantesten Feldzüge des Krieges, sondern auch den taktisch wichtigsten Sieg zur Folge.

„Ein General", schreibt Ludendorff[102], *„hat viel zu tragen und braucht starke Nerven. Der Zivilist ist zu sehr geneigt zu glauben, dass ein Krieg der Lösung eines arithmetischen Problems mit vorgegebenen Zahlen gleicht. Es ist alles anderes als das. Auf beiden Seiten ist es ein Fall des Ringens mit mächtigen, ineinander verstrickten physischen und psychologischen Kräften, ein Kampf, den zahlenmäßige Unterlegenheit um so schwieriger macht. Es bedeutet das Zusammenarbeiten mit Männern unterschiedlicher Charakterstärke und mit ihren eigenen Ansichten. Die einzige Größe, die bekannt und konstant ist, ist der Wille des Führers."*

---

[101] Erich Ludendorff, Meine Kriegserinnerungen 1914-1918, Berlin 1919, 37-38

[102] Erich Ludendorff, ebda, 41

Dies sind unpathetische, wahre Worte und sie beschreiben die Art der ineinandergreifenden Zusammenarbeit, die auch auf österreichischer Seite in der Schlacht von Limanowa-Lapanów von Conrad und Roth umgesetzt werden konnte. Sie geben die Erkenntnis wieder, dass siegreiche militärische Führung eine Kombination von raschem Erkennen eigener Chancen – ohne Unterschätzung von eigener Schwächen sowie auch von Wille und Idee ist, – und nicht nur eine Angelegenheit von kühler Berechnung. In Limanova wurde durch das Eingreifen der 3. Armee die Lage für den Feind unhaltbar: Er musste das Schlachtfeld räumen, denn eine Einkesselung drohte. So wie bei Tannenberg Ostpreußen von einer drohenden Eroberung befreit werden konnte, war der Durchbruch des Feindes bei Krakau nach Schlesien und Mähren, ja sogar die Bedrohung Ungarns nachhaltig beseitigt worden.
Obstlt.a.D. Theobald v. Schäfer[103], Oberarchivar beim Dt. Reichsarchiv, formuliert – indirekt bezugnehmend auf die Schlacht von Tannenberg – noch eine weitere Parallele zur Schlacht von Limanowa: *"Heute, wo wir wissen, wie alles gekommen ist, ist es nicht einfach, sich ein zutreffendes Bild zu machen von der ganzen* ***Unsicherheit*** der damaligen Lage!. *Wir kommen allzu leicht dazu, die berechtigten ernsten Sorgen zu unterschätzen, die damals wie ein Alp auf der deutschen Führung gelastet haben; sie war ja – so heißt es da und dort – durch aufgefangene Funksprüche, Lufterkundung und Truppenmeldungen dauernd aufs genaueste unterrichtet über Stärke, Verbleib und gelegentlich sogar die Absichten des Gegners – sie wusste ja täglich, dass Rennenkampf noch weit ab war und einstweilen gar nicht eingreifen konnte! – Solche Auffassung wird den Schwierigkeiten der Lage nicht gerecht; so eindeutig waren die Nachrichten nicht, die vorlagen, keineswegs, und so manches, was damals, besonders am Fernsprecher oder mündlich, gemeldet oder verhandelt wurde, ist für die Überlieferung verlorengegangen."*
Aufgefangene Funksprüche, Spionage, Feld- und Luftaufklärung waren in der Tat auch in den frühen Schlachten Krásnik, Komárow und Limanowa wie auch später in der Durchbruchsschlacht von Tarnów-Gorlice im Mai 1915 von größter Wichtigkeit.
Zu Beginn des Krieges gegen Russland meldeten sich zahlreiche Freiwillige zum Spionageeinsatz[104]. Viele von ihnen erwiesen sich zum großen Bedauern der Offiziere des EB als nicht geeignet. Potentiell sehr wertvolle Ressourcen für die Spionage gegen Russland schienen zumindest eine Zeitspanne lang die Juden und Polen Galiziens sowie der anstoßenden Grenzgebiete des Zarenreiches zu sein. Bei den Juden war Russland durch zahlreiche Pogrome in Verruf geraten. Bei den Polen gab es massive Opposition gegen die Russifizierungstendenzen in der Heimat sowie offene alte Rechungen aus den Aufständen von 1830 und 1863. Auch freiheitssuchende Ukrainer trachteten in Kontakt zu k.u.k. Behörden zu gelangen. Doch die unglaublich brutale Wucht des Kriegsbeginns ließ viele Initiativen im blutgetränkten Boden versanden.
Mit der Mobilmachung bildete sich aus dem Evidenzbüro des k.u.k. Generalstabes die Nachrichtenabteilung des k.u.k. AOK. Diese Nachrichtenabteilung (NA) übernahm zu wesentlichen Teilen mit Kriegsausbruch die offensiven

---

[103] Theobald v.Schäfer, Tannenberg, Oldenburg-Berlin 1917, (Aus: Reihe Schlachten des Weltkrieges, Bd. 19, Hg. im Auftrage des Reichsarchivs), 250
[104] Heinrich Benedikt, Damals im alten Österreich. Erinnerungen, Wien-München 1979, 273-275

kundschafterdienstlichen Aufgaben des Evidenzbüros[105]. Die NA wurde solcherart die Zentrale der militärischen Spionage und Spionageabwehr im Felde. Die Masse des Personals des Evidenzbüros im Kriegsministerium war zum AOK beordert und zur Organisation des militärischen, geheimdienstlichen Apparates im Krieg ausersehen. Nach dem unrühmlichen Abgang von Oberst Urbanski war seit Mai 1914 Chef des Evidenzbüros Oberst Oskar von Hranilovic-Czvietassin[106] (Anm: 1914-1917), der gemäß der Mobilisierungseinteilung auch als Leiter der NA bestimmt war.
Dem nunmehr stark verkleinerten Evidenzbüro in Wien oblag nach Maßgabe der eingeschränkten Möglichkeiten nur mehr ein Teil seiner bisherigen Aufgaben. Weggefallen war der Offensive Kundschafterdienst gegen die Feindstaaten (nicht allerdings gegen Russland und Neutrale, wie z.B. die Schweiz) sowie auch überwiegend der Defensive Kundschafterdienst.
„Gegner" des Evidenzbüros waren somit die „Ochrana", die Geheimpolizei des Zaren, die „Raswedka", der militärische Nachrichtendienst und schließlich die „Kontraswedka", eine spezielle militärische Abwehr, die erst zu Beginn des Krieges formiert worden war.
Die Funkspionage erwies sich an fast allen Fronten als höchst bedeutungsvoll. Während des Feldzugs gegen Russland war sie allerdings einer der ausschlaggebenden Faktoren für den Sieg der Mittelmächte und für die Erringung des Friedens von Brest Litowsk 1918. Vor allem die Sorglosigkeit des feindlichen Radiowesens ermöglichte erst die erstaunlichen Erfolge der k.u.k. Armee gegen eine vielfache Übermacht. Der „Horch und Dechiffrierdienst" des Evidenzbüros unter Obstlt. Max Ronge[107] wurde dadurch zur operativen Stütze des AOK.
Zu Kriegsbeginn war für die Russen die Benützung der drahtlosen Feldtelegraphie fast etwas Unbekanntes und die für den Krisenfall vorgesehenen neuen Chiffren waren noch nicht allgemein ausgegeben worden. Die russischen Funker sendeten zunächst weitestgehend im „in claris", demnach im Klartext!
Den Offizieren des Evidenzbüros gelang es im Laufe des Krieges immer wieder, relativ rasch den wechselnden russischen Chiffrecode „zu knacken".
Die Krise des k.u.k. Heeres in Ostgalizien erforderte dringendst entsprechende operative Maßnahmen des AOK. GdI Franz Conrad von Hötzendorf befahl daher der siegreich nach Norden vordringenden österr.-ung. 4. Armee eine Kehrtschwenkung und setzte sie zum Angriff gegen die nördliche Flanke der russischen 3. Armee an[108]. Die Masse der österr.-ung. 4. Armee wurde daher gegen den Raum Rawaruska angesetzt, während die Armeegruppe Erzhg.

[105] Albert Pethö, Agenten für den Doppeladler. Österreich-Ungarns geheimer Dienst im Weltkrieg, Graz-Stuttgart1998, 57
[106] Oskar von Hranilovic-Czvietassin, * in Agram 1867, + in Wien 1933, 1907 Mil. Attaché in Sofia, 1911 Mil.Attaché in Bukarest, Leiter der NA und des EB 1914-1917, 1917 Kmdt. d. 145 IBrig., 1917 GM, 1918 Mtgl. d. Waffenstillstandskommission in Focsani, 1919 Pension.
[107] GM Maximilian Ronge, * in Wien 1874, + in Wien 1953, Glstbslaufbhn, 1907 Leiter d. Kundschaftertruppe im EB, 1917 Chef d. NA und des EB bis 1918, ab Juli 1919 im Österr.-Kriegsgefangenen- u. Zivilinterniertenamt, 1920 stv. Amtleiter, im gleichen Jahr pensioniert. 1922 Referent im Bundeskanzleramt, 1924 Titular-GM, 1927 wirkl. AR, 1934 Leiter des EB im Verband der Generaldir. f.d. öffentl. Sicherheit, 1938 Schutzhaft in Wien, Dachau, München, nach dem 2.WK wieder bis zum Tode nachrichtendienstl. tätig.
[108] Rudolf Kiszling, Österreich-Ungarns Anteil am Ersten Weltkrieg, Graz 1958, 14

Josef Ferdinand (4 InfDiv.) die wieder vorrückende russische 5. Armee zu binden hatte.
GdI v. Auffenberg versuchte mit seiner 4. Armee (zu der auch Roth mit seiner 3. ITD gehörte), die russische 5. bei Komarów einzukesseln. In dem vom 26. August bis 1. September währenden heftigen Ringen wurde der Feind wohl geschlagen, die geplante Einkesselung kam jedoch zuletzt nicht zustande.

FML Josef Roth erlebte diese hier in groben Zügen geschilderten Truppenbewegungen natürlich ein wenig aus der „Froschperspektive" einer Division. Er beschreibt in seinem Kriegs-Tagebuch auch ganz offen harte Diskussionen, die zwischen den Armee- und Korpskommandanten geführt wurden[109]: *„Für 27. Aug. war Rasttag angesetzt. Vormittags traf der Korpskmdt. G.d.I. Erzh. Josef Ferdinand, dort (Anm.: in Mostywielkic) ein. An diesem Tage erhielten wir jede 3.te Stunde einen anderen Befehl, einmal für den Vormarsch, einmal für den Rückmarsch, dann wieder Bereitschaft. Tatsächlich standen die Truppen den ganzen Tag unter den Waffen. Ich selbst wurde 2 mal zur Dispositionsausgabe zum Korpskomdo befohlen, natürlich kam es aber nie zur Durchführung. Später erst erführ ich die Gründe dieser unentschiedenen, schwankenden Befehlsgebung: Unser (das XIV: Korps) gehörte der Armee Brudermann an[110], welche von Lemberg nach Osten vorrückte und schwere Kämpfe gegen Übermacht gewärtigte. Links von uns, über Rawaruska etc. rückte die Armee Auffenberg gegen Norden vor. Das XVI. Korps mit seinen starken Ständen (5 Brigaden) und seinen herrlichen Truppen war natürlich von beiden Armeekommdn. heiss begehrt. Wir waren momentan gerade zwischen beiden Armeen situiert und wurden von beiden Armeekomden beim A.O.K. verlangt. Der Generalstabschef der Armee Brudermann, GM Pfeffer[111], wollte das Korps um keinen Preis hergeben, weil es doch ursprünglich zur Ordre de Bataille der Armee gehörte und die Armee zweifellos stark überlegene Kräfte treffen werde. Der Generalstabschef der Armee Auffenberg (GM. Krauss[112],*

[109] KA, NL B 14 : 10, Josef Roth, Kriegs-Tagebuch, undat. Typoskript, 3-5
[110] Rudolf R. v. Brudermann, * in Gyongyös 9.1. 1851, + in Wien 15.1. 1941, 1869 aus MilAK als Lt. zu UR. 11., Kavallerieoffz.-Laufbhn., 1897 GM, 1906 General-Kavallerie-Inspektor, 1907 GdK, 1.11.1912 Armee-Insp., 28.7. 1914 Kdt.d.3.Armee, 6.9.1914 (nach der ersten Schlacht bei Lemberg) enthoben, 27.3.1915 pensioniert. Die Niederlage in der Schlacht bei Lemberg wird nach neuesten Forschungen – wohl endgültig – nicht ihm, sondern dem AOK. angelastet, das den Schwerpunkt des russ. Aufmarsches nicht richtig erkannt oder in seiner Disposition falsch eingeschätzt hatte.
[111] GM Rudolf Pfeffer, * in Wien am 6.3.1864, + ebda am 24.9. 1940, 1885 aus Techn. MilAK als Lt. zu FJB.15,Glstbslaufbhn, 1901-1906 Taktiklehrer an der Kriegsschule, 1908 Obst.i.G., 1912 Kdt.d. Informationskurses für Hauptleute, 1913 GM, 1.8. Glstbschef 3. Armee, 30.8. 1914 enthoben u. Kdt. 8. IBrig., 1.11.1914 beurlaubt, 1.5.1915 pens., 6.3. 1916 auf Mobdauer aktiviert u. betraut mit Kmdo. 51 LwIBrig., VI. 1916 betraut u.3.10.1916 kdt. 4.ITD., 1.8. 1916 FML., 3.5.1918 enthoben u. Kdt. v. Lemberg, 1.1.1919 nochmals pens. Verfasste eine Entgegnung auf die Angaben d. FM Conrad im 4. Band ‚Aus meiner Dienstzeit', Wien 1914., verh. 28.12.1895 mit Marie Freiin v.Reichlin-Meldegg
[112] FML Alfred Krauss, * in Zara am 26.4.1882, + in Bad Goisern am 29.9. 1938, 1883 als Lt. aus MilAk. Zu IR.11, Glstbslaufbhn, 1894-1897 Lehrer an der MilAk., 1899 Glstschef 33.ITD., 1.5.1901 Obstlt.i.G. , 1904 zum Techn. Militärkomitee, Obst.i.G., 1910 Kdt. Kriegsschule, GM., 1913 FML., 28.4.1914 Kdt.d. 29.ITD. u. sodann eines kombinierten Korps in Syrmien, 22.12. 1914 Glstschef d. Balkanstreitkräfte, 20.5. 1915 Glstschef d. Kmdos. Der Süd-West-Front, 1917 Kdt.I. Korps, GdI., 17.5. 1918 Kdt.d. Ostarmee, 1.1.1919 Ruhestand, sodann Historiker, Militärtheoretiker, rechtsradikaler Publizist, ab 9.3. 1920 Obmann d. Nationalverbandes deutschösterr., (bzw. später: deutscher) Offiziere. Krauss galt vor dem 1.WK als hervorragender Lehrer u. kritischer Militärvordenker. Nach dem WK. geriet er immer mehr in ein rechtsradikales, antiösterr. Fahrwasser, das ihn sowohl von seinen

noch mehr aber dessen Chef der Operat.Abtlg., der sehr energische Obst. Soós[113]) verlangte das Korps, um die im Beginne befindliche Schlacht bei Komarów siegreich zu schlagen. Die Entscheidung lag beim A.O.K., dort war Chef der Operat.Abtlg. der Oberst Metzger, der zu keinem Entschluss kommen konnte. Das Telephon soll den ganzen Tag zwischen Metzger, Pfeffer und Soós gespielt haben. Kurz, am späten Nachmittag wurde endlich nach qualvollem, für die Moral der Truppen höchst schädigendem langen Warten entschieden:,das XIV.Korps kommt zur Armee Auffenberg, bildet deren rechten Flügel und hat sofort nach Nord vorzurücken. Was der hohe Generalstab durch sein Zaudern versäumt hat, sollten jetzt die Füße der armen Truppen hereinbringen.
Rasch, rasch vor, noch heute Nacht die Übergänge über die Solokija in die Hand nehmen. Dadurch, dass die Armee Auffenberg nach Nord, die Armee Brudermann nach Ost rückte, wurde die Lücke zwischen beiden Armeen immer größer. Ich bildete mit meiner Dion den rechtesten Flügel der Armee Auffenberg, halb rechts von mir nach vorwärts rückte nur die natürlich sehr labile Kavall.Dion Ziegler vor. (...)
Für 3 Uhr früh des 28.ten war der allgemeine Aufbruch zwecks Vorstoß über die Solokija festgesetzt. Am Morgen erhielt ich die Mitteilung, dass mir noch die Brigade Herzberg, der links von mir vorgehenden 8.J.Dion (5 Jägerbaone) unterstellt wird, sodass ich 20 Baone kommandierte.
Ich kam mit dem Stabe in der Frühe bei Morgengrauen nach Bełz. Trotz des strengen Befehles, dass in den Kirchen keine Glocken geläutet werden dürfen, ertönte bei meinem Erscheinen in Bełz ein geradezu ohrenbetäubendes Geläute. Da wurde mir der betreffende Geistliche, ein sehr dicker, nicht alter Mann, vorgeführt. Ich ließ ihn alle weiteren Märsche zu Fuß mit uns mitmachen, habe aber später ganz auf ihn vergessen. Von Bełz ritt ich der Dion voraus nach Oserdów; knapp nördlich des Ortes war ein kleines, künstliches Hügerl, auf welchem wir uns etablierten. Es war ein ganz freier, auffallender, von weitem einzusehender, daher sehr ungeschickt gewählter Standpunkt. Aber wer hat damals schon an ein Decken gedacht!
Von dort bot sich uns (es dürfte zwischen 8 und 9 h V.M. gewesen sein) ein prächtiger Ausblick. Wir entdeckten plötzlich eine unendlich lange, feindliche Kolonne, mindestens 8-10 Baone, mit viel Artillerie westlich von uns im Marsche gegen Süd. Sofortiger Entschluss natürlich: ‚links einschwenken und eingreifen!' Die gerade westlich Bełz eintreffende Brigade Herzberg wurde zum direkten Angriff auf Wasylów und südlich davon, die bei mir befindliche Brigade Stipek auf Wasylów und nördlich davon, befohlen; endlich die rechts umfassend, nach links einschwenkend, von Nord nach Wasylów. Die eigene und die von der 8.Dion zugeteilte Artillerie wurde bei Oserdów zum Auffahren und zur Feuereröffnung befohlen. Die Truppen gruppierten sich, ohne Menage (die Fahrküchen waren zurück) zum Angriff wie am Exerzierplatz und begannen ca.2 h N.M. die Angriffsbewegung. Die Infanterie wartete die etwas

Offz.-Kameraden isolierte, als auch von der Seite gemäßigt-deutschnat. österr. Historiker abgelehnt wurde.

[113] Karl Soós v.Badok * in Hermannstadt am 28.7.1869, + in Villach am 22.6.1953, 1890 aus d. MiAk. Als Lt. zu FJB.23, Glstbslaufbhn, 1907 ins Operationsbüro d. Glstbs, Mjr,i.G., 1907 Obslt.i.G., 1913 Obst., 1.8.1914 Glstschef 4. Armee, 29.9. 1914 Glstbschef Armeegruppe Pflanzer-Baltin, 9.3.1915 Kdt.1.TKJR., 11.8.1915 Kdt. 33.Ibrig.., 16.6.1916 Glstbschef 11. Armee, 2.5. 1918 Kdt. 33. IBrig., 1919 Glstabchef der Horthy-Truppen, Jänner 1920 Staatssekretär im Honvéd-Ministerium, 15.3. – 20.6. Honvédminister, später GdI u. Mtgl.d. Magnatenhauses.

langweilige Artillerie nicht ab und ging mit Elan und einer Begeisterung vor, die Bewunderung erregte, ja ließ sich nicht einmal Zeit, zu schießen. Der Feind machte Front gegen uns, grub sich rasch ein und leistete hartnäckigen Widerstand. Unser Gefechtsstandpunkt wurde mit Schrapnells beschossen, wir hatten nicht Zeit, darauf zu reagieren, – wir lachten darüber.
Um 6 h N.M. war ein glänzender Sieg erfochten, eine Menge Gefangener gemacht (ich glaube ca. 3.000), 26 Geschütze erobert, die Truppen verfolgten, sodass man sie nicht einholen konnte. Ich ritt in scharfem Tempo vor, um die Truppen zu ihrem schönen Erfolge zu beglückwünschen; am Wege traf ich zu meinem Schmerze viele Tote und Schwerverwundete, letzte ächzend und um Wasser bettelnd. Ich war über diesen Anblick tief erschüttert und konnte meine Tränen nicht verbergen. (...) Das Gefecht von Wasylów war mein erstes Gefecht gewesen...".
Es zeugt von menschlicher Reife und seelischem Tiefgang, wenn ein FML und Divisionskommandeur, der über ein Schlachtfeld reitet und das Los der Schwerverwundeten erfasst, Gefühle zeigt – und diese auch noch für die Nachwelt beschreibt und aufzeichnet.
Aus einem ganz anderen Holz sind allerdings Generalstabschefs des AOK geschnitzt, die jede Gefühlsregung längst mithilfe einer Ideologie hinter sich gelassen haben: Franz Conrad von Hötzendorf sah als junger Hauptmann 1878 während des Bosnienfeldzuges nach der Schlacht bei Lipač bei der Inspizierung eines nahegelegenen Schlachtfeldes *„... zahlreiche Tote und Verwundete"*. Er betrachtete den schrecklichen Anblick als einen schlagenden Beweis für die Argumente Darwins, über die er während seiner Zeit in Kaschau[114] gelesen hatte. Die Leichenberge ließen ihn *„...völlig kalt"* und überzeugten ihn *„von der Unerbittlichkeit des Kampfes ums Dasein"*. Ein anderer ernüchternder Vorfall ereignete sich einige Tage später, als Conrad den Befehl ausführte, die Uniformen der gefallenen österr.-ung. Soldaten zu sichern. Nachdem er die Entkleidung der Leichen überwacht hatte, schrieb er, man lerne bald, *„...im Kriege jedwede Sentimentalität auszuschalten[115]"*.
Somit hat sich FML Roth in den Augen Conrads sicherlich eine „Sentimentalität" geleistet, oder derber ausgedrückt, ein „Zeichen von Schwäche" gegeben. Konflikte aus religiöser Sicht mit dem Berufsethos des Soldaten werden von Conrad mit einem Federstrich[116] weggewischt, da sie in einem Präventivkrieg eher nur gestört hätten: *„Ich habe die Lehren des Christentums nie vereinbar gehalten mit meinen Pflichten als Soldat! Eins oder das andere! Es hätte der Aufrichtigkeit meines Charakters nicht entsprochen. 'Liebe Deinen Nächsten wie Dich selbst'. Als Soldat muß ich ihn aber umbringen. Aber, Du sollst nicht töten! Liebe Deinen nächsten wie Dich selbst – überhaupt eine Heuchelei."*
Josef Roth setzt im Bereich des persönlichen Glaubens zu Conrad einen Kontrapunkt. In einem undatierten Schreiben zu Kriegsbeginn endet sein Brief an seine Frau Malwine mit einem Bekenntnis: *„Die Truppen verrichten Wunder an Tapferkeit, fort Sturm, Sturm. Doch genug, ich habe den Rosenkranz an der Brust und hoffe sicher, dass mir nichts geschehen wird..."*
Bei Roth traten in seinem ersten Gefecht auch andere positive Charaktereigenschaften zu Tage: seine Selbstständigkeit und Tapferkeit: *„Das Gefecht*

[114] Franz Conrad von Hötzendorf, Private Aufzeichnungen. Erste Veröffentlichung aus den Papieren des k.u.k. Generalstabchefs, Kurt Peball (Hg.), Wien-Münnchen 1977, 317
[115] C.v. Hötzendorf, ebda 319
[116] C.v. Hötzendorf, ebda, 288

fiel glänzend aus, der Feind wurde empfindlich geschlagen; das sofortige Einschwenken und der Angriff waren mein selbstständiger Entschluss, da vom Korpskomdo am 28. gar kein Befehl eingelangt war. Überhaupt war von diesem Tage an durch längere Zeit die Verbindung mit dem Korpskomdo sehr lose, Telegraph und Telephon funktionierten fast nie, Autos kamen auf den schlechten Wegen kaum fort und Reiter brauchten sehr lange; auch war das Korpskomdo, welches sich immer in der Nähe der 8.Dion, also weit entfernt von mir aufhielt, sehr wenig orientiert. Daher wurden fast alle Entschlüsse – ob sie nun gut oder schlecht waren – von mir selbstständig gefasst. Für das siegreiche Gefecht von Wasylów bekamen ich und die Tr.Dion vom Korpskomdo eine warm gehaltene Belobung."

War schon bei der gleich nächstfolgenden Schlacht bei Hulcze, wie FML Roth vermutete, Verrat der Zivilbevölkerung im Spiel, so musste man rundum – selbst im heimatlichen Galizien – auf der Hut sein: „[117] *Ich nährte mich durch mehrere Tage nur von leerem Tee und Erdäpfeln, die mir die brave Stabskavallerie im Freien abbriet. Am 30. August erreichte die Dion nach harten Kämpfen den Raum Suszew, Poturzyn. Da an diesem Tage der Angriff nicht vorwärts gehen wollte, ritt ich nachmittags von meinem Gefechtsstandpunkte nördlich Liski nach Suszew, um nach den Gründen der Stockung zu forschen. Wir stiegen wegen des starken Feuers knapp südlich des Ortes von den Pferden. Ich wollte durch den Ort hindurch zur Batterie gehen, die knapp am anderen Ortsausgang im Feuer stand. Ich war in diesem Augenblick ganz allein, da sah ich in dem ganz verlassenen Orte plötzlich einen Bauer mit seinem Weibe an der Tür eines Hauses lehnen und mich mit finsterem, geradezu hasserfülltem Blicke ansehen. Ich wollte nicht vorüber gehen, sondern blieb knapp bei dem Hause stehen und sah mich nach meinen Leuten um; es dauerte ca. 10 Minuten, bis einige Herren nachkamen. Ich machte den Rittmeister der Gendarmerie auf meine Beobachtung aufmerksam und eilte weiter. Abends wurde mir gemeldet, dass knapp hinter dem Weibe ein geladenes Gewehr angelehnt gefunden und ebenso konstatiert wurde, dass der Bauer eine Stunde früher einen Feldwebel des I.R. 59 erschossen habe. Natürlich wurde der Bauer standrechtlich behandelt, aber für mich war es ein großes Glück, dass ich nicht weiter gegangen war, sonst hätte er mir von rückwärts den Garaus gemacht."*

Noch ein weiterer Charakterzug Roths´ ist in seinen frühen Kriegsschilderungen zu erkennen: sein Sinn für Kameradschaft, auch seinen Mitarbeitern gegenüber[118]: *„2. September: Wir rückten an diesem Tage nach Mircze. Die Vorrückung geschah in der gehobensten Stimmung, wir wussten, dass unsere Armee (Auffenberg) einen glänzenden Sieg errungen hat, an welchem das XIV. Korps und speziell die 3. Dion wesentlichen Anteil hatte, wir standen voll auf russischem Boden und hofften, nach einem weiteren, kurzen Offensivstoß werde der Krieg beendet sein. Wie anders sollte es kommen! In Mircze befand sich ein einem polnischen Adeligen gehöriges Schloss. Unser Quartiermacher wollte für den Stab Quartiere ausmitteln, der Besitzer gestattete jedoch nur für mich und noch einen Offizier Unterkunft. Mir wurde dies knapp vor dem Schloss gemeldet. Ich machte Halt und ließ dem Hausherrn sagen, entweder das Gros des Stabes oder niemand. Dieser Pole war eben ein Schlaumeier, er wollte es sich mit den Russen nicht verderben. Mein energi-*

[117] J. Roth-Limanowa, Kriegs-Tagebuch, Typoskript, 10-11
[118] ebda, 13-14

sches Auftreten hatte gewirkt, er kam selbst zu mir und es wurde nun vereinbart, dass ca. 2/3 des Stabes im Schlosse untergebracht werden kann. Mit der Zeit haben wir uns ganz gut vertragen und waren auch abends zum Souper geladen.
Gegen Abend spielte sich gleich eine sehr peinliche Episode ab: Die Truppen waren bisher recht schlecht verpflegt; in Mircze war eine Zuckerfabrik. Da die Soldaten den Abendkaffee ohne Zucker bekamen und sie wussten, dass in der Fabrik riesige Mengen Zucker seien, gingen einige hundert Mann hin und nahmen sich einfach den Zucker; es waren Leute des braven Rgmts 59. Als dies der Dionsgeneralstabschef erfuhr, ließ er durch unsere Stabskompagnie in die Leute hineinschießen. – Zum Glück waren die Leute dieser Abtlg. so taktvoll und haben in die Luft geschossen. Ich war wütend und habe dies auch zum Ausdruck gebracht."
Doch nunmehr wurde die kleine friedvolle Welt um das Schloss von Mircze von der gesamtmilitärischen Lage an der Ostfront eingeholt: Roth schreibt[119]:
„Am 4. September hatten wir marschbereit zu sein und auf Befehle zu warten. Wir waren überzeugt, es wird ein Befehl zum weiteren Vorstoß nach Nord kommen, da traf zu Mittag der Befehl ein ‚Zurück'. Wir waren wie vom Blitz getroffen, wütend, verzweifelt. Wir waren eben über die große Lage gar nicht orientiert, wir wussten damals nicht, wie schlecht es inzwischen der Armee Brudermann gegangen ist, dass Lemberg schon verloren sein dürfte etc. etc. Damals verstanden wir den Befehl nicht."
Was war geschehen? Da vom deutschen Verbündeten nach der Schlacht von Tannenberg keine Unterstützung zu erwarten war, hatte der österr.-ung. Chef des Generalstabes beschlossen, dem Feldzug mit eigenen Mitteln eine neue Wendung zu geben[120]. Er führte die 2. und 3. Armee neuerlich über die Grodeker Teichlinie nach Ostern vor, wo sie den Feind im Stirnangriff zu fesseln hatten. Von der 4. Armee (Auffenberg), die ihren bisherigen Gegner vernichtend geschlagen zu haben wähnte, sollten diesen nur Teile verfolgen, die Masse aber nach einer Umkehrtschwenkung in südöstlicher Richtung der 3. Russenarmee in die Flanke fallen. Da diese jedoch überraschenderweise jetzt nach Nordwesten strebte, war die Armee Auffenberg frontal auf den Feind getroffen; ihr Angriff lief sich daher bald fest. Jetzt ging das Schwergewicht des Kampfes auf die nunmehr vom Gdl Svetozar von Boroevic[121] befehligte 3. Armee und auf die nach Nordosten gegen Lemberg einschwenkende 2. Armee über.
Ehe aber diese Flankierung wirksam wurde, brachte die russische Bedrohung von Nord und Nordost die Entscheidung. Die wieder vorgehende russische 5. Armee verdrängte die ihr gegenüber belassene Armee-Gruppe und schob sich in die zwischen Dankl und Auffenberg aufgesprungene Lücke ein. Dadurch wurde die Lage der 1. Armee, die sich trotz der Verstärkung durch das schlesische Landwehrkorps bereits vom Feinde hatte absetzen müssen, völlig

---

[119] ebda, 14-15
[120] Kiszling, Österreich-Ungarns Anteil am Ersten Weltkrieg, 15
[121] FM. Svetozar Boroevic v.Bojna, * in Umetic, Kroatien am 13.12.1856, + in Klagenfurt am 23.5. 1920, 1874 aus IKSch. Liebenau zu IR. 52, 1875 Lt., Glstabslfbhn, 1904 GM. als Kdt. 14. IBrig., 1908 FML., 10.4. 1912 betraut mit Führung des VI. Korps, 1.10. 1912 Kdt. VI. Korps und kdi. Gen. in Kaschau, 1913 Gdi., 6.10. 1914 Kdt.d.3. Armee, 1915 Kdt d. 5. Armee, 1916 GO., 1.2. 1918 FM., 1.12. 1918 pens. Boroevic ist neben FM. Conrad der bedeutendste aber auch ebenso umstrittenste Heerführer Österreich-Ungarns im 1. WK. Sein Name ist vor allem mit den 12 Isonzoschlachten und der Piaveschlacht verknüpft.

unhaltbar. Es wurden aber auch die rückwärtigen Verbindungen der schon in der Nordflanke umfassten 4. Armee auf das stärkste bedroht.
Von dieser Bedrohung konnte der zu diesem Zeitpunkt frustrierte FML Roth keinen Überblick haben. Für eine wirksame Unterstützung waren österr.-ung. Truppen nirgends mehr verfügbar. Eine Hilfe durch die Armee Hindenburg, die indessen den Feind über die Ostgrenze Ostpreußens verjagt hatte und jetzt auf Siedlec vorstoßen sollte, wäre nach Zeit und Entfernung zu spät gekommen. Daher entschloss sich Conrad schweren Herzens, das Heer zunächst an den San und sodann – die Festung Przemysl sich selbst überlassend – nach Westgalizien zurückzuführen, um die Freiheit des Handelns zu behalten und die stark gelichteten Reihen aufzufüllen.
In diesem ersten Feldzug hatte Österreich-Ungarns Wehrmacht auf den Schlachtfeldern Ostgaliziens die Blüte seines Offizierskorps und seiner aktiven Mannschaft gelassen. Gerade die horriblen Verluste an Offizieren und Unteroffizieren waren in Kürze kaum ersetzbar. Mit ihnen verbluteten auch zahlreiche bestausgebildete alpenländische Truppenteile.
Durch die dargestellten Entscheidungen war eine Neugruppierung der ganzen Front notwendig geworden, womit die 4. Armee den Anschluss an die 3. erhalten sollte. Außerdem war es während der unglücklichen Kämpfe der 3. Armee deutlich geworden, dass ihre Führung vielfach versagt hatte[122]. Es wurden immer mehr Stimmen laut, die Führung der 3. Armee in eine starke und durchschlagskräftige Hand zu legen. Die Wahl fiel schließlich auf Boroević, dessen umsichtige und kühne Truppenführung von Conrad anerkennend erwähnt wurde. Die Ernennung zum Befehlshaber der 3. Armee wurde am 5. September 1914 vollzogen. Sein Schreiben, in dem er seinen Dank ausspricht, ist für seine Persönlichkeit charakteristisch. Er berichtet in diesem Brief an Conrad, dass ihn die Ernennung überrascht, – nach seinen eigenen Worten – sogar „erschüttert“ hatte. Vor allem fiel dem neuen Armeebefehlshaber der Abschied von seinem VI. Korps schwer, mit dem er doch den Sieg bei Komarów erfochten hatte. Hierbei fällt auf, das Boroević – sicher nicht zu Unrecht – den Sieg bei Komarów weitgehend als seine eigene Tat betrachtete und das VI. Korps als sein Instrument.
Die russische Führung erkannte richtig die durch die Kehrtwendung der österr.-ung. 4. Armee entstandene Lücke in der österreichischen Front und führte daher starke Kräfte der russ. 4. Armee gegen den Ostflügel der österr.-ung. 1. Armee und die wiedererstarkte russ. 5. Armee gegen die Armeegruppe Erzhg. Joseph Ferdinand. Während die Lemberger Schlacht am 9. September 1914 in das entscheidende Stadium getreten war, konnte die Armeegruppe Erzhg. Joseph Ferdinand das Vordringen der russ. 5. Armee gegen Flanke und Rücken der österr.-ung. 4. Armee nicht länger verwehren. Das österr.-ung. AOK verfügte über keine Reserven mehr, um die Lücke zwischen der 1.und 4. Armee zu schließen. Die Befürchtung des AOK: Der weitere russ. Vorstoß gegen Flanke und Rücken der mit der Front nach Osten bei Lemberg kämpfenden österr.-ung. Armeen konnte zur gänzlichen Umfassung der österr.-ung. 4., 3. und 2. Armee führen. Diese äußerst kritische Situation, verbunden mit der zahlenmäßigen Überlegenheit der Russen (rund 200 Bataillone) und dem deutschen Rückschlag an der Marne zwang das AOK, den

---

[122] Ernest Bauer, Der Löwe vom Isonzo. Feldmarschall Svetozar Boroević de Bojna, Graz-Wien-Köln 1985, 43-44

schon von FML Roth in seinem Tragebuch befürchteten Rückzug des k.u.k. Heeres an den San einzuleiten.
Die Rückwärtsbewegung begann am 11. September 1914. Ost- und Mittelgalizien gingen dadurch verloren und die San-Festung Przemysl wurde von den Russen eingeschlossen. Der Rückzug der österr.-ung. 1.,4. und 3. Armee ging nach Westgalizien, während die österr.-ung. 2. Armee auf die westlichen Karpatenpässe zurückfiel.
FML Roth ist mitten im Geschehen[123]: *„Beim Rückmarsch trafen wir wiederholt stärkere feindliche Kav.Patrouillen. Bei Michalówska ungefähr 8 h V.M. angelangt, fanden wir weder die Kav.Dion Ziegler noch den Feind. Ich befahl sofort: Abmenagieren. Ich selbst saß beim östlichsten Haus ab und wollte gerade ein mir vom Int.Kdt. d. I.R. 14, Major Walter angebotenes Stück Salami verzehren, als wir aus nächster Nähe mit Infanterie-Schnellfeuer beschossen wurden. (…) Ich bin rasch aufgesessen, habe den Säbel gezogen und laut ‚Halt' gerufen, einige tapfere Offiziere des Stabes haben es ähnlich gemacht und mit großer Kaltblütigkeit die flüchtenden Truppen aufgehalten. In dieser Beziehung fiel mir damals der Ordonanz-Offizier Oblt. Gf. Coreth[124] (mein späterer langjähriger Personal-Adjutant) auf, der eine bewundernswerte Tapferkeit an den Tag legte. (…) Auf meine Hilferufe kamen im Ganzen 3 Batterien, zuerst eine reitende unter Komdo des Obstlt. Röhr. Dieser meldete sich bei mir; auf meinem kurzen Befehl, ‚rasch auffahren und schießen', führte er die 6 Geschütze im Galopp bis in die Schwarmlinie vor und setzte sich dort – wie im Frieden – ins Feuer. Ein donnerndes Hoch seitens unserer Truppen lohnte diese herrliche Tat des heldenhaften Offiziers; der Feind war darüber so perplex, dass er das Feuer einstellte."*

Mitte September 1914 standen die österr. Ung. Armeen (1.,4. und 3.) am Dunajec, die öster.-ung. 2. Armee in den Karpaten. In der kürzest möglichen Zeit waren die österr.-ung. Verbände mit neuem Nachschub und Ersatztruppen versorgt und in der Lage, abermals zur Abwehr weiterer russischer Offensiven anzutreten.
Conrad beabsichtigte in einer neuerlichen Angriffsoperation, im Schulterschluss mit der in Schlesien unter dem Oberbefehl des GO Paul von Hindenburg neugebildeten dt. 9. Armee, die russischen Massierungen ostwärts der mittleren Weichsel zu binden. Conrad folgte damit nach wie vor dem großen strategischen Gedanken, dem russischen Heer den Einbruch nach Deutschland so lange zu verwehren, bis die militärische Lage im Westen die Verschiebung ausreichender deutscher Kräfte nach dem Osten zulasse und das zugunsten der Mittelmächte geänderte Kräfteverhältnis eine erfolgversprechende Offensive gegen die russischen Streitkräfte möglich mache.
Bereits am 28. September 1914 eröffnete die deutsche 9. Armee den Feldzug mit dem Vormarsch aus Schlesien (Raum Beuthen, Kreuzburg) über Radom bzw. Kielce gegen die mittlere Weichsel. In enger Anlehnung an den südlichen Flügel der deutschen 8. Armee folgte am 1. Oktober 1914 die österr.-

---

[123] KA, NL B 14 : 10, J.R-L, Kriegs-Tagebuch, Typoskript, 21-23
[124] Rittm. Botho Graf Coreth v. Coredo und Starkenberg, * auf Schloss Welsberg/Stmk am 20. Okt. 1871, + in Waizenkirchen, O.Ö., 1942, .Besitzer des Schlosses Hochscharten bei Eferding (O.Ö) bis 1942, wurde nach dem 1. WK einer der engsten Mitarbeiter und Freund des Heimwehrführers Ernst Rüdiger Fürst v. Starhemberg. Während des Ständestaates ist Coreth von 1934 bis 1936 Mtgl. d. Staatsrates, des Bundesrates und Kreisleiter der Heimwehr in Eferding

ung. 1. Armee dem durch Schlechtwetter erschwerten Vormarsch der Verbündeten gegen die Weichsellinie. Anschließend traten die österr.-ung. 4., 3. und 2. Armee und am äußersten rechten Flügel die österr.-ung. Armeegruppe Pflanzer-Baltin[125] die Vorrückung nach Nordost bzw. Norden an.
Zu diesem Zeitpunkt vermerkte Roth in sein Tagebuch[126]: *„28. Sept.: Rasttag. Große Reinigung. A.O.Kdt.Erzhg. Friedrich und Erzhg. Thronfolger Karl Franz Josef bei deren Durchfahrt gesprochen. Regen. Abends kam ein ganzer Waggon mit Post, wurde die ganze Nacht geschlichtet; ich erhielt gegen 50 Briefe. 29. Sept.: War mir elend, hatte den ganzen Tag Bauchkrämpfe, jede halbe Stunde gebrochen, bin fort gelegen. Abends erhielt ich die telefonische Nachricht, dass ich zum Komdt. des XIV. Korps[127] ernannt worden sei. 1. Okt.: Abschied vom Dionskomdo. Fahrt nach Rzuchów. Übernahme des Korpskomdos vom Erzhg. Josef Ferdinand. Gemischte Gefühle, schwerer Abschied vom Dionskomdo, aber andererseits große Auszeichnung und schönes Korps. Neuer Generalstabschef: Obst. Göttlicher, ein alter Bekannter, nun mein 3ter Generalstabschef. Mein bisheriger Ordonannzoffz., Oblt. Graf Coreth, bat mich bei mir bleiben zu dürfen. Ich machte ihn dann zu meinem Personaladjutanten, eine vorzügliche Wahl. Er blieb ununterbrochen bei mir in alter Treue und Anhänglichkeit bis zum gänzlichen Schluss (Dezember 1918).“*
Josef Roth schrieb am 1. Oktober 1914 seiner Gattin: *„Denk Dir, ich bin heute Korpskommandant geworden. Meine neue Feldpost Nr.83. Schreibe also jetzt: Kommandant des 14. Korps, Feldpostamt Nr.83. Mein Vorgänger Erzherzog Josef Ferdinand ist Armeekommandant geworden. Es ist zwar eine ganz große Auszeichnung, aber ich habe von der Division sehr schweren Abschied genommen; es war so ein schönes Zusammenhalten! Nun gibt's wohl mehr Arbeit und Überlegung, aber die Soldaten, mit denen ich wie verbrüdert gelebt habe, werden mir sehr abgehen. (...) Meine Division hat Generalmajor von Horsetzky[128] bekommen. (...).“*
Dass FML Roth als kaum 55jähriger und erst nach 8 Wochen von der Position eines Divisionskommandanten zum Korpskommandanten ernannt wurde, hatte natürlich auch einen realen Hintergrund: Trotz des Sieges bei Komarów am Beginn des Feldzuges wurde Auffenberg zum Sündenbock für die gesamte schwierige Lage gemacht[129], im Besonderen weil die 4. Armee sich erst mit Verzögerung an den Kämpfen in der Schacht von Lemberg-Rawaruska beteiligt hatte. Seine Kritiker ließen dabei nicht gelten, dass seine erschöpften Truppen an 18 von 21 Tagen vor dem allgemeinen Rückzug mit den Russen gekämpft hatten. Unter dem Druck seines nominellen Vorgesetzten, Erzhg. Friedrich, enthob Conrad Ende September seinen alten Freund Auffenberg

[125] Armeegruppe benannt nach Karl Frhr.v Pflanzer-Baltin, * in Fünfkirchen am 1.6.1855, + in Wien am 8.4.1925, 1875 aus MikAk. Als Lt. zu DR.1., Glstbslfbhn, 1903 GM., Kdt. 4.ITD. in Brünn, FML, 27.10. 1911 GenTruppeninsp. d. Korpsoffz.Schulen, 1912 GdK. mit Titel u. Charakter, 29.9. 1914 Kdt. einer Armeegruppe in der Bokuwina, 1916 GO, 8.9. 1916 zur Disp. gestellt, 1.8. 1917 Gen.Insp.d. Fußtruppen, 12.7. 1918 Kdt. d.k.u.k. Streitkräfte in Albanien, 2.10.1918 Kommandeur . MMThO, 1.12. 1918 pens., Pflanzer-Baltin galt 1914-18 als Meister d. Kleinkrieges, der sich mit geringen Kräften in der Bokuwina gg. Die Russen halten konnte. 1918 konnte er noch im Juli/Aug. zu Gegenangriffen in Albanien schreiten.
[126] Kriegstagebuch Roth, 29-30
[127] Anm.: ab 1917 Edelweißkorps (Innsbruck)
[128] GM v. Horsetzty war an der MilAk zu Wr. Neustadt ein Jahrgangskamerad von Josef Roth
[129] L. Sondhaus, Conrad von Hötzendorf, 168

des Kommandos über die 4. Armee und ersetzte ihn durch Erzhg. Joseph Ferdinand. Mit Auffenberg mussten rund 40 Generale – mit den verschiedensten Begründungen – aus dem aktiven Frontdienst scheiden.

Josef Roth nimmt in einem Brief an seine Tochter Melanie[130], in dem er ihr zum Geburtstag gratuliert, nochmals bezug auf diese Problematik: *„Im Felde, 16. Okt. 1914, abends; (...) ...dass ich so schnell Korpskommandant geworden bin, freut mich natürlich auch sehr und noch dazu das schönste Korps der ganzen Armee, die schönsten und besten Truppen der Welt, – freilich liegen die Allerbesten schon unter der Erde.*

Ich habe eine sehr große Verantwortung, muss fortgesetzt denken, wie, wann und wo, man den Russen, diesen Teufelskerlen etwas antun kann, denn die sind riesig schlau und hinterlistig. Wir kämpfen seit vorgestern eine erbitterte Schlacht und kommen nicht recht weiter, es muss vis á vis ein sehr tüchtiger Mensch kommandieren; aber es wird doch gehen, wir lassen nicht locker! Jetzt schießen sie mit schwerem Geschütz in unsere Ortschaft, wo wir wohnen; hoffentlich lassen sie uns in der Nacht eine Ruh´! – Nun, ich habe dem ein wenig nachgeholfen: Hier gibt es ein prachtvolles, ruhiges Kloster, ich wollte mich dort einquartieren. Weil aber die Geistlichen gar nicht entgegenkommend waren, habe ich mich mit meinem Stab in ein (Anm.: unleserlich..) *aber ganz nettes Privathaus einquartiert.*

Am Kloster haben wir – unsichtbar für die Mönche – unsere Fahne gehisst. Jetzt glauben die Russen, wir wohnen im Kloster und schießen fest drauf. Überhaupt ist es ihre größte Freude, die Stäbe und Generale anzuschießen!

PS: Soeben Brief von Mama v. 11. bekommen. Bis jetzt sind schon 2-Armee-, 5-Korps[Kommandanten]-, u. viele Generäle enthoben worden, weil sie nicht entsprochen haben. Schrecklich! (...)“

Nach Überwindung schwächeren feindlichen Widerstandes erreichten die deutschen und österr.-ung. Truppen auf breiter Front bis 10. Oktober 1914 die Weichsel-San-Linie und konnten Przemysl entsetzen[131].

Der Zusammenprall mit den hinter Weichsel und San bereitgestellten russischen Massen führte zu schweren Kämpfen, die die Russen, dank ihrer nahezu doppelten Kräfteüberlegenheit, bis Ende Oktober 1914 zu ihren Gunsten entscheiden konnten. Die drohende Umfassung des Nordflügels der deutschen 9. Armee westlich Warschaus durch Verbände der russ. 2. Armee und das Zurückweichen der österr.-ung. 1. Armee an der Weichsel gegenüber Iwangorod erzwang die Aufgabe der Offensive der Verbündeten und den allgemeinen Rückzug in die Ausgangsstellungen zu Beginn des Angriffes.

Der Kampf gegen die russische „Dampfwalze“ war damit noch nicht entschieden, denn die Angriffskraft der Russen war noch keineswegs gebrochen. Generaloberst Paul von Hindenburg, mit dem Oberbefehl sämtlicher im Osten kämpfender deutschen Verbände betraut, verfügte nunmehr die rasche Verlegung der deutschen 9. Armee – neuer Oberbefehlshaber GdK August von Mackensen[132] – im Eisenbahntransport von Oberschlesien in den Raum Thorn-Gnesen. Von hier hatte die deutsche 9. Armee in einer Offensive in all-

[130] KA NL B 14 : 7,

[131] R.Kiszling, Österreich-Ungarn, 20-23

[132] August von Mackensen, * in Wittenberg am 6.12.1849, + in Burghorn bei Celle 8.11.1945, seit 1873 preuß. Offz., 1.11. 1914 OB. 9 Armee, 1915 OB.11. Armee, 6.7.1915 GFM. U. OB.der HGr. Mackensen in Polen, dann Serbien u. Rumänien,1917/18 OB. in Rumänien.

gemeiner Richtung Lodz den durch Polen nach Westen vorbrechenden russischen Armeen in die nördliche Flanke zu stoßen. Hand in Hand damit ging eine abermalige Offensive des österr.-ung. Heeres, das trotz schwerster Verluste vom unbeugsamen Willen Conrads zum Angriff befohlen wurde. Das nunmehr entblößte Oberschlesien deckte die österr.-ung. 2. Armee, welche aus den Karpaten abgezogen wurde, zusammen mit dem deutschen Landwehrkorps Woyrsch und der österr.-ung. 1. Armee. Damit war vor dem kriegswichtigen oberschlesischen Industriegebiet ein Abwehrriegel aufgebaut worden.

Der Chef des deutschen Generalstabes, GO von Falkenhayn, formulierte dazu in einer Denkschrift, Mitte November[133]: *„Das öster.-ung. Heer hat schwer gelitten. Dessen ungeachtet tut die dortige Heeresleitung alles, um die Operationen in bundesfreundlichem Sinne zu leiten. Sie hat drei Armeen auf das linke Weichselufer gezogen und in Galizien nur schwache Kräfte belassen. Es kommt dies einer Aufopferung gleich….“*

Aus dem Großraum Krakau hatte die österr.-ung. 4. Armee, mit dabei Roths´ XIV. Korps, unter dem Kommando des Erzherzogs Joseph Ferdinand gegen die Südflanke des russischen Angriffskeiles zu wirken.

Der Kommandant des XIV. Korps schreibt zu dieser Zeit in sein Tagebuch[134]: *„22. Okt.: Sehr schwere Kämpfe. Ježowe. Am 23. Okt. hatte ich in Przyszów eine Besprechung mit dem Komdtn. des X.Korps, G.d.I. Hugo Meixner*[135]*, dessen Korps wir abzulösen hatten. Nächtigung in Przyszów, elend; es krochen darin ständig Viecher auf mir herum. Am 24.Oktober kamen wir in das Schloss bei Grebów; sehr schön, aber stark verwüstet. Hier blieben wir bis einschließlich 2. November. Wir hatten eine Riesenstrecke vom San bis zur Mündung zu halten; keine Kraft. Langweilige Geschichte. Die Russen machen an mehreren Stellen Übergangsversuche, ohne Erfolg. Fortwährend schwere Kämpfe am San; unsere Truppen brilliant. Mir waren bei dieser Kampfperiode 3 Kav.Tr.Dionen unterstellt, deren Komdtn. alle rangälter waren als ich (Hauer, Wittmann u. Ziegler). Am 2. Nov. erfahren wir, dass unser linker Nachbar – die 1. Armee – wg. ungünstiger Kämpfe der Deutschen – zurück muss. Dies hat auf uns die Rückwirkung, dass auch wir zurück müssen. Am 3. Nov. Beginn des Rückzuges. Feind beschießt unsere ganz verlassenen Stellungen stundenlang mit schwerer Artillerie, was von unseren Patrouillen mit gewisser Freude beobachtet wird. Endlich herrliches Wetter. 7.Nov.: wir erhalten den Befehl, auf elenden, tief durchweichten Naturwegen tägl. ca. 40 km zurückzurennen, reiner Wahnsinn! Unsere Gegenvorstellungen, vom Armee-Komdo unterstützt, wurden vom A.O.K. brüsk abgelehnt. Die Truppen machen aber trotz Aufgebot ihrer ganzen Kraft nicht mehr als 18-20 km, dann war´s auch recht. – Und dann die heillose Angst! Für den 8.ten war uns befohlen, um (ich glaube) 9 h oder 10 h V.M. unbedingt die Brücken über den Dunajec abzubrechen, gleichgültig, wer noch am anderen Ufer sei! Wir haben die Brücken um ca. 4 h N.M. abgebrochen und es wäre noch lange Zeit dazu gewesen; wir sind so gerannt, dass weit und breit kein Feind war. – Ich bekam so schwere*

---

[133] [133] Kriegsarchivwerk (KAV) Österreich-Ungarns letzter Krieg. Hg vom Bundesministerium für Heerwesen und Kriegsarchiv, Wien 1930-1938,Bd.1, 817

[134] J. R-L., Kriegs-Tagebuch, 33-34

[135] Otto Meixner, * in Krakau am 2.2.1858, + in Mondsee am 10.10 1946, 1878 aus der MilAk, als Lt. zu IR.55, Glstbslfbhn, 1908 FML., 1911 Kdt. 4.ITD., 1912 Kdt. VII. Korps u. kdi.Gen. in Temesvár, 1913 GdI., 10.10. 1914 enthoben, 1919 pens., 1925-1934 Präs.d. Vereines „Alt-Neustadt“.

rheumatische Schmerzen, sodass ich zum erstenmal im Krieg mit dem Auto fahren musste."
Die Erfolge der deutschen 9. Armee (v.Mackensen) Mitte November 1914 im Raume Kutno verursachen den ersten Halt der russischen Angriffsbewegung durch Polen. Der drohenden Umfassung starker russischer Kräfte im Raume Łodz konnte die russische Führung durch den Einsatz von Reserven erfolgreich entgegenwirken. Die Front erstarrte im Stellungskrieg.

9.2. Die Schlacht von Limanowa-Lapanów

Zu diesem dramatischen Zeitpunkt war auch der Angriff der Armeen Erzherzog Joseph (4. Armee) und GdK Graf Dankl (1. Armee) nördlich von Krakau anfänglich von Erfolg getragen[136], erreichte schließlich aber auch nicht mehr als ein kurzfristiges Aufhalten der „Dampfwalze". Indessen bohrte sich südlich der Weichsel ein starker Feind in die dort nur von schwachen Truppen gehaltene österr.-ung. Front ein und bedrohte die Verbindungen der nördlich von Krakau kämpfenden Heeresteile. Entschlossen riss Conrad die 4. Armee durch die Festung Krakau nach Süden und lieferte in der ersten Dezemberhälfte 1914 bei Limanowa und Lapanów eine genial geleitete Schlacht, in der er trotz ungünstigem Kräfteverhältnis dem Feind seinen Willen aufzwang. Zur Führung des Angriffes unter FML Josef Roth wurde eine eigene Armeegruppe Roth gebildet, die wohl auf dem Dienstwege dem Kommando der 4. Armee unterstand, aber tatsächlich operativ vom AOK und taktisch von FML Roth geführt wurde, der zu diesem Zeitpunkt das uneingeschränkte Vertrauen Conrads besaß und mit größer Tatkraft an die neue Aufgabe heranging, – was im nächsten Kapitel noch im Detail dargestellt werden soll.
Die letzte Entscheidung brachte das Vordringen des Westflügels der österr.-ung. 3. Armee über Neu-Sandez. Unter dem Eindruck dieser Bedrohung zog sich die russ. 3. Armee rund 60 km zurück, um sich entlang des Flusses Dunajec wieder zu sammeln. Es fehlten Kräfte zu deren Verfolgung.
Mit Recht durfte Conrad schreiben, dass bei Limanowa-Lapanów das Schwert in den Boden gerammt worden sei, das *„die Heimat vor der russischen Invasion bewahrte".*
Im Kriegsarchivwerk (KAW) „Österreich-Ungarns letzter Krieg 1914-1918"[137] werden die in der Kriegsliteratur als Schlacht bezeichneten Kämpfe in Westgalizien vom 1. bis 20. Dezember 1914 wohl mit Absicht als Feldzug bezeichnet, weil deren entscheidende Bedeutung für den weiteren Verlauf des Krieges mit Russland mit dieser Bezeichnung hervorgehoben werden sollte.

---

[136] Kiszling. Österreich-Ungarn, 22
[137] Kriegsarchivwerk (KAV) Österreich-Ungarns letzter Krieg. Hg vom Bundesministerium für Heerwesen und Kriegsarchiv, Wien 1930-1938,Bd.1, 774

Lageskizze 2

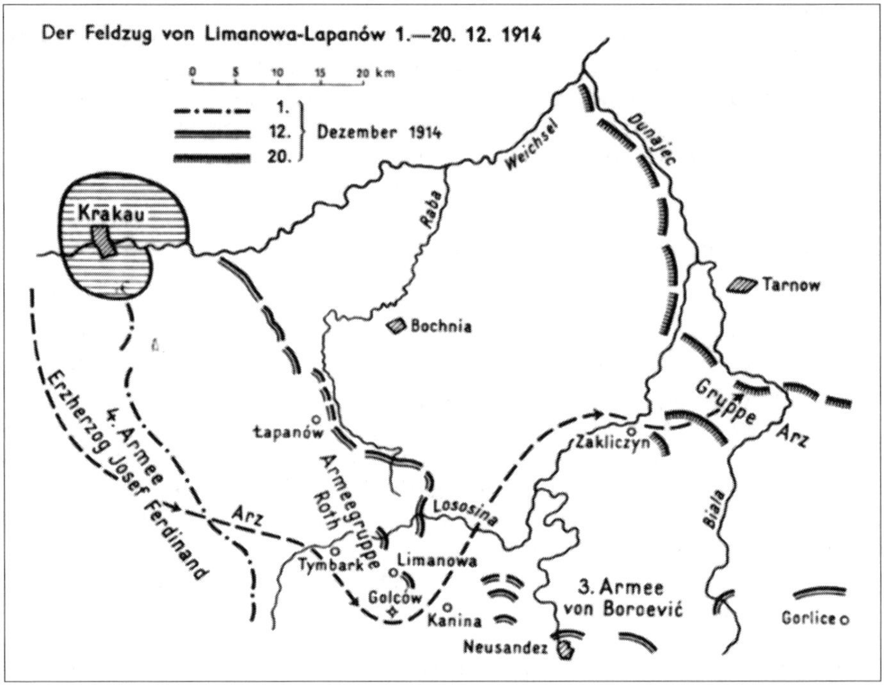

Die Ausgangslage war nicht günstig, die Stimmung der Truppe gedämpft und sogar in den höheren Führungsebenen kriselte es bedenklich. Roth bringt die Lage mit einer Begebenheit auf den Punkt[138]: *„Die Truppen hatten seit Monaten große Anstrengungen durchgemacht und schwere Verluste erlitten, ohne daß sie hiefür durch einen Erfolg belohnt worden wären. Ihre Stimmung war daher begreiflicherweise keine gehobene. Immerhin waren die Regimenter trotz ihrer zusammengeschmolzenen Stände voll Pflichtgefühl und Opferbereitschaft. Einzelne Pessimisten hat es immer und überall gegeben. So sagte nach Beendigung der Besprechung der Armeegeneralstabschef zum Korpsgeneralstabschef, aber so laut, daß ich es auch hören konnte, dem Sinne nach: ‚Strengt Euch nicht an! Es ist ja nichts mehr zu machen, der Feldzug ist schon verloren.' Wir haben über diesen Pessimismus sehr gestaunt; uns hat er aber nicht beeinflußt und unsere Siegeszuversicht und Angriffslust hat er nicht beeinträchtigt."*

Der Sieg von Limanowa-Lapanów hat diese pessimistische Einstellung Lügen gestraft und ist gewissermaßen als Krönung des monatelangen zähen Ringens der k.u.k. Truppen in Galizien und Polen während des Herbstes 1914 anzusehen. Josef Roth war überzeugt: *„Der Plan ist gut und ich werde ihn mit Gottes Hilfe auch zum Erfolg bringen."*

Roth sollte Recht behalten: Hervorragende operative Führung und einmalige, opfervolle Leistungen der Truppe schufen die Voraussetzungen, dass aus der überaus kritischen Lage der Verbände der k.u.k. 4. Armee im Raume südöstlich von Krakau einer der beachtlichsten Siege des Feldzuges über die

[138] GO Josef Frhr.v.Roth-Limanowa, Die Schlacht von Limanowa-Lapanów Dezember 1914, aus seinem Nachlass hg. vom Alt-Kaiserjäger-Klub Innsbruck, 1928, 22

Kriegsbühne gehen konnte. Hier gelang es den österr.-ung. Truppen, im Verein mit der deutschen 47. Reservedivision, trotz schwerster personeller Verluste und materieller Schwächen nach dreieinhalb Monaten langen schweren Kämpfen gegen eine Übermacht, dem Gegner die Initiative zu entreißen und die russischen Offensivabsichten endgültig zu vereiteln.
Durch eine starke Vertrauensbasis zwischen FML Roth, seinem Stab und seinen Soldaten waren übergroße Ermüdung und Erschöpfung einem entschlossenen Optimismus gewichen. FML Roth bringt es auf den Punkt[139]: *„Das wichtigste Leitmotiv (...) war (...) Fürsorge für die Truppen. Jede Überlegung, jeder Entschluß, jeder Befehl war von dieser beeinflusst oder nahm mindestens Rücksicht auf sie. Dadurch war es möglich, daß das Kommando den so oft und ganz besonders in der Schlacht bei Limanowa an dasselbe herantretenden übergroßen Anforderungen entsprechen konnte und andererseits Stimmung und Geist bei den Truppen in der an Krisen so reichen Schlacht immer gleich vorzüglich blieben."*

Ende November 1914 drängten die Verbände der russischen 3. Armee den Südflügel der österr.-ung. 4. Armee – wie schon kurz dargestellt – bis in den Raum südlich der Festung Krakau zurück. Die stark geschwächte österr.-ung. 3. Armee musste vor der russischen 8. Armee nach Süden, in die Karpaten, bis in den Raum Eperjes, Laborcza-Tal nördlich Homonna, Uzsoker-Paß zurückweichen. Dadurch entstand zwischen den inneren Flügeln der österr.-ung. 4. und 3. Armee eine nahezu 100 km breite Lücke. Der Oberbefehlshaber der russischen Südwestfront, GdA. Iwanow, plante mit zwei Korps der russ. 8. Armee gegen Neusandez vorzudringen und die russ. 3. Armee im Vorgehen gegen die südöstlich von Krakau stehenden österr.-ung. Truppen zu belassen. Die russische oberste Führung erhoffte sich von dieser Operation die endgültige Niederringung des österr.-ung. Heeres und den nachfolgenden Einbruch der russischen Armee nach Böhmen und Schlesien.
GdA Iwanow vermutete auf Grund von Agentenmeldungen über den Rückzug zweier österr.-ung. Korps (XIV. und XVII.) durch Krakau nach Süden, dass Krakau von den österr.-ung. Truppen geräumt und die österr.-ung. 4. Armee den Rückzug antreten werde. Diese Agentenmeldungen waren jedoch durch absichtlich ausgestreute, irreführende Nachrichten des k. u. k. AOK zustande gekommen und sollten die Verschiebung von Teilen der österr.-ung. 4. Armee (XIV.Korps/Innsbruck, 3.ID/Linz, 8. ID/Bozen) den Raum südlich Krakaus verschleiern. Mit der Bewegung dieser österr.-ung. Korps wurde die Schlacht von Limanowa-Lapanów eingeleitet.

FML Roth beriet sich noch mit seinem Vorgesetzten, Erzhg. Josef Ferdinand, mit dem er ein sehr gutes Verhältnis pflegte und dessen Wertschätzung auf Gegenseitigkeit beruhte[140]: *„Am 1. XII. besuchte uns in Jordanów unser Armee-Kommandant, G. d. I. Erzherzog Josef Ferdinand. Dieser wurde später, besonders nach dem Brussilow´schen Durchbruche bei Luck im Jahre 1916 stark angefeindet; ob mit Recht oder Unrecht, vermag ich nicht zu beurteilen, weil ich zu dieser Zeit nicht mehr unter seinem Kommando stand. Er war ein militärisch sehr begabter, fürsorglicher und wohlwollender Vorgesetzter, der –*

[139] J. Roth-Limanowa, Die Schlacht von Limanowa-Lapanów , Innsbruck, 1928, 14-15
[140] J.Roth-Limanowa, Die Schlacht von Limanowa-Lapanów , Innsbruck, 1928, 21. Siehe auch Qualifikation von GO Erzhg. Josef Ferdinand bezogen auf den FML Roth

*besonders am Beginne des Feldzuges als Kommandant des XIV. Korps – Leid und Freud mit seinen Untergebenen teilte und dadurch die Herzen der Soldaten eroberte. Der Erzherzog, welcher sich ungefähr zwei Stunden im Hauptquartier aufhielt, besprach mit mir in Gegenwart der beiden Generalstabschefs die Lage, berührte aber auch meine Ernennung zum Kommandanten der neugebildeten Armeegruppe. Der Erzherzog hatte mich hiefür vorgeschlagen. Der Chef der Operations-Abteilung des Armee-Ober-Kommandos bemerkte aber, es wäre besser, wenn der Armee-Kommandant selbst die Operation leite, da die Generale bereits kriegsmüde seien. Diese Meinung konnte nur durch verdrießliche Äußerungen vereinzelter Personen entstanden sein, denn **wir** waren **nicht** kriegsmüde, und, wie die folgenden Ereignisse zeigten, auch unsere Offiziere und Truppen nicht. Pflichtgefühl und Siegeshoffnung hielten ja unser prächtiges Offizierskorps noch vier lange Jahre hindurch in allen Lagen aufrecht. Der Erzherzog war schließlich mit seinem Antrage durchgedrungen und bemerkte mir gegenüber, er werde sich in das Detail der Führung nicht hineinmischen, – was auch tatsächlich nicht geschah. Das Armeekommando wurde noch an diesem Tage nach Wadowice verlegt."*

Im Laufe des 1. Dezember 1914 sammelten die Einheiten des verstärkten österr.-ung. XIV. Korps unter dem Kommando FML Roth[141]: die 3. ID[142]) (Linz), 8. ID (Bozen) und die 13. SchD (Wien) in den Ausladeräumen südwestlich und nordöstlich von Mszana dl. Dieser Stoßgruppe wurde das Kav-Korps FML Nagy zugeteilt, bestehend aus der 11. HonvédKD (Debreczin), der 6. KD (Jaroslau) und unterstellter 10. KD (Budapest). Dieser folgte die deutsche 47. Reservedivision. Dem Einsatz dieser deutschen Division kam auf Grund ihrer Stärke von 12.000 Gewehren – gegenüber damals noch höchstens 5.000 der österr.-ung. Divisionen – besondere Bedeutung zu.
Dem Kavalleriekorps Nagy oblag die Sicherung der äußersten Ostflanke[143] während des Nordstoßes und die Aufklärung im Rücken des Feindes. Am 3. Dezember stießen die 13. SchD und die 3. ID weiter nach Norden vor. Die 8. ID kam über Tymbark bis Lososina Grn. In weiterer Folge der Schlacht kam von der Kavallerie in kühnem Vorstoß ein Regiment der 6. KD über Rajbrot bis Lipnica, weit in den Rücken des Feindes, wo es feindliche Trains überfiel. FML Roth verlegte seinen Standort nach Dobra, wo er bis zum Ende der Schlacht verblieb.
Nach dem Freikämpfen der Straße nach Limanowa stießen die drei österr.-ung. Divisionen und die deutsche 47. Reservedivision – letztere auf dem rechten Flügel eingesetzt – in der allgemeinen Richtung Nord vor und warfen die Russen bis zum 6. Dezember 1914 in den Raum südlich von Lapanów zurück. Ziel der Operationen war für den linken Flügel die Straßenkreuzung von Gdów, für den rechten Flügel Bochnia an der Bahnlinie Krakau-Tarnow.
Die gegen den Raum Neusandez vorgeschobene österr.-ung. Kavallerie stieß bereits auf die Vortruppen des von Osten anrückenden VIII. Korps der russ.

---

[141] Gustav Stöckelle, Der Feldzug von Limanova-Lapanów 1-.20. Dezember 1914. Abschluss der Herbstkämpfe gegen Russland, in: ÖMZ, Sonderheft I/1965, 44
[142] Anm.: Bezeichnung der Heereskörper gleich wie in: Osterreich-Ungarns letzter Krieg 1914-1918. Wien 1930. ID = Infanteriedivision, bisher Infanterietruppendivision, SchD = Schützendivision, bisher Landwehr-Infanterietruppendivision, HID = Honvéd-Infanteriedivision, bisher k.ung.Landwehr-Infonterietruppendivision, KD = Kavalleriedivision bisher Kavallerie-Truppendivision.
[143] Stöckelle, ebda, 44-45

8. Armee und musste auf Limanowa und den Raum nördlich davon zurückgehen. Österr.-ung. Feldpiloten meldeten den Anmarsch stärkerer russischer Kräfte von Norden gegen Bochnia, von Nordosten gegen Brzeskó und von Osten gegen Neusandez. Gleichzeitig strebte das XXIV. Korps der russ. 8. Armee aus dem Raume ostwärts des Beskid-Passes gegen Neusandez und den Raum nördlich davon.
Die sich deutlich abzeichnende Bedrohung der östlichen Flanke der Armeegruppe Roth veranlasste das k.u.k. AOK bereits am 5. Dezember 1914, der österr.-ung. 3. Armee den Befehl zum Vorrücken nach Norden zu geben. Insbesondere der linke, westliche Flügel sollte so rasch wie möglich den Raum Neusandez erreichen, um gegen die Südflanke der von Osten vorstoßenden Kräfte der russ. 8. Armee wirksam zu werden.
In Anbetracht der außerordentlichen Lage der 3. Armee bedurfte es eines energischen Einschreitens Conrads, um den Beginn des Vormarsches der österr.-ung. 3. Armee am 7. Dezember 1914 zu erreichen. Außerdem wurden der Armeegruppe Roth zwei weitere Divisionen, die 45. SchD (Przemysl) und die 39. HID (Kaschau), zugeführt, um mit diesen Verbänden eine wirksame Verteidigung der Ostflanke der deutschen 47. Reservedivision und des Raumes von Limanowa aufzubauen. Den einheitlichen Befehl über die mit der Front nach Osten kämpfenden Verbände übernahm das gleichfalls der Armeegruppe Roth unterstellte VI. Korpskommando (FML Arz v. Straussenburg[144]). Die Stabilisierung der Lage an seiner östlichen Flanke ermöglichte der Armeegruppe Roth an der ursprünglichen Offensivabsicht festzuhalten, zumal am 7. Dezember weitere eineinhalb ID und am 9. Dezember eine ID zur Fortführung der Offensive zugeführt werden konnten. Trotz dieser Verstärkungen blieb den Angriffen der Divisionen Roths bis zum 10. Dezember 1914 ein durchschlagender Erfolg versagt, denn die von Norden und Nordosten der russ. 3. Armee als Verstärkung herangeführten viereinhalb Korps verhinderten ein weiteres Vordringen der verbündeten Truppen.

Die Schlacht strebte ihrem Höhepunkt zu. Damit wurde auch die Nervenanspannung übergroß. Roth schrieb in seinen Ablaufbericht[145]: *„Auf jeden Führer, der eine selbstständige Aufgabe durchzuführen hat, lastet ein Maß von Verantwortung, welches nur der verstehen kann, der in einer ähnlichen Lage war. Selbst von den bestgesinnten und wohlwollendsten Kritikern wird diese Verantwortung selten erfasst, selten gewürdigt. Solche schwerwiegenden Entschlüsse muß ein Führer vor Gott, seinem Kriegsherrn, Tausenden von Familien und vor seinem eigenen Gewissen rechtfertigen. Er muß alles wagen, um alles zu gewinnen. Aber was sagt die spätere Kritik, wenn er verliert?“*
Das österr.-ung. Generalstabswerk[146] gibt folgende Episode wieder: "Bei Morgengrauen stießen das salzburgisch-oberösterreichische IR 59 und das

[144] GO Arthur Arz v.Straussenburg, * in Hermannstadt am 11.6.1857, + in Budapest am 6.7. 1935, 1877 als EF. zu FJB.23, 1878 Genstbslfbhn, 1902 Oberst, 1903 Chef d.Dir.Büros d. Glstbs., 1908 GM. u. Kdt. 61 IBrig., 1912 Kdt d. 15. ITD., 1913 Sekt.Chef KM., 3.9.1914 Kdt. 15.ITD., 7.10. 1914 Kdt. VI.Korps, 1915 GdI., 7.8. 1916 Kdt. d. 1. Armee, 1.3.1917 Chef d.Glstb., 9.2.1918 GO., 1.12.1918 pens., Arz schrieb nachfolgend Mil.-Bücher: u.a. Zur Geschichte des großen Krieges 1914-1918, Wien-Leipzig-München 1914,
[145] J.Roth-Limanowa, Die Schlacht von Limanowa-Lapanów , Innsbruck 1928, 50
[146] KAW, ebda, Bd. I, Seite 788

2. Kaiserjägerregiment bei Sobolów (etwa 5 km nordostwärts von Lapanów) plötzlich auf den Feind. Von drei Seiten ergoss sich über sie aus nächster Entfernung ein mächtiger Feuerhagel, doch wie auf Kommandoruf stürzten sich diese Kerntruppen gegen die auf solches Tun nicht gefassten Russen; im erbitterten Handgemenge wurde erschlagen, was sich nicht gefangen gab. (Es wurden 1.500 Gefangene und 5 erbeutete Maschinengewehre eingebracht.) Auf den Höhen nördlich von Sobolow aber saß der Russe in stockwerkartig ausgebauter Stellung fest und gebot jedem weiteren Vorgehen durch mörderisches Flankenfeuer Halt."

Die Krise am 10. Dezember:

Am 10. Dezember sollte am linken Angriffsflügel, die Straße Bochnia-Muchowka erreicht werden. Der Angriff schritt anfangs erfolgreich fort, stieß jedoch auf einen in breiter Front vorbereiteten Gegenangriff. Die hinhaltend kämpfenden Truppen der 3., 8. und 30. ID wurden trotzdem über den Fluss Stradomka wieder zurückgeworfen, den sie schon am 8. Dezember überschritten hatten. Hier erwarb sich das FKR 42 (Linzer ID) besondere Verdienste, denn seinem opfermutigen Ausharren gelang es, ein Überschreiten der Stradomka durch den Feind zu verhindern, der so erschöpft war, dass er auch am 11. Dezember nicht nachdrängen konnte.

Mit 11. Dezember 6 Uhr erfolgte eine neue Gliederung der Befehlsverhältnisse in den drei Armeegruppen FML Roth, FZM Ljubičić und Gdl Křitek.

Am 11. Dezember verlegte sich auch der Schwerpunkt der Kämpfe wieder an den Südflügel der Armeegruppe Roth, wo der Gegner immer wieder angriff, um nach Westen durchzubrechen. Hier hatte FML v. Arz die taktische Führung übernommen und mit der 38. HID (Klausenburg) zum umfassenden Angriff südlich Limanowa angesetzt. Zur gleichen Zeit stand das wirksame Eingreifen des linken Flügels der 3. Armee (Gruppe FML Szurmay), zu dem auch die 6. ID, Graz, gehörte, im Raume Neusandez bevor.

Am 12. Dezember nachmittags besetzte ein Detachement der 39. HID gemeinsam mit Teilen der Gruppe Szurmay Neusandez. FML Szurmay war durch die tiefverschneiten Karpaten von Süden herangeeilt. Zu diesem wichtigen örtlichen Erfolg trat nun auch die Auswirkung des auf ihrer ganzen Front von zirka 120 km erfolgenden Vordringens der 3. Armee aus den Karpaten nach Norden, das erst seit dem 8. Dezember durch die energische Einwirkung FM Conrads auf GO Boroević erreicht wurde.

Charakteristisch sind hiefür zwei Hinweise im Generalstabswerk[147]: "Als man überdies erfuhr, daß auch das russische XXIV. Korps zur Verstärkung Gdl Radko Dimitriews herangekommen war, äußerte der Chef (Conrad) unmutig zu seiner Umgebung: ‚Jetzt hat die 3. Armee den Abmarsch beinahe dreier Korps versäumt und kommt doch nicht so vorwärts, wie es notwendig wäre.' "

Gdl. Boroević gab diesen Tadel an die unterstehenden Führer weiter und mahnte, die begangenen Versäumnisse in den nächsten Tagen gutzumachen. Er passte sich nunmehr mit seinen neuen Befehlen zur Fortführung der Offensive den Gedankengängen der AOK in kaum zu überbietender Weise an, wie es im Generalstabswerk etwas sarkastisch formuliert wurde.

Am 9. Nachmittags griff die Heeresleitung mit bemerkenswerter Schärfe ein und forderte rücksichtsloses Vordringen[148]: "Im Hinblick auf den Ernst der Lage hat das 3. Armeekmdo. mit allen Mitteln einer etwaigen Erschlaffung der

---

[147] KAW, ebda, 801-802

[148] KAW, ebda, 802

Angriffsenergie entgegenzuwirken. Allen, die es angeht, ist schärfste Mißbilligung des AOK darüber auszusprechen, daß durch Lässigkeit und passive Haltung dem Feinde die volle Freiheit des Handelns ungestört gelassen wurde, obgleich das AOK den Abmarsch feindlicher Kräfte schon am 5. Dezember avisiert hatte."
Durch das Eingreifen der 3. Armee wurde jedoch die Lage für den Feind unhaltbar: er musste das Schlachtfeld räumen.
FML Roth berichtet abschließend in noblem und distanziertem Understatement[149]: *„Die 47. R.D. meldete, daß der abends erfolgte russ. Angriff auf die Höhe 597 abgeschlagen wurde. Nunmehr herrschte Ruhe auf der ganzen Front. (...) Das 4. Armeekomdo teilte nachmittags mit, daß nach verläßlichen Nachrichten das russ. XXI. Korps am 13. in einer befestigten Stellung Widerstand leisten werde, welche von Leszczyna über Iwkowa bis an den Dunajec verlaufe. Diese übrigens wenig glaubwürdige Nachricht veranlaßte uns zu keiner weiteren Verfügung, da die für den 13. ausgegebene Disposition auch für diesen Fall paßte. Um Mitternacht war die Situation bei Neusandez folgende: Von der Gruppe GM. Nagy: ein L.Inf.-Reg. und ein Art.-Reg. in Neusandez, ein Reg. in Zalubincze. Teile der 6. I.T.D. in Dabrowka; verstärkte Gruppe Oberst Weiß bei Stadlo-Podegrodzie. Brücken bei Neusandez zerstört.*
13. Dezember. Am 13. ging der Feind auch gegenüber den Gruppen FML. Smekal und Glt. Besser, dann auch vor dem XI. Korps zurück. Die Armeegruppe folgte. Die Verbände wurden geordnet; das XIV. Korps, welchem die 13. L.T.D. und die 47. R.D. angegliedert blieben, rückte – letztere über Lipnica und Gnojnik – an den Dunajec bei Wojnicz. – Die Schlacht bei Limanowa war gewonnen."
Der Durchbruch des Feindes bei Krakau nach Schlesien und Mähren war verhindert, die Bedrohung Ungarns war beseitigt worden.

Das Generalstabswerk[150] zieht folgende Bilanz der Schlacht: „So hatte der 12. Dezember mit der Gewinnung von Neusandez und dem Rückzuge des russischen VIII. Korps die entscheidende Wendung im achttägigen schweren Kampfe westlich des Dunajec zugunsten der k.u.k. Armeen gebracht.
Das Hauptverdienst unter den Führern wird die Geschichte zweifellos dem die Umfassungsgruppe befehligenden FML. Roth zusprechen, der für seine Leistungen mit dem Maria-Theresienkreuz ausgezeichnet wurde und seinem Namen das Ehrenwort ‚von Limanowa-Lapanów' beifügen durfte. Sein Unterführer FML. Arz erhielt später das Kommandeurkreuz des Militär-Maria Theresien-Ordens; in der Reihe der Taten, die ihm diese Auszeichnung eintrug, nimmt gleichfalls die Schlacht bei Limanowa-Lapanów einen hervorragenden Platz ein".
Die weitreichende Bedeutung des Erfolges der österr.-ung. Armeen in diesem Waffengange erkannte der damalige Kommandant der russischen Nordwestfront, General Rußki[151], als er sich einem amerikanischen Kriegsberichterstatter gegenüber äußerte: ‚Ein strategisches Meisterwerk war die in genialer Weise erdachte und mit Virtuosität durchgeführte Schlacht bei Limanowa, die uns zwang, ein weiteres Operieren gegen Krakau aufzugeben und unseren Karpatenübergang verhinderte. Die Schlacht von Limanowa war der erste

[149] J.Roth-Limanowa, Die Schlacht, 79
[150] KAW, ebda, 812
[151] Anm.: Gen. Rußki an Withney, Canadian Democrat, 1915

entscheidende Rückschlag, den die Armeen des Großfürsten in Galizien erlebten. Die Lage der Österreicher war zur Zeit der großen Karpatenkämpfe keine beneidenswerte gewesen. Wir in Rußland glaubten damals fest an die totale Vernichtung der österr.-ung. Armee; umso überraschender war für uns der Ausgang der Schlacht bei Limanowa, denn der schneidige Angriff der Österreicher kam für uns ganz überraschend und traf uns an der gefährlichsten Stelle der ganzen Front!'."
Nach dem Krieg betrachtete Conrad die Schlacht von Limanowa als seinen größten Sieg und verglich sie immer mit einer meisterhaften Schachpartie. Auch General Erich von Ludendorff kann sich ein Lob gegenüber den Österreichern abringen[152]: *„In der krisenreichen Schlacht von Limanowa-Lapanów (...) gelang es Conrad, die Russen westlich des Dunajek zu schlagen; es war dies ein schöner Erfolg der Österreichisch-ungarischen Waffen nach dem vielen Schweren, das die k.u.k. Armee seit Feldzugsbeginn erlitten hatten."*

GO Viktor Graf Dankl, als Landesverteidigungskommandant von Tirol ab Oktober 1915 Chef von Roth, fand im Vorwort des Buches „Die Schlacht von Limanowa-Lapanów" etwas wärmere, persönlichere Worte: *„Der Vorstoß in die linke Flanke der Russen, das war aber auch so recht eine Aufgabe für meinen alten Freund Roth! Gerad, klar, einfach und entschieden, wie er selbst es immer gewesen war und wie er es in seinem gesamten Wirken als Generalstabsoffizier und Führer stets von Anderen verlangte, so hielt er es auch bei Limanowa. Bochnia war die Direktion und mochten in Flanke und Rücken die mannigfaltigsten Gefahren drohen, die schwersten Hindernisse sich entgegentürmen, er ließ sich nicht beeinflussen und ablenken, Blick und Wille blieben unerschütterlich dem Ziele zugewendet und sein fester Charakter siegte".*
Somit stand am 20. Dezember 1914 die 4. Armee am Dunajec von der Einmündung in die Weichsel bis etwa 10 km südlich Tarnów[153]. Wohl gelang es den Russen in heftigen Gegenangriffen bis Ende Dezember die 3. Armee wieder bis zum Hauptkamm der Karpaten zurückzudrängen, doch die 4. Armee blieb am Dunajec und musste nur ihren rechten Flügel im Anschluss an die 3. Armee bis in den Raum von Gorlice zurücknehmen. Damit war aber die Ausgangslage für die siegreiche Durchbruchsschlacht von Tarnów-Gorlice im Mai 1915 geschaffen.

9.3. Luck: Josef Roth verlässt die Ostfront

Abgesehen von diesem Sieg bei Limanowa war es eine trostlose Bilanz, die Ende 1914 gezogen werden musste[154]: Von August bis Dezember waren an der Balkan- und an der Ostfront rund 189.000 Offiziere und Soldaten gefallen, über 490.000 verwundet worden und 278.000 waren vermisst oder kriegsgefangen. Das Heer Österreich-Ungarns war also bereits 1914 eine „Miliz" geworden. Die Führung ging immer mehr von Berufssoldaten auf „Zivilisten in Uniform" über.

[152] E. Ludendorff, Meine Kriegserinnerungen, 85
[153] G. Stöckelle, Der Feldzug, 45
[154] M. Rauchensteiner: Österreich-Ungarn, 68-69

In einem kurz nach dem „Großen Krieg“ verfassten Werk[155] brachte Moritz von Auffenberg das Argument vor, dass „das Offensivprinzip“, das Conrad als ein Fachmann für Taktik gefördert hatte, sich als „...völlig richtig“ erwiesen habe. Fehler seien nur bei der Umsetzung der Theorie in die Praxis aufgetreten. Auch jene, die nicht zu seinen Freunden oder Bewunderern zählten, kamen zu ähnlichen Schlussfolgerungen. So konnte General Alfred Krauß, ein führender Kritiker Conrads, bei seinen taktischen Prinzipien, bzw. den schweren Verlusten, die sie verursachten, nur wenige Fehler finden. Krauß folgerte, dass die Armee wegen falscher Strategien und mangelhafter Ausführung auf der operativen Ebene Niederlagen erlitten hätte. Das war der Punkt, denn Strategie und operative Planung waren Conrads eigene Schwachpunkte[156].

FML Josef Roth schrieb in seinem Tagebuch über den Jahresausklang 1914: *„Am 19. Dezember schlägt eine schwere Bombe knapp neben unserem Hause ein und wirft unsere Fahne um. Da ein Passieren des Dunajec in nächster Zeit kaum zu erwarten ist und wir so knapp hinter unseren Stellungen sind, dass wir ununterbrochen gefährdet sind, befiehlt das A.Kdo. auf unsere Anfrage, dass wir nach Debno zurück können. Wir ritten am späten Nachmittag dahin, ich wohne im Pfarrhof, einem kleinen Häuschen; der Pfarrer, ein sehr lieber, älterer Herr. – Es beginnt jetzt der fade Positionskrieg, der bis Anfang Mai dauert. Ich musste 4 ½ Monate in dem Neste bleiben!“*
Auch der Jahreswechsel hat gemäß Roth Turbulentes – aber auch Amouröses zu bieten: *Am 6. Jänner war der Armeekomdt. Erzh. Josef Ferdinand bei mir zu Gast und waren dazu auch alle Divisionäre geladen. In der Gegend von Biadoliwy wurde ein modernes 42 cm Geschütz am Bahngeleise eingebaut, mit welchem wir fallweise Tarnów beschossen. Speziell in der Sylvesternacht fiel der erste Schuss auf dem Bahnhofe Tarnów, der grosse Verwirrung bei den Russen hervorbrachte, besonders weil damals in Tarnów ein Ballfest abgehalten wurde, zu dem viele ‚Dämchen' aus Lemberg geladen wurden“.*

Um den Schrecknissen des Karpatenwinters zu entgehen, entwarf Conrad um Neujahr 1915 den Plan, dem Feind über die Karpaten hinweg die linke Flanke abzugewinnen. Dies sollte der Auftakt sein für einen großen Schlag gegen Russland, um diesen Feind abzuschütteln[157]. Glückte dies, dann mochten auch Italien und Rumänien, die als bisherige abwartende Bundesgenossen schon recht begehrliche Blicke auf die von ihnen beanspruchten Bevölkerungsteile bewohnten Gebiete der Donaumonarchie richteten, zum Aufgeben ihrer Ambitionen veranlasst werden können.
Da schließlich der deutsche Oberbefehlshaber Ost, Hindenburg, und sein Generalstabschef Ludendorff eher einer Offensive in den Karpaten zuneigten[158] und auch Kaiser Wilhelm der Verlegung deutscher Truppen in die Karpaten zustimmte, kam es zur Aufstellung der deutschen „Südarmee“. Conrad seinerseits steuerte den Plan für die Karpaten-Offensive bei. Am 23. Jänner 1915 begann das Unternehmen in der Stärke von rund 175.000 „Feuergeweh-

[155] Moritz von Auffenberg-Komarów, Aus Österreichs Höhe und Niedergang. Eine Lebensschilderung, München 1921, 173-174
[156] L. Sondhaus, Conrad, 173
[157] R. Kiszling, Österreich-Ungarns Anteil, 25
[158] M. Rauchensteiner, Österreich-Ungarn, 68-69

ren“ und etwa 1.000 Geschützen, dem jedoch von Anfang an kein Erfolg beschieden war. Zuerst machte die ungeheure Kälte den Truppen zu schaffen, dann folgte Tauwetter und im Februar waren die Straßen unpassierbar geworden. Nachdem große Mengen Schnee gefallen waren, schlossen sich die österr.-ung. 3. Armee und die AGrp. Pflanzer-Baltin den Angriffsbemühungen der 2. Armee an. Doch bereits Anfang März gefährdeten heftige russ. Gegenangriffe die geringen Geländegewinne der österr.-ung. Angriffsverbände. Am 10. März 1915 verhinderte ein schwerer Schneesturm jedes weitere Vordringen der k.u.k. Armee. Der Versuch der österr.-ung. 4. Armee, der bekanntlich auch das XIV. Korps unter FML Roth angehörte, durch eine am 8. März 1915 im Raume Golice mit Teilkräften eingeleitete Offensive die schwer ringende österr.-ung. 3. und 2. Armee zu entlasten, scheiterte am starken russ. Widerstand. Nach schwersten Verlusten musste auch die öster.-ung. 2. Armee den Angriff einzustellen. Der Versuch, den Belagerungsring um die Festung Przemysl von außen her aufzubrechen, war damit endgültig gescheitert.
Die Karpaten-Offensiven hatten schließlich zur Folge, dass die k.u.k. Truppen weit mehr Tote und Verwundete zählten, als die Besatzung Przemysls an Mannstärke ausmachte. Für die Besatzung war die Lage jedenfalls hoffnungslos geworden.
Josef Roth vermerkt in seinem Tagebuch etwas lapidar[159]: “*Am 22.* (Anm.: März) *kam die Nachricht, dass die Festung Przemysl kapituliert hat. Traurige Nachricht!*“
Die Festungs-Werke wurden gesprengt, Waffen und Kriegsmaterial tonnenweise zerstört, die wenigen Pferde, die nicht bereits umgestanden oder verzehrt worden waren, getötet; rund 120.000 Soldaten gingen in russ. Gefangenschaft.
Die Schlachten in den Karpaten forderten auf Seite der Mittelmächte, einschließlich der Besatzung von Przemysl, Verluste in der Höhe von rund 600.000 bis 800.000 Mann. Die etwa gleiche Zahl dürfte in diesem schrecklichen Ringen auch das russ. Heer eingebüßt haben.
Für den österr. Generalstabschef Conrad war es daher sicherlich nicht leicht, im April 1915 abermals um deutsche Truppenhilfe bitten zu müssen. Für ihn überraschend, stimmte General Falkenhayn nicht nur zu, sondern versprach Conrad mehr Truppen als erwartet, nämlich vier Armeekorps (Anm.: entspricht der neu gebildeten dt. 11. Armee) statt der erbetenen vier Divisionen. Allerdings sollten die Truppen zwischen Tarnów und Gorlice unter dem Kommando des deutschen Generals von Mackensen[160] stehen. Conrad musste notgedrungen einwilligen.

[159] J. R-L., Kriegstagebuch, 41
[160] August von Mackensen, * am 6.12.1849 in Wittenberg, + am 8.11.1945 in Burghorn b.Celle, seit 1873 preuß. Offz., 1908 kdi. Gen. XVII. AK., 1.11.1914 OB. 9. Armee, 1915 OB. 11. Armee, 6.7.1915 GFM. u. OB. der HGr. Mackensen in Polen, dann Serbien u. Rumänien, 1917/18 OB. in Rumänien

Lageskizze 3

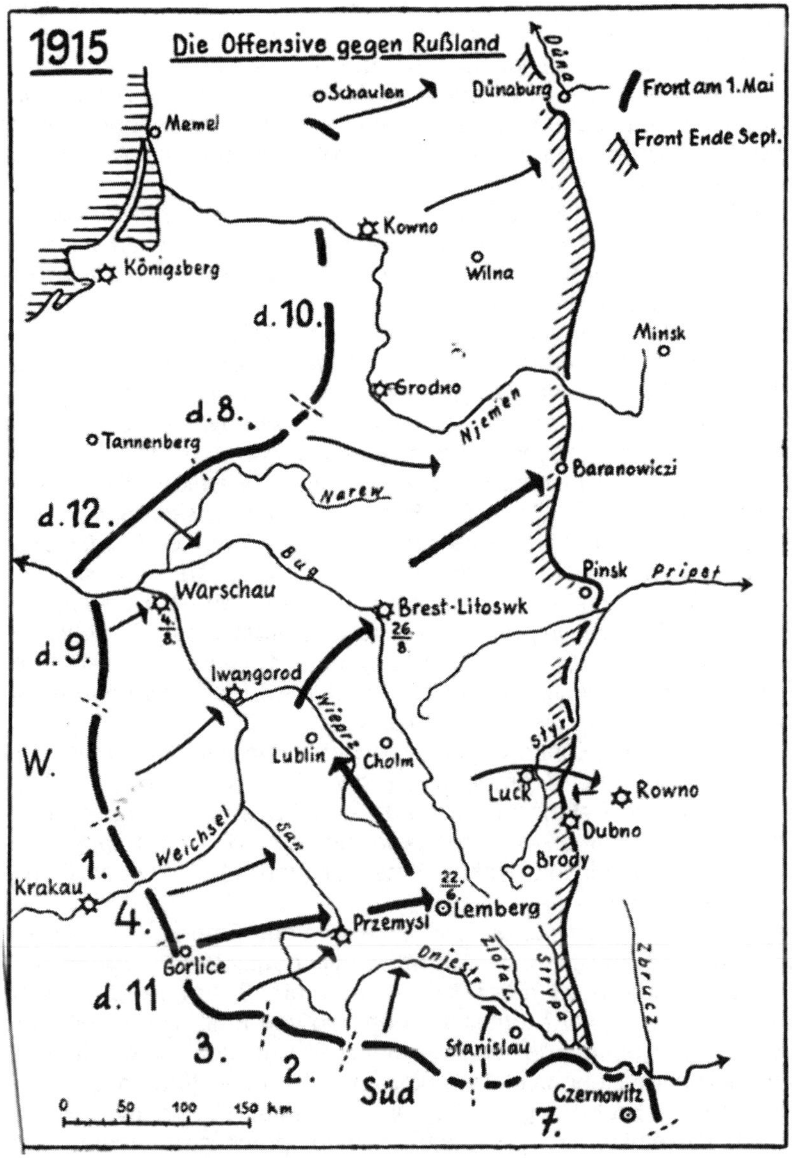

Norman Stone, Professor für Geschichte an der Universität Cambridge liefert in seinem Buch[161] über den 1. WK in diesem Zusammenhang eine interessante Einschätzung: *„In einer Welt, die die Napoleonische Kriegsführung überwunden hatte, offerierte Mackensens´ Taktik die weitaus beste Methode um die Russen aus dem Gefechtsfeld zu schlagen. Conrad und Ludendorff waren die beiden Persönlichkeiten, die mit der Gegenwart einfach nicht mehr mitgekommen waren“.*

[161] Norman Stone, The Eastern Front 1914-1917, London 1975, 178

Verbände der österr.-ung. 4. und 3. Armee hatten die Angriff an den Flügeln der dt. 11. Armee zu begleiten und deren Flanken zu schützen. Der Stoß sollte die russ. Karpatenfront bis östlich des Lupkow-Sattels aufrollen.
Schwerstes Artilleriefeuer, in bisher noch nie gesehener Konzentration, eröffnete am Vormittag des 2. Mai 1915 den Angriff der verbündeten Truppen im Raum von Gorlice. Diesem überwältigenden und schreckenerregenden Feuer von rund 700 Geschützen folgte der schwungvoll vorgetragene Angriff der deutschen und österr.-ung. Sturmkolonnen.
Josef Roth ist Augenzeuge dieses Tages[162]: *„Am 2. Mai begann der grosse Angriff, der sogenannte Durchbruch bei Gorlice. Es war ein schöner heißer Tag. Am Gefechtsstandpunkt dekorierte mich Erzhg. Jos. Ferdinand bei heftigem Kanonendonner mit dem E.K.O.-1.Kl.m.d.K.D.*
Der Durchbruch selbst wurde vom preuss. GO. von Mackensen durchgeführt, links von ihm unsere Armee. Mein Korps in der Mitte dieser Armee, Angriffsdirektion auf Tarnów. Wir mussten vorher die berühmten starken Höhen C.406, C.419 (Anm.: der Puski-Berg) *nehmen. Es war eine harte Nuss, die geknackt werden musste. Am ersten Tag jedenfalls gelang es nicht“.*
Roth weiter: *„Am 3.ten inspizierten uns FM. Erzhg. Friedrich, Thronfolger Erzhg. Karl Franz Josef, GO. Conrad v. Hötzendorf mit grosser Suite, auch mehrere preuss. Generale; sie beobachteten von meinem Gefechtsstandpunkt aus (C.357) den ganzen Tag das Gefecht. Conrad äusserte sich mir gegenüber, dass dieser Angriff ungemein schwierig sei und man Geduld haben müsse. Der Anblick war imponierend, das fast pausenlose Einschlagen der schweren Kaliber (42, 30,5 etc.) war überwältigend. Beim Abschied sprachen mir sowohl Erzhg. Friedrich als auch Conrad in warmen Worten ihre volle Anerkennung für meine bisherig Führung aus“.*
Dieser letzte Satz in Roths Erinnerungen ist insoweit bemerkenswert, als sich am nachfolgenden Tag eine Vertrauenskrise zwischen Roth und dem AOK einschleicht: Als sich der „Feldherrnhügel“ aufgelöst hatte und die hohen Herren des AOK nach Okocim geeilt waren, kam am Abend *„... ein saugrobes Telegramm“* (Roth), weshalb die Höhen Kote 406 und 419 *„... noch immer nicht in unserer Hand sind“.*
Kurzum: Bis zum 3. Mai 1915 war ein 15 bis 20 km tiefer Einbruch in die russ. Front erzielt worden. Nördlich und südlich an die deutsche 11. Armee anschließend, gingen die Divisionen der öster.-ung. 4. und 3. Armee zum Angriff über. Das Edelweißkorps (XIV.), unter der Führung von FML. Roth, sollte mit den Kaiserjägern, der Salzburger Rainer-Infanterie und der Linzer Hessen-Infanterie die russischen Höhenstellung südlich von Tranów stürmen.
FML Roth hatte für die Eroberung des Puskiberges einen Plan entwickelt, der zwar mehr Zeit und einige Truppenmanöver in Anspruch genommen, doch Menschen und Material geschont hätte. Doch aufgrund dieses harschen Befehles musste sogleich ein nächtlicher Frontalangriff unternommen werden. Die Höhen wurden zwar genommen, jedoch unter entsetzlichen Verlusten unter den eingesetzten Truppenteilen. *„Nach dem Fall dieser Höhen liess ich eine starke Brigade nach links einschwenken, um den Gegner zw. Dunajec und Biala zu vertreiben um endlich die Brücke bei Zakrzów in Stand setzen zu können. Diese Gruppe konnte jedoch auch nicht vorwärts. Trotzdem ich eine Brigade der anderen Dion. die Biala überschreiten liess, um nach rechts ein-*

[162] Ebda, 42

zuschwenken und Luft zu machen, kamen wir nicht vorwärts; begreiflich, der Feind bei Gorlice durchbrochen, machte verzweifelte Anstrengungen, um die Hauptlinie über Tarnów so lang als möglich zu halten. Am 5.ten kam der Armeecomdt Erzh. Jos.Ferd. zu mir, begleitet von seinem Gen.St.Chef Krauss, um mich zur Rechenschaft aufzufordern, warum das Korps nicht vorwärts käme und warum wir nicht mit der Hauptkraft nach Osten gegen Tuchów eingeschwenkt sind. Ich meldete kurz, dass meinem Korps die Linie auf Tarnów zugewiesen war und ich meinen Vorrückungsraum ohnedies nach Osten schon überschritten habe. Endlich, am 6.ten zogen die Russen ab und wir konnten die Herstellung der zerstörten Brücke bei Zakrzów in Angriff nehmen".

Josef, der Sohn von FML Roth, vermutet in den von ihm redigierten Erinnerungen des Generals[163], dass dieser Konflikt von Alfred Krauss und seiner Umgebung gesteuert und aufgebauscht worden war. Krauss dürfte auch im Kriegsjahr 1917 als Chef d. Generalstabes der Heeresgruppe Conrad als „Pate" der letztlich negativen Qualifikation[164] Roths´ aus der Feder von FM Conrad gestanden sein.
FML Roth beschreibt[165] anschaulich den Einzug in Tarnów: *„Am 7. Mai zog ich in das befreite Tarnów ein, grosser Jubel der Bevölkerung. Ich machte Besuch beim Bürgermeister, Bezirkshauptmann und Bischof. Alle drei erzählten mir, dass mehrere tausende gefangene Tschechen am Exerzierplatz von den Russen beeidigt wurden, dass sich ein Teil der Bevölkerung nicht loyal benommen hat, wie die russ. Komdtn. hart regiert hatten, endlich welch´ verheerende Wirkung unser 42 cm* (Anm.: Geschütz) *hatte; von letzterer habe ich mich in der Stadt und besonders am Bahnhof überzeugt.(…) Am 8.ten gelangte dahin der allgemeine Befehl des AOK., in welchem der 4. Armee für ihre Leistungen der Dank und die Anerkennung ausgesprochen wurde".*

Sein Sohn Josef ergänzte an dieser Stelle, dass allen Kommandanten namentlich gedankt wurde, nur FML Roth nicht. Das war auffallend, deutlich und verletzend. In seinem ersten Zorn wollte Roth aus diesem Frontbereich scheiden und nur durch das Zureden seines ihm absolut ergebenen Stabes ließ er sich doch zum „Stellung halten" überreden und ließ es bei einem herzhafte Zitat aus dem Klassiker Götz von Berlichingen bewenden.
Da die Unterstützung im weiteren Entscheidungskampf östlich Gorlice nicht mehr so nötig war, schlug Roth dem AOK vor, mit seinem Korps nach Norden abzuschwenken, um den Widerstand in dieser Richtung zu brechen und durch diese Schwenkung feindliche Divisionen abzufangen. Das AOK ging auf diesen Vorschlag jedoch nicht ein. Da die Russen nur sehr langsam zurückgingen und beim linken Nachbarn noch immer schwere Kämpfe tobten, befahl das AOK, eine KTD habe sofort durchzubrechen. Bei ihren Irrzügen kam die KTD in den Bereich des XIV. Korps und erhielt daher von Roth den strikten Befehl, bei persönlicher Verantwortung aller beteiligten Kommandanten zu veranlassen, dass diese KTD unbedingt sofort die russischen Stellungen zu durchbrechen habe. Die Bemerkungen und Kommentare der anwesenden Offiziere, so schreibt Roth, sollten hier nicht wiedergegeben werden. Natürlich

[163] KA, NL B 14 : 15; Typoskript: Josef Roth. Soldat und Mensch, Juli 1939, o.V, ca. 70 S., n. pag.
[164] Qualifikation Conrad v. 24. Jänner 1918 über Roth-Limanowa, siehe Seite 122
[165] J. Roth, Kriegstagebuch, 44

konnte dieser anbefohlene Durchbruch nicht einmal versucht werden. Die Verantwortung für die Nichtausführung dieses wahnwitzigen Befehls nahm Roth zwar auf seine Kappe, doch seine Entscheidung hatte keinerlei negativen Folgen.

Die deutsche 11. Armee überschritt am 7. und 8. Mai den Wislok und stieß unaufhaltsam gegen den San vor. In Kamien, also einige Kilometer vor dem San müssten die Truppen des XIV. Korps einige Tage verweilen, da die Front nach Nord gerichtet war, um die Hauptkämpfe bei Przemysl und Jaroslau gegen Flankenangriffe der Russen zu decken. Die Verbände erreichten Mitte Mai bei Jaroslau (etwa 30 km nördlich von Przemysl) den San.
Das stürmische Vordringen der Verbündeten in Mittelgalizien löste bereits am 11. Mai den allmählichen Rückzug der russischen Streitkräfte aus ihren Stellungen in Russisch-Polen aus.
Die Schlacht von Gorlice-Tarnów wurde somit zu einem Meilenstein der Geschichte des 1. Weltkrieges, weil von da an Russland als nicht mehr offensivfähig gelten konnte[166]. Am 3. Juni zogen bayerische Truppen in Przemysl ein und Mackensen legte die wiedereroberte Festung Kaiser Franz Joseph „zu Füßen". Sodann ging es weiter nach Lemberg und Tarnopol bis in den Raum Brest-Litowsk, ehe die gemeinsame Offensive endete und wieder eine Entflechtung der Truppen begonnen wurde.
Als eine Art Nebenwirkung dieser erfolgreichen Offensive war festzustellen[167], dass Rumänien, dessen Eintritt in den Krieg an der Seite der Entente sich abgezeichnet hatte, diplomatisch wieder sehr zurückhaltend zu agieren begann und seine Ambitionen zurückstellte.
Ganz anders als Italien, das mit dem Erfolg der Mittelmächte bei Gorlice-Tarnów nicht mehr zu beeindrucken war.
FML Roth vermerkt in sein Tagebuch[168]: *„Am 23. Mai (Pfingstsonntag) nahm ich an dem Leichenbegängnis des jungen Kadetten Percosta teil, der mit der gold. Tapferkeitsmedaille geschmückt, den Heldentod starb. Kriegserklärung von Italien hat Abscheu und Begeisterung erweckt. (...) Die Kriegserklärung Italiens hatte zur Folge, dass die Tiroler Truppen, die ohnehin nur ungern am ebenen, sandigen russischen Kriegsschauplatz kämpften, alles daransetzten, wegzukommen, um nach Tirol versetzt zu werden. Es scheinen sich aber auch hohe Funktionäre im Hinterland direkt beim Kaiser für ihre Wünsche eingesetzt zu haben, denn tatsächlich wurden zu meinem Bedauern succesive die Kaiserjäger abgezogen. Den Beginn machte am 13. Juni das 4. Regmt; ich verabschiedete mich von demselben bei Kowale. Am 24. feierten wir den historischen Sieg bei Custozza, an welchem die Kaiserjäger rühmlichen Anteil hatten. Es waren in Anwesenheit des Erzh. Jos.Ferd. die 3 Kais.Jäg.Rgmtr. ausgerückt".*

Das Neue Wiener Journal druckte – mit einiger Verspätung – aus Anlass des Abtransportes des 1. Kaiserjägerregiments folgenden Tagesbefehl von FML Roth ab[169]: *„Nunmehr ist der Tag herangekommen, da das tapfere Regiment der Kaiserjäger die Reihen des Edelweißkorps verlässt, um dem Rufe unse-*

---

[166] M. Rauchensteiner, Österreich-Ungarn, 70
[167] M. Rauchensteiner, ebda, 70
[168] J. R-L., Kriegstagebuch, 46-47
[169] Neues Wiener Journal, 23. November 1915

res Allerhöchsten Kriegsherren folgend, in der engeren Heimat die siegesgewohnten Waffen gegen den Erbfeind zu erheben. Nahezu ein volles Jahr habt ihr Jäger vom ersten Regiment gegen die Russen gekämpft und geblutet und – gesiegt. Durch ganz Galiziens Fluren, bis hart vor die Tore von *Lublin hat euch der Tiroler Adler geführt. Tausend Stätten kennzeichnen den Weg, den ihr mit Heldenmut gestürmt und trotz dem mörderischen Feuer verteidigt habt, tausend Stätten auch die Orte, wo eure Kameraden unter einem Kreuzlein letzte Rast halten, bis der Tag der Auferstehung ihnen leuchtet. Auch diese blutige Saat reift reicher Ernte entgegen. Nur Zeit lassen! Ihr Kaiserjäger, zieht hin in eure schöne Heimat, vollendet dort das große Werk und erweist von neuem, daß ihr eurer Ahnen würdig Enkel seid! Der Dank des Vaterlandes ist mit euch! Zukunftsfroh rufen wir euch zu:*

Glück auf, Tiroler Adler!
Gott führe Dich zum Sieg!"

Diese Rede weist Roth sicherlich nicht als meisterlichen Cicero aus, und sie ist natürlich auch nicht frei von der damals üblichen Kriegsrhetorik. Doch weist Roth pietätvoll auch auf die Toten hin und damit auch auf die Leistungen der Lebenden und der Geopferten. Er spricht motivierend die Heimatliebe seiner Soldaten an, enthält sich jedoch gänzlich aller hasserfüllten Tendenzen gegen den Feind. Als Roth den Dank des Vaterlandes ansprach, konnte er noch nicht wissen, wie ganz unbeschreiblich schäbig – genau drei Jahre später – der „Dank des Vaterlandes" – und der Bevölkerung „Deutsch-Österreichs" gegenüber den Heimkehren und ihren Offizieren sich präsentieren sollte[170].

Ende Mai 1915 schied auch die 47. preuss. Reservedivision aus dem Bereich des XIV. Korps aus. Ihr Kommandeur, Generalleutnant Hermann von Besser schrieb aus diesem Anlass an FML Roth[171]: *„Exzellenz! Über 5 Monate war es mir mit der Division vergönnt unter dem Kommando Eurer Exzellenz zusammen mit den tapferen Tiroler Truppen zu kämpfen und Anteil an den ruhmreichen Erfolgen der Schlacht bei Lapanow-Limanowa zu nehmen. Die in dieser Schlacht erprobte Waffenbrüderschaft gestaltete sich während der Winter-Wacht am Dunajec immer fester und herzlicher. Alle meine Offiziere und Mannschaften fühlten sich durch enge Kameradschaft mit ihren Brüdern des XIV. Korps verbunden. Mit aufrichtigem Bedauern scheiden wir aus dem Verbande der Eurer Exzellenz unterstellten Truppen. Ein Jeder aber nimmt das Gefühl der Dankbarkeit mit, für das oft bewiesene Wohlwollen und die erprobte Kameradschaft, die unvergesslich bleiben wird. (...) Die 47. Reservedivision wird stets mit besonderer Teilnahme die Erfolge des XIV. Korps begleiten und erhofft für die Waffenbrüder weitere ruhmreiche Lorbeeren bis zum endgültigen gemeinsamen Siege! von Besser"*

Nach der geglückten Rückeroberung von Przemysl entschloss sich das k.u.k. AOK zur Fortführung der Offensive in Richtung Lemberg[172]. Vom Westen rollten laufend deutsche Verstärkungen heran, die der Offensive der Verbünde-

[170] Vgl. auch: Wolfgang Doppelbauer, Zum Elend noch die Schande. Das altösterreichische Offizierskorps am Beginn der Republik, Wien 1988, Eine Publikation des HGM, Band 9, Manfried Rauchensteiner (Hg.)
[171] KA, NL B 14 : 15; Typoskript: Josef Roth. Soldat und Mensch, Juli 1939, o.V, ca. 70 S., n. pag
[172] R.Kieszling. Österr-Ung. Anteil, 31-33

ten neue Kraft gaben. Seitens der Russen beeinträchtigten die schweren personellen Verluste – allein im Monat Mai 412.000 Tote, Verwundete, Gefangene und Vermisste – sowie der katastrophale Mangel an Waffen, insbesondere an Gewehren und Munition, die Schlagkraft des russischen Heeres.
Im Zuge der Umgruppierung der verbündeten Streitkräfte zur Fortführung der Offensive wurde die österr.-ung. 3. Armee aufgelöst. Teile gingen an die Südwestfront bzw. wurden der österr.-ung. 4. und 2. Armee unterstellt. Den Hauptstoß hatte wieder die deutsche 11. Armee in Richtung auf Magierow (etwa 35 km nordwestlich von Lemberg) zu führen. Ihre nördliche Flanke deckte die österr.-ung. 4. Armee, die südliche die österr.-ung. 2. Armee. Nach einer kurzen Operationspause begannen die in der HGr. GO v.Mackensen zusammengefassten Armeen am 12. Juni 1915 mit dem Angriff zur Wiedererringung der Hauptstadt Galiziens, die am 22. Juni 1915 eingenommen werden konnte. Die Ruthenen, die mit den Russen kollaboriert hatten, wurden auf persönlichen Befehl Kaiser Franz Josephs geschont und damit Massenexekutionen verhindert.
Mit der Wiedereroberung Galiziens war annähernd die gleiche Lage gegeben wie zu Beginn des Krieges im August 1914. Daher wurde neuerlich die Idee des beiderseits umfassenden Angriffes – aus Galizien und Ostpreußen heraus – gegen die russ. Streitkräfte in Polen, aufgegriffen. Hiezu sollte die HGr. des GFM von Mackensen, bestehend aus der deutschen 11., der österr.ung. 1. und 4. Armee, der deutschen Armee Woyrsch und der später gebildeten Bug-Armee unter dem preußischen Oberbefehl von GdI v.Linsingen[173], aus Galizien, zwischen Bug und Weichsel, nach Norden stoßen und die Festung Brest-Litowsk einnehmen.
Am 23. Juni 1915 trat die HGr. Mackensen nach beendeter Neugruppierung den Vormarsch an. Die „Phalanx Mackensen“ brach nach dem seit Gorlice wiederholt und stets mit Erfolg angewandtem Kampfverfahren los: zuerst wildes Trommelfeuer auf taktisch entscheidende Abschnitte und sodann meist frontaler Sturm der Infanterie. Bei diesen in sommerlicher Hitze gegen die russischen Stellungen unternommenen Angriffen kam es wohl nie zu einem Durchbruch, aber jeweils zu tiefen Einbrüchen, durch die der Feind gezwungen wurde, fortgesetzt Boden preiszugeben.
Nach Überschreiten des Tanew, eines Nebenflusses des San, erreichte das XIV. Korps den Ort Bolgoraj (Anm: Gemäß Roth ein „kleines jüdisches Nest“). In wechselvollen Kämpfen ging es weiter nach Norden bis Frampol.
Durch Unterordnung des IX. Korps mit einer Gesamtstärke von 5 Divisionen, konnte FML Roth die starken Stellungen des Gegners gegen Nordwest durchbrechen. Nach hartem Ringen wurden die Russen geworfen. Doch plötzlich wendete sich das Blatt: Der Feind hatte aus Angst vor einem Fall Lublins alle verfügbaren Kräfte gegen das XIV. Korps geworfen.
FML Roth[174]: *„Der 8. (Anm.: Juli 1915) war ein höchst kritischer Tag. Während der Generalstabschef beim Armeekomdo war, um die kritische Lage zu erläutern und um Verstärkung zu bitten, griffen uns die Russen mit ganzer Wucht an. Das einzige in Reserve gestandene Rgmt 21, bei Bystrzyca eingesetzt,*

[173] Alexander v.Linsingen, * 10.2.1850 in Hildesheim, + 5.6. 1935 (?), 1868 in preuß. Armee eingetreten, 1898 Oberst, 1906 Divisionskommandeur, 1909-1914 kdi. Gen. d. II. Armeekorps, 9.1.1915 OB Dt. Südarmee, 6.7.1915 OB Bugarmee, 18.9.1915 auch der Hgr. Linsingen, 1918 OB in den Marken und Gouverneur von Berlin.
[174] J. R-L, Kriegstagebuch, 49

versagte vollkommen. Dem Standorte des Korpskomdos in Zakrzówek näherte sich der Infantriekampf auf 1.000 bis 800 Meter. In dieser verzweiflungsvollen Situation kam zufällig eine 5 Baone starke Honvedinfant.Brgde unter Komdo des mir sehr gut bekannten Obst. Bugsch im Marsche von Ost nach West beim Korpskomdo an. Ich übernahm sofort das Komdo über sie und setzte sie rasch bei Bystrzyca ein, dadurch wurde wenigstens eine Katastrophe vermieden. Wir hielten in Zakrzówek zum Rätsel aller Untergebnen und Vorgesetzten bis Abends aus".

In diesem gefährlichen Chaos und Nahkampfgeschehen treffen einander plötzlich und unerwartet Vater und Sohn. Josef Roth jun. hat diese Begebenheit in das offenbar von ihm selbst redigierte Typoskript: „Josef Roth. Soldat und Mensch" unter dem Zwischentitel „Eine Begegnung im Felde" eingearbeitet: *„An diesem eben stattfindenden kritischen Tage erhielt von seinem Regimentskommandanten der damalige Leutnant Josef Roth als Pionier- und Fahnenzugskommandant des Infanterie.- Rgmt. Nr. 14 den Auftrag die Fahne des Regiments in Sicherheit zu bringen. Die ungefähr 50 Mann starke Abteilung, darunter ausgezeichnete und tapfere Hessen, marschierte durch eine Schlucht zur Strasse Zakrzówek-Bystrizyca, mit dem Auftrag, die alte ehrwürdige 14ner Fahne beim Hilfsplatz des Regiments abzugeben und sodann durch den Wald östlicher Richtung zu marschieren und an einem geeigneten Orte Front gegen Nord-Ost zu machen.*
Es sollte jedoch anders kommen: Schon während des Marsches und dann beim Betreten der Strasse, welche zu überqueren war, wurde ein groß gewachsener Offizier bemerkt, ein General, der in der Mitte der Straße stand und schrie: ‚Halt, Halt!!' Mit ausgebreiteten Armen bemühte er sich das als Reserve eingesetzte Regiment, welches aber zurückgeworfen (worden) war, aufzuhalten. In dem General, der soeben ohne Seitenwaffe aus der Zuckerfabrik Zakrzowek, des damaligen Standortes des Korpskommandos, herausgeeilt war, um die Männer zum Stehen zu bringen und neuerdings zu sammeln, erkannte der Sohn seinen Vater.
Auf dessen Befehl musste der Leutnant sofort an Ort und Stelle rechts der Strasse einige hundert Schritte von der Fabrik entfernt, an dem Stabszug des Korpskommandos in Schwarmlinie übergehen und die zurückgehenden Soldaten aufhalten und Versprengte aufnehmen. Aus der Ferne konnte man noch immer den General auf der Strasse (stehen) sehen, der den Soldaten aus(zu)harren befahl und den Herren des Stabes Direktiven gab.
Auf einer kleinen Anhöhe wurden dann, als die Front wieder zum Stehen gebracht wurde, die Kosaken erwartet. Als sie angeritten kamen, konnten sie von den 14enern und den Kaiserjägern wieder zurückgetrieben werden".

Einige Tage nach dieser Begegnung, am 13. Juli 1915, schrieb Josef Roth an seine Gattin Malwine nach Wien, ohne jedoch in diesem Schreiben das Treffen mit seinem Sohn zu erwähnen:

„Liebstes Malschilein!
(...) Gestern erhielt ich den gewissen Brief von Georgi[175]. Ich antworte heute

175 Friedrich Frhr.v.Georgi, + 27.1.1852, in Prag, + 23.6.1926 in Wien, 1871 als Lt. aus der MilAk. zu FJB. 6, Glstbslfb. 1903 GM., 1906 Sekt.Chef im LVM., 1907 FML., 1908 Minister für Landesvertei-

Nachmittag. – Wir haben zunächst glänzend gesiegt gehabt, sind aber dann auf russische Verstärkungen gestoßen, da habe ich schwere Tage verlebt. Jetzt stehen wir uns gegenüber, vielleicht noch 3-4 Tage, dann wird es wieder vorwärts gehen. (...)"
Was in dem „gewissen Brief" des Baron Georgi gestanden sein mag, kann nur vermutet werden: Nachdem Mitte Juli 1915 vom AOK der Befehl kam, dass auch das 2. und 3. Tiroler Kaiserjägerregiment nach Tirol abzugehen hatte, könnte Roth um eine Intervention zur Versetzung nach Tirol gebeten haben. Belegt ist dieser Schritt jedoch nicht.

Es gelang der HGr. Mackensen in der Schlacht bei Krasnostaw vom 16. bis 18. Juli, südwestlich von Cholm bzw. südostwärts Lublins erneut ein tiefer Einbruch in die russische Abwehrfront.
Von der Ossawa-Höhe wurde nun der Angriff auf Lublin geleitet. Nach erfolgreichen Angriffen wichen die Russen nach Westen zurück und Lublin stand offen für den Einmarsch der k.u.k. Armee.
FML Roth dazu[176]: *„Am 31. Juli mein feierlicher Einzug in Lublin. Wir fuhren in drei Autos zum H.H. Poczekajka, wo wir Mittag aßen, dann nach Lublin, vor uns ritt die Stabskav.-Abtlg. – Am Platz waren gestellt: Musik, Ehrenkompanie, die Generale und Stabsoffiziere, sowie die ganze Gemeindevertretung. Bevölkerung (hat) uns begeistert zugejubelt, Blumen geworfen. Mit (dem) Bürgermeister Ansprachen gewechselt. Ich (bin) im Gouvernementpalais in der Wohnung des Gouverneurs abgestiegen, (habe) seinen Degen erbeutet. Am 5. (Anm.: August 1915) früh verließen wir Lublin. Dies (ist) eine sehr schöne, grosse Stadt mit hübschen Gebäuden und einer feinen, polnischen Gesellschaft. (...) Am 5. August (ist) Warschau gefallen; darob grosse Freude".*
Wie bei Gorlice bahnte wieder starke Artillerie der stürmenden Infanterie in der nun folgenden Schlacht bei Lubartow, vom 5. bis 8. August den Weg durch die feindlichen Stellungen. Die österr.-ung. 4. Armee kämpfte hier starken russischen Widerstand auf dem Wege zur Festung Brest-Litowsk nieder, die schließlich am 26. August eingenommen werden konnte. Dabei konnte FML Roth bei der Verfolgung des geschlagenen Feindes gegen Norden drei Divisionen (45.SchD., 3. u. 11. ID) vorrücken lassen und bestimmte zum Übergang auf das östliche Wieprz-Ufer die 10. Division. Dies geschah auf Befehl von GFM Mackensen[177].

Am 22. August erfolgte per kaiserlichem Dekret die Beförderung Josef Roths zum General der Infanterie.
Das österr.-ung. AOK hatte Ende August 1915 eine Offensive mit dem Ziel eingeleitet, die russische Front zwischen der Südwest- und Westfront zu durchbrechen und gleichzeitig die in Richtung Nord-Süd verlaufende operativ wichtige Bahnlinie Rowno-Luniniec zu unterbrechen. Hiezu sollte der Nordflügel der russ. 8. Armee durch die österr.-ung. 4. (9 ID und 2 KD) und die österr.-ung. 1. Armee (6 ID) im Raum Luck umfasst und Rowno genommen

---

digung, 1911 GdI., 1916 GO., 23.6.1917 zurückgetreten, 7.12. 1918 pens., In der Nachkriegszeit – wie auch Roth – Ehrenpräsident des Vereins „Alt-Neustadt".
[176] J. R-L., Kriegstagebuch, 50-51
[177] Kriegsarchivwerk (KAV) Österreich-Ungarns letzter Krieg. Hg vom Bundesministerium für Heerwesen und Kriegsarchiv, Wien 1930-1938, Bd.2, 676

werden. Die rechtzeitige Zurücknahme des Nordflügels der russ. 8. Armee unter dem Kommando des gefürchteten Generals Alexej Alexandrowitsch Brussilow verhinderte jedoch die angestrebte Umfassung. Am 13. September setzte ein russ. Gegenangriff ein. Hierbei wurden die 30 km nordwestlich von Rowno bei Derazno stehenden Verbände der öster.-ung. 4. Armee vom russ. XXX. Korps vom Norden umfassend angegriffen. Die Russen erzwangen damit den Rückzug der österr.-ung. Verbände an den Styr.

Gdl Roth schreibt diese Situation im Detail[178]. *„28. (Anm.: Aug.) nach Goloby und nach einer kurzen Mittagsrast nach Pozsrki (H.H.). Die mir unterstellten Truppen (3 Inf. u. 2 Kav.Dionen) drangen nun zwischen Styr und Konopielka energisch auf Luck vor. Die Russen waren sehr überrascht, von so starken Kräften im Rücken angegriffen zu werden. Am 29. eroberten wir Luck. Eine ungeheure Menge Material (wohl im Werte von ca. 2 Millionen Kronen) fiel in unsere Hände. In den Kasernen Luck´s war in den Offiziersmessen gekocht und gedeckt gewesen, so überraschend kam unser Angriff!"*

Was war geschehen? Die Russen hatten angenommen, dass Roth mit seinen Truppen weiter nach Osten marschieren werde, doch das XIV. Korps hatte für sie unerwartet scharf nach Südosten geschwenkt und ging in kühnem Flankenmarsch, unbekümmert der Tatsache, dass längs der Linie Kowel-Luck von Heeresfliegern starke russ. Kräfte gemeldet worden waren, direkt auf Luck zu. Gdl. Roth umging mit seinem Korps nördlich über Sokal eine mit Drahthindernissen fest ausgebaute russ. Verteidigungsstellung und beschlagnahmte einen Dampfer, um diesen für die Übersetzung von Truppenteilen zu nutzen. Der Kavallerie war die Infanterie gefolgt. Genietruppen schlugen bei Czeben eine Kriegsbrücke und nach 40 km Fußmarsch konnte sich eine Inf.Div. noch im laufe der Nacht auf den 29. August bei der Kriegsbrücke am Styr sammeln. Während die Russen in Luck den Gegner aus dem Westen erwarteten, kam Gdl Roth von Norden. Die Verteidiger Lucks´ mussten schließlich dem Druck der nördlichen Umgehungstruppen nachgeben und begannen die Stadt Luck zu räumen.

Am 31. August vormittags hatte das IR.59 den Bahnhof und das Barackenlager von Luck erstürmt. Der von Norden überflügelten Masse der 8. Russenarmee war es indessen gelungen, den schon seit Tagen vorbereiteten Rückzug hinter den Styr unter Mitnahme aller Waffen und allen Geräts durchzuführen. Trotzdem waren das Weichen des Feindes und die Preisgabe von Luck als ein Erfolg anzusehen, der nicht ohne Einfluss auf den Gang der Ereignisse in Ostgalizien bleiben konnte[179].

Das Ende des großen Feldzuges im Osten schien gekommen zu sein[180]. Russland ließ sich aber dennoch nicht an den Verhandlungstisch ziehen, da es u.a. eine Annäherung der Ukraine an Österreich-Ungarn befürchtete. Seit Mitte August 1915 hatte Zar Nikolaj II. selbst den Oberbefehl über alle russischen Truppen übernommen. Obwohl Falkenhayn Truppen abzog, setzte Conrad die Offensive fort. Er wollte damit unter Beweis stellen, dass er Handlungsfreiheit und Unabhängigkeit vom Deutschen Reich wiedergewonnen habe.

---

[178] J. R-L, Kriegstagebuch, 53-54

[179] KAV, Österreich-Ungarns letzter Krieg. Hg vom BM für Heerwesen und Kriegsarchiv, Wien 1930-1938, Bd.3, 64-65

[180] M. Rauchensteiner, Österr.-Ung. 71-72

Den aus Luck zurückweichenden Russen blieb nur mehr der Weg nach Süden offen, da die Divisionen des XIV. Korps Bahn und Strasse nach Osten abgeriegelt hatten[181]. Jedoch westlich Rowno, am Putilowkafluss setzte sich die russ. 8. Armee erneut, hartnäckigen Widerstand leistend, fest.
Gdl Roth hatte vom AOK den Befehl erhalten, den Brückenkopf Luck unter allen Umständen zu halten und mit seiner Armeegruppe (XIV. und X. Korps) auf Rowno umfassend vorzustoßen.
Die k.u.k. 2. Armee (Böhm-Ermolli) sollte sich dem Vormarsch anschließen[182]. Conrad drängte die Armeekommandanten, nicht frontal anzugreifen, sondern einseitig zu umfassen. Jetzt ging es darum, alte operative Grundsätze der k.u.k. Armee zu realisieren und den operativen Flankenstoß anzubringen. Die österr.-ung. 1. Armee unter dem FZM Puhallo[183] und die Armeegruppe des Gdl Roth sollten diese einseitige, weit nach Norden ausholende Umfassung bewerkstelligen. Doch Conrad war mit dem Fortgang der Operation nicht zufrieden, und der Rückzug der Russen nach Osten bestärkte ihn in diesem Eindruck. Schon am 28. August hatte sein Flügeladjutant Obstlt.iG. Rudolf Kundmann[184] in sein Tagebuch notiert: *„In Ostgalizien gehen die Russen vor unserem Angriff zurück. Man hat nicht den Eindruck starker Kämpfe, die Wirkung der Operationen gegen Luck macht sich fühlbar. Puhallo und Roth operieren aber so schlecht, so frontal, daß der Chef abends ganz wütend ist“.*
Das AOK versuchte daraufhin, immer stärker in die Befehlsführung der 1. Armee und der Armeegruppe Roth einzugreifen. Die Geschehnisse rund um Luck im Jahre 1915 mag auch der Grund dafür gewesen sein, dass Conrad als Heeresgruppenkommandant in Tirol in einem Vormerkblatt für die Qualifikationsliste[185] 1917 am 24. Jänner 1918 (für den Zeitraum 11. März 1917 bis 7. Dez. 1917) in der Rubrik „Eignung“ – rot unterstrichen (!) – formulierte: *„Zum Armeekommandanten nicht geeignet. Zum Inspektor der Militär-Bildungsanstalten geeignet. Hat Herz und Verständnis für die Jugend“.*
Rund um die Verteidigungsbemühungen um Luck war Roth mittlerweile am Standort der 3. Division angelangt um den von Conrad anbefohlenen Angriff zu besprechen, als plötzlich ein Vorstoß der Russen einsetzte.
Gdl Roth beschreibt eindrucksvoll die Begebenheit[186]. *„Am 18. (September 1915) begannen wir fieberhaft mit der eigentlichen Festsetzung der Verteidigungslinie und mit den Schanzarbeiten. Am 19. fuhr ich nach Kruppy, um mit*

---

[181] KA, NL B 14 : 15; Typoskript: Josef Roth. Soldat und Mensch, Juli 1939, o.V, ca. 70 S., n. pag

[182] Manfried Rauchensteiner, Der Tod des Doppeladlers. Österreich-Ungarn und er Erste Weltkrieg, Graz-Wien-Köln 1993, 289-290

[183] Paul Frhr. Puhallo v. Brlog, * am 21.2.1856 in Brlog, Kroatien, + am 12.10. 1926 in Wien, 1.9. 1877 aus Techn. MilAk. als Lt. zu FAR.13, Glstbslfbhn, 1898 Obst.,i.G., Lehrer an der Kriegsschule, 12.10. 1902 ins Operationsbüro d. Glstbs., 1904 Chef d. Operationsbüros, 1905 Kdt. 50. IBrig. u. GM., 1906 Kdt. der Kriegschule, 1909 FML., 1913 FZM u. Kdt. V. Korps, 1915 Kdt., 3. Armee, 1916 Kdt. 1. Armee, 1.5.1916 GO, 25.7.1916 beurlaubt wg. Auflösung d. 1. Armeekmdos., 1.5.1917 in Disponibilität, 1.12. 1918 pens.,

[184] Obst. Rudolf Kundmann, * am 17.6.1869 in Wels, + am 4.10.1934 in Wien, 1887 als EF. zu IR 14, 1889 Berufsoffz. u. Lt. bei IR 1., Glstbslfbhn, 1906 Hptm.i.G., 20.6.1906 ins Operationsbüro d. Glstbs., 29.8.1910 Flügeladjutant Conrads als Chef .d. Glstbs. bzw. als Armeeinspektor, 1911 Mjr.d.G., 1.8.1914 Obstlt.i.G., 1.11.1916 Obst.i.G., 20.5.1918 Glstbschef. I. Korps (bis Kriegsende), sodann in der Privatwirtschaft tätig.

[185] Österr. StA, Gen.Dion, KA, Gruppe 1: Personalevidenzen, Qualifikationslisten f. Offz. 1869-1918, Qu.-Liste Josef Roth-Limanowa, Qu.Kt. 2823

[186] J. R-L., Kriegstagebuch, 55-57

FML Horsetzky (3.K.D.) und dem IR. 14 den rechten Flügel zu besprechen. Als wir auf der Höhe östl. Kruppy rekognoszierten, griffen die Russen schon an. Sie wurden abgewiesen. Nach beendeter Rekognoszierung wollte ich mit dem Auto die Kriegsbrücke bei Podgajcy passieren; diese lag aber unter derartig dichtem feindl. Shrapnell- und Granatfeuer, dass ein Hinüberfahren nicht möglich war. Während ich mit meinem Personal-Adjutanten beriet was zu tun sei – ich musste dringend nach Luck zurück – kam gerade der FML Horsetzky mit einer Kav.Patr. dahergeritten. Ich setzte mich auf ein Pferd der Patr. und wir ritten in grossen Abständen im Galopp über die Brücke, – heftigst beschossen von der feindl. Artillerie, zum Glück ohne Schaden zu leiden. Später kam das Auto auch leer nach und wir konnten nach Luck zurückfahren".
In einem Schreiben vom gleichen Tag an seine Gattin Malwine kommt bei Josef Roth fast jugendlicher Übermut auf. *„(...) Nach passieren (der Brücke) haben wir den Russen die lange Nase gezeigt. Beschossen werden, wenn einem nichts dabei geschieht, ist beinahe recht lustig. Deshalb keine Angst, das kommt halt auch vor....".*

Mittlerweile hatten sich die Russen nach der Eroberung von Luck durch die k.u.k. Armee wiederum erholt[187]. General Ivanov dirigierte Verstärkungen in den Raum der russ. 8. Armee und versetzte damit General Brussilov in die Lage, seine Unterlegenheit auszugleichen. Der Angriffsschwerpunkt der Russen traf vor allem die österr.-ung. 4. Armee. Die Stimmung vor Ort wurde nicht von ungefähr mit der Situation und der Stimmung der Balkanstreitkräfte im Dezember 1914 verglichen. Der Kommandant des X. Korps, das zur Armeegruppe Roth gehörte, FML Martiny, notierte in sein Tagebuch: *„Wir sind alle niedergeschlagen. Grund? Wo liegt er? In der kopflosen und unbegründeten Energie, die stets vom AOK von uns gefordert wird, bis die Ereignisse, Druck des übermächtigen Feindes und Erschöpfung der Truppen eine Katastrophe herbeiführen. Siehe Potiorek!"*
Solche harschen Worte der Kritik sind von Josef Roth während seiner gesamten Dienstzeit im Weltkrieg nirgendwo schriftlich festgehalten worden. Seine Loyalität zu Conrad hätte ihm das wohl auch nicht gestattet. Im AOK wiederum notierte der Italienreferent Major Karl Schneller[188] in sein Tagebuch zum 15. September: *„Unerhört schlecht operiert die 4. Armee!"*
Mjr. Schneller mag aus Eigeninteresse mit dieser Einschätzung nicht sonderlich objektiv gewesen sein, denn dem Vorstoß nach Osten und der Operation über Luck hinaus nach Rowno wurde vom AOK einiges geopfert: Wegen dieser Offensive provozierten Gegenaktionen der Russen mussten Truppen, die bereits für die Südostfront vorgesehen waren, zurückbeordert werden, um Durchbrüche zu verhindern. Truppen waren durch diese wenig aussichtsreiche Offensive an der Ostfront gebunden.

---

[187] M. Rauchensteiner, Der Tod des Doppeladlers, 292-293
[188] Karl Schneller, *am 19.4.1878 in Wien, + 24.4.1942 ebda, 1882 aus der Techn. MilAk. als Lt. zu KAR.8, Glstbslfbhn, 1913 Mjr.i.G., 25.4.1915 ins Operationsbüro d. Glstbs., ab Kriegsbeginn Leiter des Pressedienstes im Operationsbüro, ab Mai 1915 Leiter der I-Gruppe, 1915 Obstlt.iG., 26.4.1917 Kdt.d. Abschnitts Travenanzes, 6.8.1917 Glstbchef XIV. Korps (Roth war nicht mehr Kdt.!), Delegierter bei den Waffenstillstandsverhandlungen in d. Villa Giusti u. bei den Friedensverhandlungen in St. Germain, sodann Leiter der Sektion 2/ Staatsamt f. Heerwesen, ab 29.2. 1924 Leiter der Sekt. I, 1.5.1925 GM., 28.2.1926 pens. K. Schneller schrieb Gedichte und Romane. Vgl.auch: L. Jedlicka, Der Kriegsbeginn und die ersten Ereignisse an der Südwestfront 1915 in den Tagebüchern des Generals Schneller, in: Beiträge zur neueren Geschichte Österreichs, Wien-Köln-Graz 1974, 454-468

Gdl Roth schildert diese dramatischen Tage aus seiner Sicht[189]: *„In der Nacht auf den 20. (September) erfolgten heftige Angriffe der Russen, der Durchbruchsversuch misslang. Am 20. und 21. fortwährend Angriffe auf unseren, bisher nur angedeuteten Brückenkopf. Kruppy in hellen Flammen. Ich beobachtete die Kämpfe vom Kirchturm Luck aus. Am 22. u. 23. dasselbe Spiel. Unsere wiederholten Bitte um Verstärkung wurden mit dem Auftrage beantwortet, Truppen herauszunehmen und in Reserve zu stellen. Am 22. abends, ca. ½ 10 h erfuhr ich zu meinem Schrecken, dass soeben die Russen unsere Stellung bei Kimarcy und Niebožka durchbrochen haben und im Anmarsche auf Luck seien. Es folgte eine schauderhafte Nacht. Ich setzte sofort die letzte Reserve ein (6 Komp.), sie kam aber nicht mehr zur Geltung. Der Durchbruch geschah bei der 24. Dion, mehrere Rgmtr. sind verschwunden, ohne auch nur einen Schuss abzugeben, es wurden nun von den Russen die Nachbardionen im Rücken angegriffen.*
Wir waren so vorsichtig und hatten die ganze Artillerie am Westufer des Styr placiert und 10-12 Übergänge über den Fluss herstellen lassen; dies hat sich später sehr bezahlt gemacht. Während wir (zw. 11 und 12 h N.) für alle Fälle die Rückzugsdispositionen verfassten, begann ein heftiges Artilleriefeuer auf Luck. Schwere Granaten, Bomben fielen ein, unser früheres Kanzleigebäude wurde demoliert, die Kirche bekam einige Treffer, wir sahen vom Balkon das schaurige Schauspiel an.
Ich rief telefonisch das Armeekommando an und teilte dem neuen Gen.St.Chef (GM. Berndt) die Situation mit und bat um Weisungen. Ich betonte, dass ein Rückzug bei Tag mit Rücksicht auf das breite, vollkommen eingesehene und (Anm.: mit Infanteriewaffen) bestrichene Styr-Tal unmöglich sei; also entweder in der Nacht zurück, oder in Luck sterben! Antwort war, er werde mit dem Erzhg. (Anm.: Joseph-Ferdinand) *sprechen und mir bis 1 h Antwort geben. Wir beendeten die Rückzugsdisposition und gaben ein Aviso aus, welches den Rückzug vorbereitete. Die Nachrichten lauteten immer ungünstiger. Teremno und Kol-Sidawska fielen um 1 h in Feindeshand.*
23. September. Alle unterstehenden Divisionen fragen erstaunt in Luck an, ob wir denn noch immer drinn´ seien. Das Artilleriefeuer in Luck wurde immer stärker, es krachte vor und neben uns. Da kein telefonischer Anruf seitens des A.K. erfolgte, rief ich um ¼ 2 h an. Die Antwort war sehr einfach: ich müsse die Situation besser beurteilen, ich soll tun, was sich glaube. Auf das hin meldete ich, dass ich sofort den Rückzug anbefehlen werde, denn noch eine ¼ St. Warten, heißt ‚Katastrophe'! So geschah es. Es war eigentlich schon zu spät, denn um 4 h war hellichter Tag und der Rückzug dehnte sich bis gegen 6 h aus. Ich verliess ca. ¾ 4 h Luck im Auto auf der südl. Brücke, denn die Hauptbrücke nach W. (Anm.: Wlad Wolinsky) *war schon unpassierbar. Um 4 Uhr waren die Russen schon mit einem Panzerauto in der Stadt. Wir fuhren nach Zaborol, wo wir uns einige Stunden aufhielten. Damit der Rückzug nicht in eine Flucht ausarte, schickte ich zu jeder Dion einen Gen.St.Offizier, einen Feldgendarm und einige Reiter mit dem Auftrage, jeden niederzuschiessen, der die anbefohlene, unbedingt zu haltende Linie am Westufer überschreitet. Dies half: Im Laufe des Vormittags war ziemlich (die) Ordnung hergestellt. Die Russen konnten nicht über den Styr. Natürlich haben wir sehr grosse Verluste gehabt, besonders an Gefangenen, Ein Rgmt zählte noch 100 Mann. Das Koprskomdo kam Nachm. nach Usiczy".*

---

[189] J. R-L., Kriegstagebuch, 56-58

Durch diese von Gdl Roth angeordneten Maßnahmen konnte tatsächlich eine Katastrophe vermieden werden:

„24. Sept. Die Russen verfolgten nicht, wir hingegen verwehrten ihnen den Übergang über den Styr. Wie ich später erfahren habe, wendete sich das A.O.K. an die Deutschen um Hilfe. Diese schickten 2 Dionen von Kowel, dann tauchte plötzlich das XVII. Korps (G.d.I. Křitek) auf. Der deutsche G.d.I. Linsingen bekam den Oberbefehl, und ordnete an, dass von diesen 4 Dionen der im Vormarsch auf Turczyn befindliche Feind anzugreifen sei. Man war oben ganz überrascht, dass wir doch so weit voran uns hielten und musste dann die ganze Disposition geändert werden. Unsere Verstärkungen griffen nun nicht mehr auf Luck, sondern nördlich über Rozyszcz an".

Roths Gegenstoß ist nach einigen Versäumnissen und Misserfolgen, die nicht in Roth´s Bereich lagen, nun doch erfolgreich: *„Am 26. schon griff mein schwaches Korps wieder Luck an. Abends war es in unserer Hand. An diesem Tage kreisten 2 feindliche Flieger über uns und warfen auf uns Bomben ab, ohne Schaden anzurichten. Am 27. zog ich selbst in Luck ein, also ein kurzes, aber sehr auf die Nerven gehendes Intermezzo. Feind geht weiter zurück".*

Roth wollte dem weichenden Feind nachsetzen, aber nachdem der Mannschaftsstand der Armeegruppe Roth durch hohe Verluste ausgedünnt war und keine weiteren Reserven zur Verfügung standen, musste das Angriffsvorhaben eingestellt werden.

Wie schon Gdl Roth in sein Kriegstagebuch vermerkt hatte, übernahm wieder der deutsche General von Linsingen das Kommando über die Heeresgruppe, die bisher nach Erzhg. Josef Ferdinand benannt worden war. An dessen Befehlsführung war schwerste Kritik geübt worden[190], nur hatte Conrad es offensichtlich nicht über sich gebracht, die Ablösung des Erzherzogs zu fordern, noch dazu, da er in den Kommuniqués des Kriegspressequartiers immer in den glänzendsten Farben geschildert worden war. Doch jetzt war durch die Ereignisse von Luck zumindest ein schwacher Vorwand gegeben, dem Erzhg. ein anderes Kommando zu übertragen.

Weiters wurde im AOK bemängelt, dass Gdl Josef Roth den Brückenkopf nicht früher und geordnet geräumt hatte. Die vom AOK geäußerte Kritik wirkt retrograd betrachtet ein wenig nach Vorwärtsverteidigung, denn nach den Schilderungen Roths´ hat – trotz heftiger Urgenzen – zum entscheidenden Augenblick am Abend des 22. September auch kein Rückzugsbefehl vorgelegen. Erst am 23. September wurde Roth freie Befehlsentscheidung genehmigt.

Kurzum: das AOK war auf der Suche nach einem „Sündenbock" und Roth als kommandierender General am Brückenkopf von Luck in vorderster Linie bot sich da günstig an. Dem deutschen Militärattaché Graf Kageneck gegenüber meinte Major Karl Schneller unzulässig verallgemeinernd, dass *„ein Großteil unserer Generäle unfähig"* sei, und er setzte fort: *„Das XIV. Korps scheint nun ganz zerdroschen zu sein"*. Über Roth ließ sich Schneller in seinem Grimm zu einem völlig unpassenden und ehrenrührigen Ausdruck hinreißen: *„Der gehört schon mitsamt seinem Stabchef[191] längst in die Würscht!"*.

Möglicherweise spielte dabei auch ein wenig die politische Grundeinstellung des Major Schneller eine Rolle, der, – zur Sozialdemokratie neigend –, in dem

[190] M. Rauchensteiner, Der Tod des Doppeladlers, 294

[191] Oberst Göttlicher

bürgerlich-konservativen, katholisch-monarchistischen Roth eine Art ideologische Feindfigur[192] gesehen haben mag. Edmund Glaise von Horstenau, Nachfolger von Mjr. Schneller als Leiter des Pressedienstes im Operationsbüro des AOK in Teschen, beschreibt Schneller wie folgt[193]: *„Ein hochgebildeter Offizier, der sich später auch als Lyriker und Dramatiker versucht hat. Ihn trifft auch die Verantwortung für verschiedene Verschleierungen, die – gut gemeint – in den Heeresberichten der ersten Kriegszeit vorkamen: der schon zitierte Lemberger[194] Passus. Der Ausdruck ‚Umgruppierung' als Tarnung für Rückzüge et cetrea. Schneller war zugleich Chef der I-Gruppe[195] und nahm als solcher durch seine suggestive Art ganz wesentlichen Einfluß auf die Entschlüsse Conrads, unvergleichlich mehr als alle anderen. Am Schluß des Krieges war er Generalstabschef beim XIV. Korps, nachher wurde er leitender Offizier im österreichischen Heeresministerium und als Intimus von Körner[196] Sozialdemokrat, als welcher er den Sommer 1934 im KZ-Lager Wöllersdorf verbrachte. Er starb während des zweiten Krieges, stets ein national gesinnter Mann".* Letzter Satz weist darauf hin, dass er mit dieser Haltung auch für Glaise von Horstenau irgendwie sympathisch sein konnte.

Der nach der Schlacht von Luck 1915 selbst in Ungnade gefallene Armeekommandant Erzhg. Joseph Ferdinand, der immerhin fast zwei Kriegsjahre in enger Zusammenarbeit mit Roth verbracht hatte, konnte hingegen ein weitaus sachlicheres und kompetenteres Urteil über Roth fällen. In der Qualifikationsliste[197] für den Zeitraum 4. August 1914 bis 5. Oktober 1915 ist nachstehendes vermerkt. *„<u>Aussteller</u>: GO Erzhg. Joseph Ferdinand, Salzburg, 14. März 1917. <u>Kurze Beschreibung</u>: Besitzt hervorragende Führungseigenschaften, die in ganz besonderem Grade in den Gefechten am 28., 29., 31., August* (1914) *und in der Schlacht von Limanowa 1914 dank seiner initiativ gefaßten und kühn durchgeführten Actionen hervortraten; ein von steter Zuversicht durchdrungener General, der keine Schwierigkeiten kennt. Im Gefechte beispielgebend ruhig. Genoß mein vollstes Vertrauen und meine besondere Wertschätzung. <u>Eignung</u>: Eignung zum Führen des nächsthöheren Kommandos. Zum Führen großer Verbände hervorragend geeignet".*

Die eigentliche Katastrophe rund um Luck ereignete sich fast ein Jahr später, im Juni 1916, als General Brussilow mit seiner bewährten 8. Armee die österr.-ung. 4. Armee durch schwere Verluste zum Rückzug zwang. Die Russen drängten über den Styr nach und konnten in einer Breite von 85 km und

---

[192] HR Dr. Peter Broucek berichtet dem Verfasser, dass er über General Bornemann folgenden für einen in der Heersverwaltung der 1. Rep. stehenden aktiven General etwas seltsamen Reim aus der Feder Schnellers' gehört habe: „Ohne Waffen, ohne Pfaffen wird die Jugend sich die Zukunft schaffen!"

[193] Peter Broucek, Ein General im Zwielicht. Die Erinnerungen Edmund Glaises von Horstenau, Wien-Grz-Köln 1980, Bd.1, 324-325

[194] Aus Schnellers Feder stammte die irreführende Meldung: „Lemberg fest in unserer Hand"

[195] Italien-Gruppe im AOK

[196] Gen. Theodor Körner v.Siegringen, * am 24.4.1873 in Uj-Szöny, Ungarn, + am 4.1.1957 in Wien, 1894 aus der Techn. MilAk. als Lt. zu PiBaon. 5, Glstbslfbahn, 1911 Mjr.i.G., 1.10.1912 Lehrer des operativen Generalstabsdienstes an der Kriegsschule, 1913 Obstlt.i.G., ab 12.9. 1917 Glstbschef der 1. Isonzoarmee, 1919 Amtsleiter im Staatsamt f. Heerwesen, 10.3. 1923 GM., 1.7.1923 Heeresinsp., 18.1.1924 General, 1.2.1924 pens., April 1945 BgM v. Wien, 21.6.1951-4.1.1957 Bundespräsident.

[197] Österr. StA, Gen.Dion, KA, Gruppe 1: Pers. Ev., Qualifik.-Listen f. Offz. 1869-1918, Qu.-Liste J. Roth-Limanowa, Qu.Kt. 2823

und in einer Tiefe von 48 km die österr.-ung. Front durchbrechen[198]. Bei Okna wurde die Front der österr.-ung. 7 Armee ebenso durchstoßen. – Doch zu diesem Zeitpunkt war Josef Roth schon lange nicht mehr an der Ostfront.

Am 3. Oktober langte bei Roth die dienstliche Mitteilung ein, dass sich auch die 3. ID zum Abtransport nach Tirol bereit zu halten habe. Roth: *„Also, das ganze Korps weg, nur wir selbst nicht!"*
Doch zwei Tage später erreicht ihn ein weiterer Befehl, dass auch das Korpskommando nach Tirol versetzt wird. Nun hieß es Abschied von der Ostfront zu nehmen. Josef Roth vermerkt in sein Kriegstagebuch[199]: *„Am 7.ten fuhr ich mit dem Gen.St.Chef im Auto weg. Das Korpskomdo selbst hatte am 8. zu folgen und in einem Güterzuge zu fahren. Ich fuhr nach Luck, meldete mich dort beim Armee-Kdo (Erzhg. Jos.Ferd.) und bei dem dort zufällig anwesenden, deutschen G.D.I. Linsingen ab, fuhr dann bei elendem Wetter unter den größten Beschwerden bis in die Gegend von Michailówka."*

9.4. Josef Roth und der Krieg in den Alpen

Über Brody ging es mit zwei bereitgestellten Autos nach Lemberg. Von dort bestieg Roth mit seinem Generalstabschef den Zug nach Wien. Die Reichshaupt- und Residenzstadt wurde am 10. Oktober 1815 um Mitternacht erreicht. Endlich konnte für ein paar Tage auch die Familie besucht werden.
Da zu diesem Zeitpunkt erneut Angriffe des Gegners an der Ostfront kulminierten, verhinderte Gdl. von Linsingen den Abtransport der 3. ID, die mit Roth zugleich nach Tirol abmarschieren hätte sollen. Zugleich verlor Roth auch seinen langjährigen Glstbschef. Oberst Göttlicher, der das Kommando einer Brigade zugewiesen bekommen hatte. Roth verabschiedete sich sehr herzlich von diesem zwar etwas nervösen, doch sehr fleißigen und begabten Offizier.
Oberst Langer wurde somit zu Roths´ nunmehr 4. Glstbschef, der ihn am 18. Oktober in der alten Bischofsstadt Brixen erwartete.
Am nächsten Tag meldete sich Gdl Josef Roth beim Tiroler Landeskommandanten GdK Viktor Graf Dankl, der ihn sogleich in die aktuelle Lage einwies und Roth zum Kommandanten des Rayon IV[200] ernannte.
Für die k.u.k. Armee war nach der Kriegserklärung Italiens die neugebildete Südwestfront notgedrungener Weise ein äußerst fragiles Provisorium.
Die Tiroler Standschützen und die Freiwilligen Schützenverbände waren die einzigen personellen Reserven, die zu Beginn des Krieges den Primärschutz der Südwestgrenze übernehmen konnten.
Auf beiden Seiten marschierten die Soldaten hinauf in die Berge. Zum ersten Mal in der Geschichte wurde die Hochregion Schauplatz langanhaltender, opferreicher und schwerster Kämpfe.

---

[198] Vgl. auch (KAV) Österreich-Ungarns letzter Krieg, Bd.IV, oder Heinrich Benedikt, Wie es zur Katastrophe von Luck kam, in: Beiträge zur neueren Geschichte Österreichs, von Heinrich Fichtenau u. Erich Zöllner (Hg.), Wien-Köln-Graz 1974, 489-492

[199] J. R-L., Kriegstagebuch 59-60

[200] Rayon IV umfasste das Gebiet südl. v. Bozen und wurde westl. vom Etschtal über Trient bis zum Pasubio, südostl. v.d. Dolomitenfront, östl. vom Grödnertal und nördl. vom Eisacktal begrenzt

Lageskizze 4

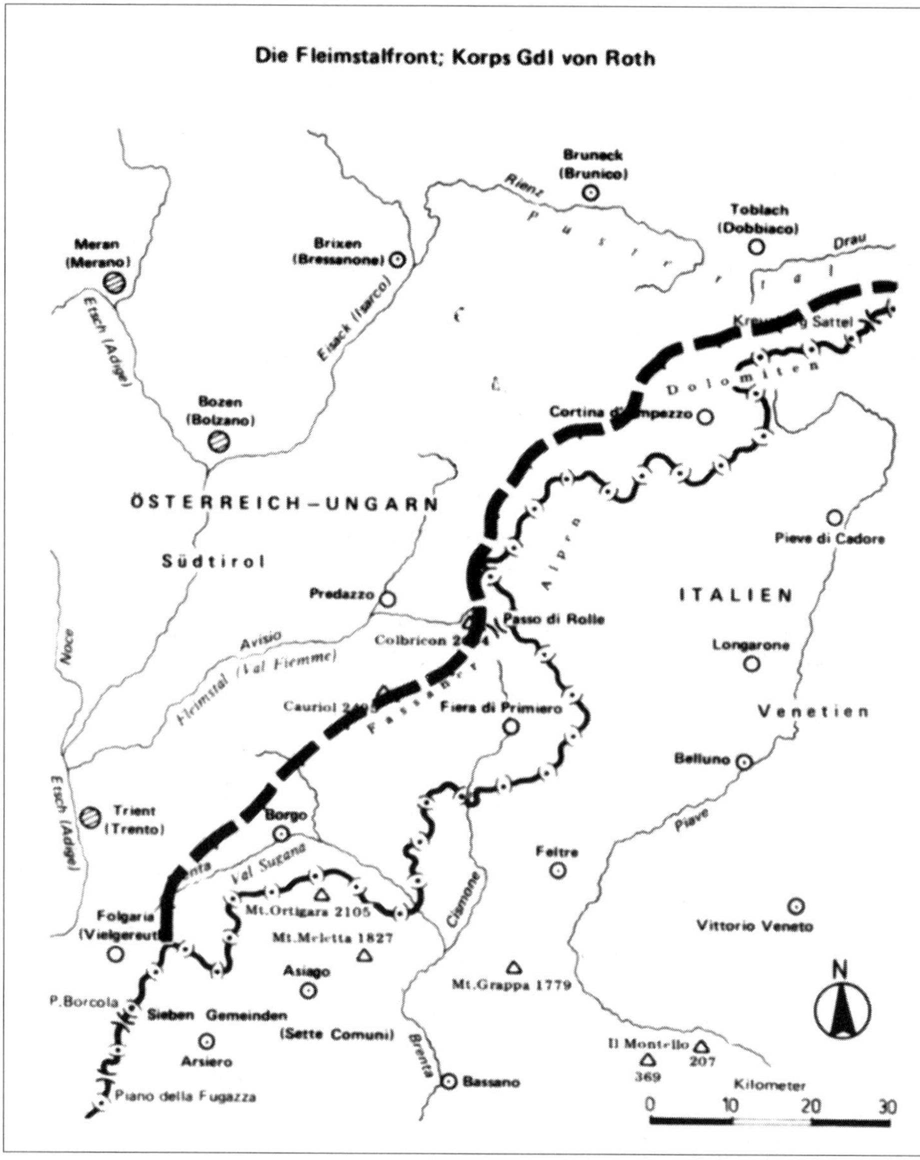

Das militärisch-strategische Konzept beider kriegsführenden Partein war grundsätzlich sehr ähnlich[201]: Alle natürlichen Einbruchslinien (also Täler) mussten durch umfangreiche und sehr gut ihre Aufgabe erfüllende Festungswerke gesperrt werden. Unter diesem militärischen Zwang musste der Krieg bis auf die höchsten Gipfel – zwischen den einzelnen Tälern – hinaufsteigen.

[201] Heinz von Lichem, Krieg in den Alpen 1915-1918, Bd. 1, Augsburg 1993, 38-39

In diesem Zusammenhang: Das höchste Geschütz der Dolomitenfront[202] war beispielsweise die österr. 7,5-cm Gebirgskanone M 75 auf der Marmolata auf fast 3.300 m, der die sechs Kanonen der Italiener auf der Tofana di Fuori mit ihrem Stützpunkt auf 3.237 m kaum nachstanden.

Die Angriffe der ital. 4. Armee, die in drei nacheinander geführten Offensivstößen gegen Toblach durchzubrechen versuchte, zerschellten trotz vierfacher Überlegenheit alle an der festen Haltung der ihre in der Linie des Sperrforts in Fels und Eis eingeschnittenen Hochgebirgsstellungen mit großem Einsatz verteidigenden Tiroler Landstürmer und Standschützen, die stellenweise durch Abteilungen des deutschen Alpenkorps verstärkt wurden[203]. In manchen Abschnitten, so vor den Panzerwerken von Lavarone und auf dem Mt. Piano, wurden die Abwehrlinien sogar vorverlegt.
Als der herannahende Winter den Kämpfen in den Dolomiten Einhalt gebot, mussten sich die Italiener den vollständigen Fehlschlag ihrer auf Toblach gerichteten Angriffe eingestehen. Nicht weniger erfolglos waren ihre gegen die Verteidiger des Karnischen Kammes geführten Angriffe.
Noch Juni/Juli 1915 waren laufend Verstärkungen der k.u.k. Armee von der Ost- und Südostfront auf dem italienischen Kriegsschauplatz eingetroffen. Der Kommandant der Südwestfront, GO Erzhg. Eugen, konnte Anfang Juni 1915 bereits über einen Gesamtstand von rund 224.000 „Feuergewehren“, etwa 3.000 Reitern und 640 mobilen Geschützen verfügen. Diesen Kräften der k.u.k. Armee standen Mitte Juni 1915, laut einer Schätzung des k.u.k. Kdos der Südwestfront, an der Tiroler Front rund 180.000 „Feuergewehre“ und 710 ital. Geschütze gegenüber.
Der Schwerpunkt der Kämpfe lag jedoch ganz eindeutig auf der Isonzofront, wo die Italiener mit rund 210.000 „Feuergewehren“ und 820 Geschützen am 23. Juni die 1. Isonzoschlacht eingeleitet hatten.
Die k.u.k. Truppen der Südwestfront unterstanden dem Landesverteidigungskommando in Tirol (GdK. Dankl), im Bereich von Kärnten der AGr. GdK. Rohr und im Küstenland der 5. Armee (GdI. von Boroević).

Am 19. Oktober 1915 brach Roth für fast einen ganzen Monat in die Tiroler Bergewelt auf, um die einzelnen Front- und Abwehrstellungen kennen zu lernen[204]. Zunächst ging es aufs Pordojjoch zum Christomanoshaus, wo Roth ein sehr dramatisches Gefecht bei Arabba beobachten konnte, sodann über Sillian nach Obertilliach. Die nächsten Tage waren ausgefüllt mit Dienstreisen über Cavalese aufs Cadinjoch, den größten Teil zu Pferd, sodann zu Fuß auf 2.070 m. *„Wegen Schneetreibens hatte man keine Sicht“*, klagte Roth in seinem Kriegstagebuch. Am 30. Oktober wurde dem Werk Dosaccio ein Besuch abgestattet, dann ging´s durch Pellegrino-Tal zur Fangho-Stellung.
Mitte November 1915 wurde von den Alpinis österr.-ung. Stellungen auf dem berüchtigten Col di Lana überraschend erstürmt, doch schon nach wenigen Stunden von den Tirolern wieder zurückerobert. „Im winterlichen Morgendunkel des 16. Dezember 1915 zerschellten die letzten großen Angriffe der Italiener in diesem Kriegsjahr 1915 gegen den Col di Lana, 2462 m, die mit Einsatz

202 Gunther Langes, Die Front in Feld und Eis. Der Weltkrieg 1915-1918 im Hochgebirge, Bozen 1972, 4. Auflg. 16
203 R. Kiszling, Österreich-Ungarns Anteil, 36-38
204 KA, NL B 14 : 15; Typoskript: Josef Roth. Soldat und Mensch, Juli 1939, o.V, ca. 70 S., n. pag

von 12 Infanterie- und 14 Alpinikompagnien sowie mit heftiger Wucht geführt worden waren. Damals erhielt der Col di Lana von den italienischen Soldaten den Namen ‚Col di Sangue', also der ‚Blutberg'", schrieb eindrucksvoll der k.u.k. Offizier und spätere freie Schriftsteller Dr. Gunther Langes in einem seiner alpinen Fachbücher[205].

Gdl Josef Roth vermerkt[206]. *„Damit mir Gelegenheit gegeben wird, mehr Einfluss auf die Details zu nehmen, wurde mir der Rayon IV. weggenommen und ich zum Komdtn. des Rayons V[207] in Bruneck gemacht. Einige Tage später übersiedelte ich mit dem Korpskommando nach Bruneck".*

Im November und Dezember 1915 setzt Gdl Roth seine Inspektionsfahrten fort: *„Am 7. Dez. über Corvara und Jucisa-Sattel, Alpenrose zur Hangstellung des C. di Lana gegangen, dort angeschossen worden. Nach Inspizierung der sehr gefährdeten Schützengräben zurückgekehrt, auf Rückfahrt der Schlitten umgeworfen, herausgefallen, ohne nennenswerten Schaden".*

Am 7. Dezember 1915, also am gleichen Tag, als General Roth unsanft im Schnee landete, schrieb der Kommandant der 4. Armee, GO Erzhg. Joseph Ferdinand in Luck nachstehenden Brief[208]:

"Lieber Roth!
Vergelt´s Gott für Ihr Schreiben. Es tut einem so sehr wohl wenn man vom 14. Korps hört und gedenke ich gerade jetzt an den ruhmreichen Anteil, denen meine Edelweißhelden vor einem Jahre an der Schlacht von Limanowa nahmen.
Ihre glänzende Führung, mein lieber Roth, hat damals den Sieg gebracht! Mit Bewunderung lese ich die Berichte der S.W.Front, das sind Helden und Morzkerle, aber auch mit Neid, weil ich nicht dabei sein kann.
Meine Armeefront wurde etwas nach Norden verlängert; so wohltuend diese Verstärkungen sind, die ich erhalten habe, so wenig hoffnungsgebend aber für mein baldiges Erscheinen im heiligen Land Tirol. Ich habe mich in mein Sumpf- und Waldloos schwer hinein gefunden. Seit dem Abgange Paić[209] hat sich auch im Stabe viel geändert, die nette Stimmung ist futsch und es wird ‚gestritten' in jeder Form, meist aber am Papier, oder reitet einer am anderen. Als Klügerer macht man es so wie ich und bleibt schön zu Hause und geht nur einmal täglich in die Kanzlei. Man hat mir mein fröhliches, freies Soldatenleben gewaltsam vergiftet, mit der Entfernung meines Bruders[210] und Paić und der Wegnahme der Heeresgruppe.

---

[205] Gunther Langes, Die Front in Feld und Eis. Der Weltkrieg 1915-1918 im Hochgebirge, Bozen 1972, 4. Auflg. 47

[206] J. R-L., Kriegstagebuch, 61

[207] Der Rayon V. umfasste das Gebiet südl. v. Bruneck, und wurde im Westen von Brixen und Klausen, im Süden von der Dolomitenfront und in Osten von den Ortschaften Sexten und Innichen begrenzt.

[208] KA, NL B 14 : 15; Typoskript: Josef Roth. Soldat und Mensch, Juli 1939, o.V, ca. 70 S., n. pag

[209] GM. Joseph R.v.Paić, * am 26.9.1867 in Otocac, + am 14.3.1933 in Wien, 1887 Lt.aus MilAk. zu IR12 ausgemustert, Glstbslfbhn, ab 1903 in der Op-Abt. d. Genstbs, 1907 Mjr.i.G., 1911 Obstlt.i.G., 27.4. 1912 Kdt. FJBaon., 28.8.1912 zugeteilt dem XIV. KorpsKmdo., 1914 Obst.i.G., 30.9. 1914 Chef d.Glstbsabt. 4. Armeekommando., 29.8.1915 Glstbchef 4. Armee, 1.1.1916 Vertreter des AOK. Beim dt. Gen.Gouverneuer in Warschau, 30.9. 1917 Kdt.d. 13. Schützen-Brig. 1917 GM., 17.12. 1917 Glstbchef d. Generalinspektors d. Luftstreitkräfte, 14.9. 1918 Chef d. Präsidialabt des AOK, 1.1.1919 Ruhestand

[210] GdI Erzhg. Peter Ferdinand Salvator, * in Salzburg 12.5.1874, + am 8.11.1948 in St. Gilgen, EhRr.d. Deutschen O.

Mich können nur mehr die Berge und jene Zeit heilen, wo ich von alldem nichts mehr höre. Derweil habe ich noch genug moralische Kräfte um der grossen Sache halber auszuhalten. – Aber schön ist es nicht mehr bei der 4.ten, seien Sie froh, dass Sie weit vom Schusse und meiner schlechten Laune sind. Ich habe hier nur einen Trost und das ist die brave 3. Division und ohne mir, geht die nicht weg.
Ich höre, dass sich auch in ihrem Stabe viel geändert hat, was ich für Sie sehr bedaure, es waren ja solche Prachtmenschen dabei! Das macht der lange Krieg – er verlangt seine Opfer – ob immer gerecht? Also, mein lieber Roth, jetzt Schluss mit dem Lamento, ich wünsche Ihnen alles gute für Weihnachten und zu Beginn des 3. Kriegsjahres Heil und Sieg!
Dass ich immer in Gedanken beim 14. Korps bin, das müssen Sie schon lange fühlen. Die schwerste und schönste Zeit meines Lebens habe ich mit ihm durchgemacht, das vergisst man nicht, erst nach dem letzten Atemzug. Also, mein lieber Kriegskamerad, grüssen Sir mir die ‚Kinder' herzlichst und all´ die schönen verzuckerten Bergerln, immer Ihr treuer Erzh. Josef"

Dieser Brief dokumentiert die Freundschaft, die sich offenbar während des ersten Kriegsjahres zwischen diesen beiden hohen Offizieren entwickelt hatte. Diese persönliche Beziehung, die von gegenseitiger Achtung und Wertschätzung getragen war, sollte dennoch die sehr positive Qualifikation, die Erzhg. Joseph Ferdinand Josef Roth angedeihen ließ, durchaus nicht abwerten. Wenn der Erzherzog General Roth für das 3. Kriegsjahr „Heil und Sieg" wünscht, so ist dieser Wunsch für ihn selbst nicht in Erfüllung gegangen: Der Erzherzog ist im Juni 1916 in die Katastrophe von Luck hineingezogen worden. Mjr. Edmund Glaise von Horstenau portraitiert ihn etwas spöttisch mit einem kurzen Federstrich [211]: „Erzherzog Joseph Ferdinand wurde schon drei Tage nach Beginn des russischen Angriffs seines Postens enthoben. Er war sicherlich kein unbefähigter Führer, aber es gebrach ihm an dem nötigen Ernst – das Kommandieren war ihm langweilig geworden, – er zog zeitweilig die Jagd vor".

Das von dem Erzherzog in so herzlichen Worten angesprochene XIV. Korps hatte für GdI Josef Roth auch einen Neujahrsgruß in Gedichtform verfasst, der in seinem künstlerischen Gehalt etwas dahinstolpert, doch ohne falscher Schmeichelei recht deutlich aufzeigt, dass „Vater Roth" wegen seiner Menschlichkeit und seinem Verantwortungsgefühl bei seinen Truppen ungemein beliebt war:
„Durchhalten!, das ist das Losungswort
Durchhalten!, klingt´s von Ort zu Ort
Die ganze weite Welt entlang
Für uns aber hat es besonderen Klang
Durchhalten in alter Lieb´ und Treu´
Trotz allem, was anders ist und neu
Den Geist des alten vierzehnten Korps
Dem unsere Seele die Treue beschwor!
Durchhalten mit ihm, nicht nur Kommandant,
Seit je wird er auch unser Vater genannt,
Ein Vater auch denen, die wund und krank,

[211] Peter Broucek , Ein General im Zwielicht, Bd 1, 372

Gesunde und Kranke sagen ihm Dank.
Der im Wirken so echt und im Worte so klar,
So grüsst ihn sein Korps zum neuen Jahr!"

Am 4. Februar schrieb der Kommandant des 2. Tiroler Kaiserjägerregiments an Josef Roth. Auch dieses Schreiben zeigt die tiefe Verehrung, die der General bei seinen Truppen genoss:
„Euer Exzellenz! Das mitfolgende italienische Bajonett, das sich die Besatzung der Roth-Schanze erbeutet hat, erlaube ich mir, Euer Exzellenz mit der Bitte zu unterbreiten, dieses Seitengewehr als besondere Auszeichnung des Col-di-Lana-Bataillons annehmen und tragen zu wollen. Das ganze Regiment wäre stolz und glücklich, wenn unser ruhmreicher und geliebter Korpskommandant in Nord und Süd dieser ergebenen Bitte willfahren würde".

Die Entschlossenheit der verbündeten Oberkommandos im Jahre 1916, ihre eigenen Strategien und Ziele zu verfolgen, erwies sich für beide letztlich als Katastrophe[212]. Conrad hatte eine seiner Lieblingsideen aus Vorkriegszeiten ausgegraben: Er wollte im Frühjahr 1916 die exponierte Stellung Tirols als Schauplatz für eine Offensive nützen, die nach Süden und Osten, in Richtung Venedig und Adria gerichtet war. Ein derartiger Schlag würde die ital. Hauptarmee, die in Nordostitalien entlang des Isonzo stationiert war, von den übrigen Truppen abschneiden und den Rest der italienischen Halbinsel de facto ohne Verteidigung lassen.
Falkenhayn hatte sich hingegen schon im Dezember 1915 entschlossen, Frankreich an der Maas in eine Ausblutungsschlacht zu verstricken, um nachher gegen das englische Heer einen entscheidenden Schlag führen zu können. Für diesen Vernichtungsschlag plante die DOHL sämtliche auf anderen Kriegsschauplätzen entbehrlichen deutschen Truppen heranzuziehen. Das deutsche Heer war durch diese bis in den Sommer währende – letztlich erfolglose – Dauerschlacht aber nahezu völlig in Fesseln geschlagen.

Conrad von Hötzendorf war daher fast vollständig auf sich selbst gestellt.
Der Aufmarsch stellte für Conrad das Hauptproblem dar, denn keine Armee in der Geschichte hatte jemals eine Offensive in den Alpen mit so vielen Truppenteilen versucht. Es waren hauptsächlich Truppen der zweiten und dritten Linie, die an Dankls Tiroler Front standen. Anfang 1916 standen ihm nur eine von 14 Divisionen, die er für den Angriff benötigte, zur Verfügung. Insgesamt waren daher rund 1.450 Züge notwendig, um die restlichen 13 Divisionen an Ort und Stelle zu bringen. Conrad zog die meisten Kräfte von der Ostfront, den Rest von der relativ nahen Isonzofront ab. Ungewöhnlich mildes Wetter ermöglichte anfangs eine rasche Truppenbewegung. Aber nach dem 1. März setzte an der Tiroler Front Schneefall ein, wodurch sich die Zahl der Züge pro Tag halbierte. Während der folgenden Wochen behinderte ein Schneesturm nach dem anderen die Aufstellung von Truppe und Artillerie. Tausende Soldaten erschöpften währenddessen ihre Kräfte beim Schneeschaufeln.
Durch diese Verzögerungen konnte der so wichtige Überraschungsmoment nicht mehr ausgespielt werden: Bereits am 23. März 1916 wusste der Feind, dass es eine Offensive bevorstand, und begann Truppen von der Isonzofront

---

212 L. Sondhaus, Conrad von Hötzendorf, 196-198

an die Tiroler Grenze zu verlegen. Conrad hatte auf einen entscheidenden 2:1 Vorteil gegenüber der italienischen Armee an der Tiroler Front gehofft, aber die 157.000 Mann der k.u.k. Armee standen schließlich einer verstärkten italienischen Infanterie mit einer Stärke von 114.000 Mann gegenüber. Auch die Zahl der Artillerie war nicht so eindeutig zugunsten Conrads, wie er es gerne gehabt hätte. Währenddessen war die k.u.k. Armee am Isonzo aufgrund der Massierung von Truppen in Tirol gefährlich geschwächt und konnte daher auch die von der Hochfläche der Sieben Gemeinden herabstoßenden zwei Armeen nicht mit einem Entlastungsangriff unterstützen.

Der Kommandant der Südwestfront, Erzherzog Eugen und sein Stabchef, General Krauß, leiteten die Kampfhandlungen von ihrem Hauptquartier in Marburg aus; das Kommando an der Front wurde zwischen Dankls 11. Armee (neun Divisionen) und einer neuen 3. Armee (fünf Divisionen) unter General Kövess von Kövesshaza aufgeteilt.

Sämtliche Kaiserjägerregimenter des XIV. Korps wurden demnach Anfang März von der Dolomitenfront abgezogen, jedoch das Kommando verblieb weiter in Brixen.

Was die Situation des Aufmarsches noch weiter komplizierte, ergab die neue Situation, dass der Thronfolger Erzhg. Karl, entgegen den Wünschen Conrads, den Befehl über das XIV. Korps erhielt, dass nunmehr die Ziffer XX. verpasst bekam.

GdI Josef Roth übernahm nun von GdK Dankl den Posten eines Landeskommandanten von Tirol. Roth wurde damit, mit dem Sitz in Bozen, auch zum Kommandanten aller 5 Rayone – mit Ausnahme der Offensivtruppen. Sein Glstbschef wurde Oberst Putz.

Roth: *„Es war ein sehr unangenehmes, höchst undankbares Komdo mit einer Riesenarbeit!“*

Der entsprechende Kmdo-Befehl von Dankl am 15. März 1916 lautete: *„Der Befehl Sr. Majestät beruft mich an andere Stelle und hiermit übergebe ich das bisher durch 10 Monate geführte LVKommando an Se. Exzellenz General der Infanterie Roth, dem siegreichen Führer des Edelweiss-Korps“.*

Krauß änderte daraufhin den Schlachtplan, um Karls XX. Korps einen lokal begrenzten Sieg zu ermöglichen, wodurch aber der Rest von Dankls Armee an einem beträchtlichen Mangel an Artillerie zu leiden hatte.

Da der wichtige Überraschungsmoment nun nicht mehr gegeben war, begannen alle Beteiligten an dem Angriffsplan herumzuwerken.

Endlich, am 15. Mai 1916, ließ die Schneelage den Beginn der Offensive zu, deren Name bezeichnenderweise „Strafexpedition“ lautete[213].

Die Wucht des öster.-ung. Angriffs, der von schwerer und schwerster Artillerie eingeleitet wurde, war so groß, dass die nunmehr ungefähr ebenso starken Italiener nirgends standhalten konnten. Sie verloren ihre Sperrforts und wurden aus ihren Stellungen geworfen. Da es das Bestreben der k.u.k. Befehlshaber war, den systematisch begonnenen Angriff fortzusetzen, kam es jedoch sehr rasch zu erheblichen Verzögerungen. Die schwere Artillerie ließ sich nur unter außerordentlichen Anstrengungen und dementsprechend langsam nachziehen. Hinzu kam noch, dass der Thronfolger Erzhg. Karl angekündigt hatte, jene Offiziere zur Verantwortung zu ziehen, die nicht so rücksichtsvoll wie möglich mit den ihnen anvertrauten Soldaten umgingen. Die Auswirkun-

[213] M. Rauchensteiner, Österreich-Ungarn, 74-75

gen des sicherlich sehr notwendigen Hinweises war jedoch die Tatsache, dass der Vormarsch nur sehr zögerlich vorankam. In weiterer Folge wurden die beiden k.u.k. Armeen am Austritt in die Ebene gehindert und in einigen Abschnitten sogar auf ihre Ausgangstellung zurückgedrängt.
Bereits zehn Tage nach Beginn der Südtirol-Offensive erwarteten die Italiener einen russischen Entlastungsangriff, um den österreichischen Druck auf dem italienischen Kriegsschauplatz zu vermindern.
General Brussilow begann seinen Angriff mit einem von den Russen bis dahin nicht angewendeten intensiven Trommelfeuer, das die k.u.k. Truppen –allen voran die 4. Armee – eher unvorbereitet traf. Die katastrophale Situation wurde schon auf der Seite 91 kurz angesprochen: die Russen griffen bei Luck an und brachen durch.
Das AOK war zunächst wie gelähmt. Conrad konnte sich nicht entschließen, Truppen aus Italien abzuziehen, da die Bestrafung des „perfiden" ehemaligen Bündnispartners in seinem Denken absolute Priorität besaß. Zwei Divisionen wurden dann doch an die Russische Front umgeleitet; auch Falkenhayn sprach plötzlich davon, Truppen zur Verstärkung zu schicken. Um noch zu retten, was zu retten war, musste Conrad die Südtirol-Offensive abbrechen.

Hatte die k.u.k. Armee in Italien ohne Roths´ Eingreifen glücklos gekämpft, konnte Josef Roth persönliche Erfolge verbuchen: Am 19. Mai 1916 wurde Roth wirkl. Geheimer Rat und am 19. Juni wurde er von Kaiser Franz Joseph in den erblichen Ritterstand mit dem Adelsprädikat „von Limanowa-Lapanów" erhoben.
Monate intensiver Inspizierungen aller Rayons lagen hinter ihm.
Der Kriegsberichterstatter Georg Bittner legte unter dem Titel „Fahrt zur Dolomitenfront" einen Bericht[214] vor, der auch – wie sorgsam hinzugefügt wurde –, vom Kriegspressequartier genehmigt worden war:
„Standort eines Grenzabschnittkommandos in den Dolomiten, 7. Mai 1916. Es ist ein ausgesprochener Unterschied zwischen den Orten hinter unseren östlichen und denen hinter unseren westlichen Fronten. Im Osten ist der Krieg Ausrede für vieles, im Westen niemals. Im Osten wird jede Nichtigkeit auf das Konto des Krieges gesetzt, zweifelhafte Bettücher, faule Kellner zerbrochene Coupêfenster. Im Westen ist alles so nett und anständig geblieben, wie nur je im Frieden. (...)
In Bozen sah ich den lieben, freundlichen Exzellenzherren wieder. Einen jener hochgestellten, österreichischen Männer, deren volle Kraft und Güte auch erst durch den Krieg offenbar geworden ist. Einer von jenen Siegern, der alles Starre und Eiserne, das der Krieg sicherlich auch ihm aufgezwungen hat, irgendwo tief in seinem Inneren verbirgt, es für sich behält, unnütz findet, damit zu klirren. Ich traf ihn in Galizien, dann in Rußland , jetzt in Tirol. Läge es in seiner Art, je von dem Erlebten und Errungenen zu reden, oder auch nur zu dulden, daß davon in seiner Gegenwart gesprochen werde, so würde er ganz sicherlich dazu lächeln.
Der Exzellenzherr erlaubte mir also, gleich am nächsten Tag mit dem Auto des Kuriers dolomitenwärts loszufahren. Die Fahrt geht durch eine Schlucht, die im Baedeker mit allen erdenklichen Sternen ausgezeichnet ist. Die berühmte Straße zwischen Felswand und Schlucht war dem Kriege zu enge ge-

[214] Neues Wiener Journal, 17. Mai 1916

worden. Train- und Lastautokolonnen müssen Tag und Nacht durch die Schlucht, bergauf und bergab aneinander vorbei; denen war die Straße der Postkutschen und Vergnügungsfiaker zu schmal und zu steil. Wo es am notwendigsten war, ist die Straße längst gehoben und verbreitert. (....)
Je näher das Auto der Paßhöhe kommt, desto höher liegt noch der Schnee. Dem Kommando dort oben untersteht ein gewaltiges Stück der Grenzkämme in Hochgebirge, und ich hatte durch mehrere Tage Gelegenheit zuzusehen, wie die einzelnen Referenten von den verschiedensten differenzierten Aufgaben, vor die sie die Sorge um Verteidigung und Nachschub stellt, ständig in Atem gehalten werden, bald in den Stellungen, bald in den Kanzleien arbeiten und auch dort durch das Telephon nahezu in unausgesetzter Verbindung mit den Kampftruppen bleiben".

Doch nicht nur zu Journalisten pflegte GdI Roth beste Kontakte[215]: *„Am 8. VI. inspizierte ich das Stilfserjoch, musste wegen starken Schneefalles ca. 2 Stunden im Schnee patschend aufsteigen; war sehr anstrengend. Oben an der Schweizer Grenze von den Schweizer-Offizieren sehr nett begrüßt. Nach Mittagessen abgestiegen, kam sehr abgespannt mit starken Kopfschmerzen beim Auto an. Bei der Rückfahrt geschah beim Auto ein Achsbruch, wir wurden alle aus dem Auto geschleudert. Es kam mit der Zeit ein anderes Auto zu Hilfe".*

Durch den erfolglosen Angriff der k.u.k. Armee in die ital. Tiefebene und die Katastrophe von Luck waren wieder Umgruppierungen notwendig geworden. Josef Roth betraf das nur indirekt, als Erzherzog Eugen nunmehr zum Landesverteidigungskommandanten von Tirol ernannt worden war. Roth wurde als Befehlshaber der Rayons IV und V, des Korps Roth sowie in nachschubtechnischen Dingen auch von ganz Nordtirol, zurückgestuft, *„... also ein kleines Armee-Comdo ohne Gebühren..."* notierte Roth sarkastisch in sein Kriegstagebuch[216].
GdI Roth setzt fort [217]: *„Mein Generalsstabschef wurde wieder der liebe gute Obst. Langer, mit dem ich am 21. August (1916) nach Brixen übersiedelte. Mehrere Herren meines Stabes gingen mit mir. Ich wurde in Br. festlich empfangen, alle Honoratioren erwarteten mich. Leider erfolgte gerade an diesem Tage eine starker Angriff auf Dosaccio, unser Bergplateau Colbricon ging verloren."*

Die 6. Isonzoschlacht, die von den Italienern Anfang August südlich von Tolmein bis zu Meer gestartet worden war, bewirkte einen raschen Abzug von k.u.k. Truppenteilen der Tiroler Front. Der verzweifelt verteidigte Brückenkopf von Görz ging zwar verloren, doch die herangeführten Reserven konnten die Angriffe der Italiener am 15. und 16. August erfolgreich abwehren. Die italienische Offensive endete letztlich mit der Eroberung von Görz.

---

[215] J. R-L., Kriegstagebuch, 64
[216] ebda, 65
[217] ebda, 66

Anfang September 1916 begab sich GdI Josef Roth nach Kardaun, wo eine Besprechung mit FML Ludwig Goiginger[218] (Anm: zu diesem Zeitpunkt Kdt der 90. ITD im Rayon IV) stattfand um die Angriffe auf den Cauriol zu besprechen. Bei Tesero beobachtete Roth in den darauffolgenden Tagen die Kämpfe auf dem Cauriol-Pass, doch die Angriffe scheiterten.
An der Front in Kärnten und Tirol mussten die österr.-ung. Truppen heftige italienische Angriffe im Raum Cortina d´Ampezzo, in den Fassaner Alpen und im Raume Pasubio abwehren. Vom 3. bis 8. Oktober erlebte GdI Roth die schweren feindlichen Angriffe von Alpini- und Bersaglieri-Einheiten an der Fleimstaler Front, welche trotz der großen Abwehrerfolge des Kaiserschützenregiments III zum Teil für den Feind erfolgreich waren, *„...und uns schwere Sorgen bereiteten“,* wie Josef Roth diese bitteren Stunden festhielt.
Anlässlich der bis zum 21. Oktober 1916 dauernden schweren italienischen Angriffe gegen den Pasubio gelang es dem 1. und 3. Tiroler Kaiserjägerregiment, unter schwersten Verlusten den Besitz des hartumkämpften Berges zu behaupten.[219]
Der diesmal frühzeitig und mit starken Schneefällen hereinbrechende Winter – mit Schneehöhen bis zu 5 Meter – beendete rasch alle Kampfhandlungen in den Gebirgsregionen. Dafür trat den österr.-ung. Truppen ein neuer furchtbarer Gegner, der Lawinentod[220], entgegen. Zahlreiche mächtige Lawinen rissen Barackenlager und Trägerkolonnen in die Tiefe, verschütteten Stellungen und Verbindungswege und verursachten schwerste Menschenverluste sowie bedeutende Materialeinbußen. Vom 5. bis 14. Dezember 1916 fanden beispielsweise 795 Soldaten durch Lawinen den Tod, während 505 vermisst blieben und ebenfalls den Toten hinzuzuzählen sind.
Dazu vermerkte GdI Roth in sein Tagebuch[221]: *„14. XII. Fahrt über Karrersee zur Inspizierung der Marmolata-Lawinen-Katastrophe – wobei rund 1.000 Menschen verunglückt sind“.*
Am 21. Oktober 1916 wurde Ministerpräsident Graf Karl Stürgkh im Hotel „Meisl & Schaden“ in Wien vom Sohn des Führers der österreichischen Sozialdemokraten, Friedrich Adler[222], erschossen. Noch ehe die Arbeit des neuen Regierungschefs, Baron Koerber, zur Beurteilung stand, starb Kaiser Franz Joseph am 21. November 1916 in Schönbrunn[223]. Der Tods des Kaisers war schon lange erwartet worden, war aber letztlich doch ein Schock. Man be-

[218] FZM Ludwig Goiginger, * am 11.8.1863 in Verona, + in Neustift/Graz am 28.8.1931, 1881 aus der Geniekadettenschule als Kadett-Offzstv. zu Geniergt. 2, 1884 Lt., Glstbslfbahn, 1912 Kdt. 122 IBrig., 23.5.1912 GM., im WK Brigadier, ab 1.10 1914 betraut mit Kdo. D. 32.ITD, zuletzt 12.10.1916 Kdt. 73.ITD., 8.3.1918Kdt. XXIV.Korps, 6.6.1918 FZM, 19.7.1918 Kdt. XVIII.Korps (an der Westfront), 1.1.1919 pens. Erhielt für seine Verdienste in der 11. Isonzoschlacht die Goldene Tapferkeitsmedaille für Offz., Goiginger erhielt die Anwartschaft auf das Ritterkreuz des MMThO zugesprochen, Verfasser zahlreicher kriegshist. Aufsätze in der ÖWZ.
[219] R. Kiszling, Österr.-Ung. Anteil, 38-39
[220] Während der Verfasser dieses Kapitel schrieb, berichtete die „Kronen Zeitung“ Nr.15.916 vom 29. August 2004 unter dem Titel „Der Krieg im ewigen Eis“, dass am 20. August 2004 auf dem 3.594 Meter hohen Piz Giumela in der südl. Ortlergruppe drei mumifizierte Körper von Kaiserjägern aus dem ewigen Eis herausgeapert sind. Gerichtsmediziner Dr. E. Egarter-Vigl, Univ.Innsbruck, vermutet, dass die Toten als Lawinenopfer zu gelten haben, da die Körper keine Einschüsse oder Verletzungen aufweisen. Egarter-Vigl vermutet noch weitere 4.000 erstickte Soldaten im Gletschereis der Alpenfront.
[221] J. R-L., Kriegstagebuch, 67
[222] Friedrich Adler, * am 9.7.1879 in Wien, + am 1.1.1960 in Zürich, 1919-1923 sozialdemokratischer Abgeordneter zur prov. Nationalversammlung und zum NR
[223] M. Rauchensteiner, Österreich-Ungarn, 76

trauerte vor allem den Hingang eines unvergleichlichen Symbols, einer integrativen und Autorität ausstrahlenden Persönlichkeit. Zunächst aber galt die Aufmerksamkeit dem neuen Herrscher, Kaiser und König Karl. Als Vertreter einer wesentlich jüngeren Generation setzte man in ihn große Erwartungen. Der Thronfolger trat mit einer Mischung aus Unerfahrenheit, Idealismus, tiefer Religiosität, persönlicher Präferenzen und Abneigungen sein neues Amt an. Kaiser Karl brachte bekanntlich dem deutschen Verbündeten keine großen Sympathien entgegen und war bemüht, für den Frieden und gegen den Krieg zu kämpfen.
Schon bald begann der junge Kaiser, Personen an der politischen und militärischen Spitze auszutauschen. So übernahm Kaiser Karl am 2. Dezember 1916 persönlich den Oberbefehl über die gesamte bewaffnete Macht; Erzhg. Friedrich wurde zu seinem Stellvertreter „degradiert".
Die Personen wechselten zwar, doch die Probleme blieben und türmten sich. Tatsache war, dass in der österreichischen Reichshälfte – trotz der strengen Bewirtschaftung – die Not zunahm. Eine Hungerkatastrophe ließ sich nicht mehr verhindern. Die Zahl der Menschen, die allein in Wien Kriegsküchen frequentieren mussten, war bis Ende 1916 von 54.000 auf 134.000 gestiegen. Die öffentlich ausgegebenen Abendmahlzeiten mussten eingestellt werden, da kein Geld mehr dafür vorhanden war.

Inmitten all dieses tausendfachen Todes an den Fronten am Isonzo, an der Balkanfront, im Osten und an der Heimatfront, durch die oben beschriebene Hungersnot in Cisleithanien, erreichte GdI Roth ein Handschreiben von einem militärischen Führer, der um seine persönliche „Public Relations" besorgt ist:

„Im Felde 21.XII. 1916. Euer Exzellenz!
In dankbarer Anerkennung der hervorragenden Leistungen meiner tapferen Heeresgruppe habe ich allen Offizieren und Gleichgestellten mein Bild und der Mannschaft ein Erinnerungsblatt gewidmet. Indem ich die Quartiermeisterabteilung beauftrage das weitere behufs Zusendung der Weihnachtsgabe zu überlassen, bitte ich Euer Exzellenz das mitfolgende Bild freundlichst entgegennehmen zu wollen und meine innigsten Glückwünsche für Weihnachten und zum neuen Jahr versichert zu sein. Mit herzlichen Grüßen verbleibe ich Euer Exzellenz ergebener Erzherzog Eugen, FM."

Das Jahr 1917 beginnt mit einem großen Auftritt[224]: *„Am 15. I. Ankunft des Kaisers Karl in Bozen, ich mit Ehrenkompanie* (präsent). *Beim Empfang, begeisterte Ovationen!"*
Roth begleitete den Kaiser entlang der Fleimstalfront (Anm.: Siehe auch Lageskizze 4, Seite 92) und fuhr mit ihm über Cavalese, Predazzo, Moenna und dem Karrersee wieder nach Bozen.

Ende Jänner erfolgte entgegen seiner sonstigen Gepflogenheit, in sein Tagebuch ausschließlich militärische Eintragungen vorzunehmen, eine Ausnahme[225]: *„Am 30. I. Silb. Hochzeitstag".*

[224] J. Roth-Limanowa, Kriegstagebuch, 68. Hinweis: Der Empfang des Kaisers am Bahnhofperron zu Bozen wurde von der k.k. Heersfilm- und Lichtbildstelle gefilmt. Eine Kopie des Filmes besitzt das ORF-Archiv Wien 13.,
[225] ebda, 68

Doch auch höchste militärische Positionen standen zur Disposition: Am 27. Februar 1917 setzte Erzhg. Friedrich Franz Conrad von Hötzendorf über Kaiser Karls Entschluss in Kenntnis, dass Conrad aus der Position des Generalstabschefs zu weichen habe[226]. Friedrich teilte Conrad jedoch auch mit, dass der Kaiser wünsche, dass er als Heeresgruppenkommandant in Tirol weiterhin aktiv seinen Dienst versehen sollte. Conrad wollte das Angebot zunächst ablehnen und um Versetzung in den Ruhestand ersuchen, aber anlässlich einer privaten Unterredung im AOK an jenem Abend überredete ihn Kaiser Karl dazu, den Posten anzunehmen. In einem offiziellen Handschreiben erklärte Kaiser Karl FM Franz von Conrad , dass seine *„bewährte Kraft an anderer wichtiger Stelle“* gebraucht werde. Im letzten Absatz der Schreibens verlieh ihm der Kaiser offiziell den Militär-Maria Theresien-Orden.

Am 2. März 1917 wurde Conrad zum Kommandanten der „Heeresgruppe Feldmarschall Conrad“ in Südtirol ernannt. Das Hauptquartier von Conrads neuem Heeresgruppenkommando, zu dem die 10. und die 11. Armee gehörten, befand sich in Bozen. Er trat am 11. März seinen Posten an und entlastete damit Erzhg. Eugen, der in sein altes Hauptquartier in Marburg zurückkehrte.
Gdl Josef Roth muss sich sogleich auf die neue Kommandolage einstellen[227]:
„Am 24. III. inspizierte der neue H.Gr.Cdt. FM. Conrad, ich begleitete ihn, trotzdem ich nicht ganz gesund war. Karrersee, Vigo, Moenna, zu Fuß Aufstieg (auf den) *Pirawac.. Am 25.III. über Predazzo, Panchia, Cavalese. Es war eine elendes Winterwetter. Bei der Fahrt mit Conrad im geschlossenen Auto über die Serpentinen von Karrersee nach Vigo versagte die Bremse und wir wären beinahe über den steilen Abhang heruntergesaust, wenn uns nicht im letzten Augenblick ein Radabweiser aufgehalten hätte“.*
Nach der Rückkehr von dieser nicht ganz ungefährlichen Inspektionsfahrt erwartete Roth ein erfreuliches Schreiben[228]:
„Brixen am 27. März 1917. Eure Exzellenz!
Nachdem die über Auftrag der Heeresverwaltung durch die k.u.k. Genie-Direktion Brixen durchgeführte Rekonstruktion der Eisackbrücke zunächst des Exerzierplatzes in der Gemeinde Milland-Sarns bei Brixen in den letzten Tagen fertiggestellt worden ist, konnte die zum Zwecke der Kollaudierung und der Übergabe der Brücke für den Verkehr an Ort und Stelle erschienene gemischte Kommission die tadellose, in allen Teilen vollkommen fachgemäße Ausführung der Rekonstruktionsarbeiten, die wegen des äußerst schlechten Zustandes der alten Brücke von bedeutendem Umfange waren, feststellen.
Bei diesem Anlasse wurden seitens sämtlicher Kommissionsteilnehmer, unter diesen, seitens der Vertreter der k.k. Bezirkshauptmannschaft Brixen, der Gemeinde Milland-Sarns, der Stadtgemeinde Brixen, der Eisackregulierungs-Genossenschaft Brixen-Albeinser Eisenbahnbrücke, des Kurvereins Brixen, des Verschönerungsvereines Brixen, – auf die hohen Verdienste, welche Eure Exzellenz sich um das Zustandekommen dieses Werkes erworben haben, hingewiesen.
In dankbarster Anerkennung der mächtigen Förderung dieser für die ganze Gegend vorteilhaften und derselben zum grossen Nutzen gereichenden Brük-

[226] L. Sondhaus, Conrad, 212
[227] J. R-L., Kriegstagebuch, 68-69
[228] KA, NL B 14 : 15; Typoskript: Josef Roth. Soldat und Mensch, Juli 1939, o.V, ca. 70 S., n. pag

kenbaute durch Eure Exzellenz, wurde der Beschluss gefasst, zum immerwährenden Gedächtnis an Eure Exzellenz, als dem sieggekrönten Feldherren und Führer unserer heimatlichen Truppen, zur Erinnerung an diese grosse Kriegszeit, die Brücke fortan ‚General Roth-Brücke[229]' zu nennen. Von der dankbaren Zivilbevölkerung Brixens´ und Umgebung bin ich beauftragt, Eure Exzellenz um die gütige Zustimmung zu diesem Beschlusse zu bitten. Der Bezirkshauptmann Johann Niederwieser"
GdI Josef Roth ließ sich erst nicht lange bitten und willigte gerührt ein.

Im April wurde GdI Josef Roth der Leopoldorden I. Klasse verliehen.
Eine weitere Ehrung ließ nicht lange auf sich warten und freute General Roth ebenso[230]:

„*Brixen, 16. Juni 1917.* (Briefkopf mit Stadtwappen): *Der Bürgermeister der Stadt Brixen:*
Euer Exzellenz!
In der gestrigen Sitzung hat der Bürgerausschuss der Stadt Brixen einstimmig folgenden Beschluss gefasst: ‚Mit Rücksicht auf die vielen Verdienste, welcher Euer Exzellenz um die Stadtgemeinde in dieser schweren Zeit erworben haben, wodurch der Stadtgemeinde die Erfüllung ihrer Aufgaben auf dem Gebiete der Approvisierung und der anderen öffentlichen Interessen wesentlich erleichtert wurde, beschliesst der Bürgerausschuss der Stadt Brixen, Euer Exzellenz zum Ehrenbürger der Stadt Brixen zu ernennen.'
Der ergebenst Gefertigte erfüllt eine freudige Pflicht, indem er die Ehre hat, Euer Exzellenz vorläufig hievon Mitteilung zu machen mit der Bitte, dies als den Ausdruck der Verehrung und Dankbarkeit der Bevölkerung Brixens Euer Exzellenz gegenüber gütigst annehmen zu wollen.
Gez. BgM-Stv[231]. Roman Schwaighofer ".

Am 29. Juli wurde in einer Sondersitzung des Gemeinderates Brixen feierlich das Ehrenbürgerdiplom vom Magistrat Brixen an General Roth überreicht.
Doch nicht nur Josef Roth wurde geehrt, sondern auch seine Gattin. Die Präsidentin des „Präsidiums der Männer und Frauen vom Roten Kreuze Brixen", Bertha Niederwieser erklärte am 15. August 1916 in einer Urkunde[232] „...Ihre Exzellenz Frau Malwine Roth von Limanowa-Lapanów" zur Ehren-Präsidentin des Roten Kreuzes Brixen".
Nach einer sechsmonatigen Pause trat das Italienische Heer am 12. Mai 1917 zum zehnten Waffengang an der Isonzofront an. Nach wechselvollen Kämpfen gegen eine ital. Übermacht musste am 24. Mai das AOK bzw. das Kommando der Südwestfront das Heranführen von weiteren Kräften aus Tirol und Kärnten sowie von der Ostfront einleiten, um einen Zusammenbruch des Südflügels der öster.-ung. 5. Armee auf dem Karst zu verhindern. Trotz eines bis-

[229] Dr. Hubert Mock vom Stadtarchiv Brixen berichtete dem Verfasser am 30. Aug. 2004, dass die in den Kämpfen 1945 beschädigte Brücke in den frühen 1950er-Jahren abgetragen wurde.
[230] ebda
[231] Dr. Hubert Mock, v. Stadtarchiv Brixen berichtet dem Verfasser am 30. Aug. 2004, dass es zum Zeitpunkt der Verleihung der Ehrenbürgerschaft am GdI Roth in Brixen keinen Bürgermeister gegeben habe, zumal BgM Johann Stremitzer am 8. Aug. 1915 zum Zeitpunkt der Einweihung des Sodadatenfriedhofes infolge eines Schlaganfalles verstorben war. Die Amtsgeschäfte führte sein Stv., R. Schwaighofer bis November 1918, als ein BgM wieder formell ernannt worden war.
[232] Stadtarchiv Brixen, Personalakt A-091148 „General Roth-Limanowa"

her am Karst noch nicht gesehenen Artillerieeinsatzes seitens der Italiener wehrte die verbissen kämpfende österr.-ung. Infanterie mit letzter Kraft den übermächtigen Gegner ab.
Auch in der darauffolgenden Juni-Schlacht in den Sieben Gemeinden konnten von der verzweifelt kämpfenden k.u.k. Armee der strategisch wichtige Ortigara-Gipfel wieder zurückerobert und gegen wiederholt anstürmende italienische Infanterie gehalten werden. Damit fanden die unter der Bezeichnung „Ortigara-Schlacht" bekannten Kämpfe ihr Ende. Für die Italiener wog der Verlust von rund 23.000 Mann an Toten und Verwundeten besonders schwer, da sich unter diesen in der Hauptsache für den Gebirgskrieg besonders ausgebildete Alpini befanden.

Im Sommer 1917 hatte Roth zahlreiche Besuche in Brixen zu empfangen: Den Reigen eröffnete Landesverteidigungsminister GO von Georgi, dann Erzhg. Leopold Salvator als Artillerieinspektor, der Stadthalter von Tirol Graf Meran und schließlich sein alter Vorgesetzter und freundschaftlich zugetaner Kriegskamerad von Limanowa bis Luck, GO Erzhg. Josef Ferdinand.

Anfang September 1917 wurde General Roth in Plötzwiese von seinem langjährigen Adjutanten, Rittmeister Graf Botho Coreth, mit einer dringenden Depesche des AOK und einem beigefügten persönlichen Schreiben des neuen Chefs des Glstbes, Arz v. Straussenburg, aufgesucht. In der Depesche wurde Josef Roth mit lobendem stilistischen Beiwerk aufgefordert, den Posten eines Generalinspektors der militärischen Bildungs- und Erziehungsanstalten zu übernehmen.
Roth spürte, dass ihn jemand aus seiner bisherigen Position nach Wien wegloben wollte, den ersten Verdacht, es könnte sich um FM Conrad von Hötzendorf handeln, ließ er bald fallen. Im Rückblick ist jedoch auffallend, dass – wie schon berichtet – Conrad in seinem Vormerkblatt für die Qualifikationsliste Gdl. Josef v.Roth über den Zeitraum 11. März 1917 (Anm.: Dienstantritt Conrad in Tirol) bis zum 7. Dezember 1917, Roth zwar nicht zum Armeekommandanten für geeignet hielt, jedoch noch eher zum Inspektor der Militär-Bildungsanstalten. Ob da nicht ein bereits ausformulierter Gedanke ausgegraben worden war?
Wie auch immer: Einige Tage später fährt General Roth kurz entschlossen zum neuen Standort des AOK nach Baden bei Wien und forderte Arz v. Straussenburg zu einem offenen Gespräch heraus. Dieser erklärte Roth, dass er den vom AOK vorgeschlagenen Posten nicht annehmen müsse, wenn er nicht wolle. Gdl. Arz stellt ihm sogar ein Kommando in Russland ganz vage in Aussicht.
Doch Josef Roth reagierte wie der legendäre Bezirkshauptmann Baron von Trotta im berühmten Roman „Radetzkymarsch" aus der Feder seines „Namensvetters": er bat um eine Audienz beim Kaiser persönlich.
General Josef Roth von Limanowa-Lapanów, wirkl. Geheimer Rat, wird von Hofmeisteramt vorgeladen[233]. *„Am 8.IX. erschien ich in Audienz beim Kaiser in Reichenau. War sehr lieb und gnädig und bewilligte mir meine Bitte, bei der Armee im Felde bleiben zu dürfen".*

[233] J. R-L., Kriegstagebuch, 70

Den Rest des Monats verbringt General Roth mit der Inspizierung seiner Rayons in den mittlerweile von ihm sehr geliebten Tiroler Bergen.

Während der Monate August und September 1917 hatte die österr.-ung. 5. Armee unter GO v. Boroević rund um die zerschlagene Karstlandschaft von Görz und dem nördlichen Eckpfeiler der Front am Ostrand des Görzer Bekkens, dem Monte S. Gabriele (Anm: Auch „Monte del morte" genannt), unter hohen Opfern einen großartigen Abwehrkampf gegen General Cadornas´ heranflutende Truppen durchgestanden. Das Ende der 11. Isonzoschlacht ergab wieder einen opferreicher „Abwehrsieg" der k.u.k. Armee.
Knapp vor der 12. Isonzoschlacht nahm GdI Roth an einer lokalen Unternehmung am Monte Piano teil. Der Monte Piano, der „Würger des Pustertales[234]", war schon im Juni 1915 unter dem Kommando von FML Ludwig Goiginger von Landesschützen auf einer als absolut unbegehbar eingestuften Route gestürmt worden. Seit dieser Zeit hatten 14er „Hessen", 59er „Rainer", und „Kaiserschützen" immer wieder die Verteidigung dieses Hochplateaus unter hohen Opfern durch schweres Artilleriefeuer durchgestanden.
Roth berichtet darüber und analysiert nüchtern die Probleme, die sich der k.u.k. Armee im 3. Kriegsjahr entgegenstellten[235]: *„Am 13. und 14. X. in Niederdorf beim Oberst Krammer Besprechung wegen Unternehmung am Mte. Piano. Auf dem letzteren Berge hatten die Italiener uns eng umfasst, dass wir uns nicht mehr rühren konnten, die Verbindung mit M. Piano war nur mehr bei Nacht möglich. Eine Stabilisierung oben war nur durch eine Unternehmung möglich. Die Genehmigung dazu hat sich Obst. Krammer direkt beim FM. Conrad erbettelt. Mit Hilfe eines vom A.O.K. beigestellten, deutschen Sturm-Baons, dann mit Unterstützung des Korps-Kdos und des Div.Cdos durch einige Truppen Abtlgn, Geschützen, Munition etc. sollte ein Angriff auf die Italiener durchgeführt werden.*
Am 19. Oktober, letzte Besprechung in Niederdorf. Infolge eintretender Schneefälle und der Schwierigkeit , Munition auf den Mt. Piano zu schaffen, wurde der Angriff verschoben; – natürlich wussten die Italiener längst davon.
Am 22.X. (meinem Geburtstage!) verbrachte ich den ganzen Tag, nach einem mehrstündigen Fussmarsch in der Nacht, in einem Unterstand auf dem Knollköpfen, um den Angriff auf den Mt. Piano zu beobachten. Leider ist er bei grossen eigenen Verlusten misslungen.
Gründe: Verrat! Die Italiener wussten alles und hatten mehr Truppen zur Abwehr bereitgestellt, als wir für den Angriff; zu wenig schwere Artillerie, zu wenig Munition, schlechte Artillerieleitung, schlechte Detailleitung der Infanterie, mangelnde Entwicklungsmöglichkeiten seitens der Infanterie; Versagen der Deutschen, – welche zwar Alles befehlen wollten, aber im Gebirge zu arbeiten nicht gewohnt und nicht geschult waren.
Am 24. X. An diesem Tage begann die grosse österr.- deutsche Offensive bei Karfeit und Görz".
Der Beginn dieser wichtigen Offensive war auf den 22. Oktober 1917 festgelegt worden. Ab dem 20. September liefen die Aufmarschtransporte über die Tauernbahn in den Raum Villach, über die Linie Selztal, St. Michael, Klagenfurt, Assling, die Südbahn, die damalige Unterkrainerbahn und die Pustertalbahn in die Ausladeräume nördlich und nordwestlich von Laibach sowie an

234 Gunther Langes, Die Front in Fels und Eis, 44-45
235 J. R-L., Kriegstagebuch 70-71

der Strecke Villach, Tarvis. Der Antransport der Truppen und des Kriegsmaterials erforderte in dieser Zeitspanne rund 2.400 Eisenbahnzüge. In den Angriffsraum führten jedoch nur vier Aufmarschstraßen, über die der Anmarsch der Truppen und der Nachschub abgewickelt werden musste.
Ein wichtiger Nebenaspekt: Da die Einsenbahnen der Monarchie wochen- und schließlich monatelang fast nur Truppen und Kriegsmaterial transportiert hatten, war es nicht möglich gewesen, das für den herannahenden Winter wichtige Brennmaterial und kälteempfindliche Lebensmittel zu transportieren. Mit ein Grund für die folgende Hungerkatastrophe in Cisleithanien und dem Ausbruch von Hungerrevolten.
Das schlechte Wetter und die logistischen Probleme erzwangen eine Verschiebung des Angriffsbeginns. Die ital. Führung konnte trotz Vortäuschens eines Aufmarsches der Verbündeten an der Südtiroler Front und des Ausfalles der ital. Luftaufklärung bis zum 22. Okt. 1917 ein ziemlich zutreffendes Bild über die zu erwartendes Offensive gewinnen, zumal an jenem Tag übergelaufene Offiziere tschechischer und rumänischer Nationalität wichtige Einzelheiten des Angriffes preisgegeben hatten.
Doch dann, am 24. Oktober 1917, begann ein für die k.u.k. Armee erfolgreiches Unternehmen, das als 12. Isonzo-Schlacht in die Geschichte eingehen sollte.[236]
Der deutsche Giftgasangriff nach Ende des Vorbereitungsschießens brachte für die k.u.k. Armee einen unerwarteten Vorteil, da die italienischen Gasmasken von den deutschen Giftgassorten durchdrungen wurden und eine tödliche Wirkung hatten.
Anschließend begannen drei deutsche und ein österr-ung. Korps durch die Talengen und über die angrenzenden Gebirgszüge vorwärts zu stürmen. Nach insgesamt 72 Stunden stand die ital. 2. Armee vor der Vernichtung. Inzwischen hatten die zwei Armeen der k.u.k. Heeresgruppe Boroević begonnen, an die adriatische Küste vorzugehen und drängten die ital. 3. Armee zurück. Der Wettlauf zur Piave begann.
GdI Josef von Roth ist zunächst nur Zaungast dieses gewaltigen Ringens, doch er versucht Eigeninitiative zu entwickeln und sich einzubringen[237]: *„Am 1. XI. glänzender Sieg zwischen Isonzo und Tagliamento entschieden. In der Erwartung der Fortsetzung des feindl. Rückzuges entschloss ich mich, unsere Front* (Anm.: Rayon IV) *zu räumen und mit dem Korps einen Stoß von Predazzo ins Primör zu machen. Ich hätte dazu ca. 26 Baone aufbringen können. Entschluss wurde oben genehmigt; wir gingen mit Begeisterung daran, alle Vorbereitungen zu treffen. Am 3. XI. begann der Feind schon an unserer Front im östlichen Teil des Rayons V. abzubauen.*

[236] M. Rauchensteiner, Öster.-Ung. 79
[237] J. R-L, ebda 71-72

Lageskizze 5

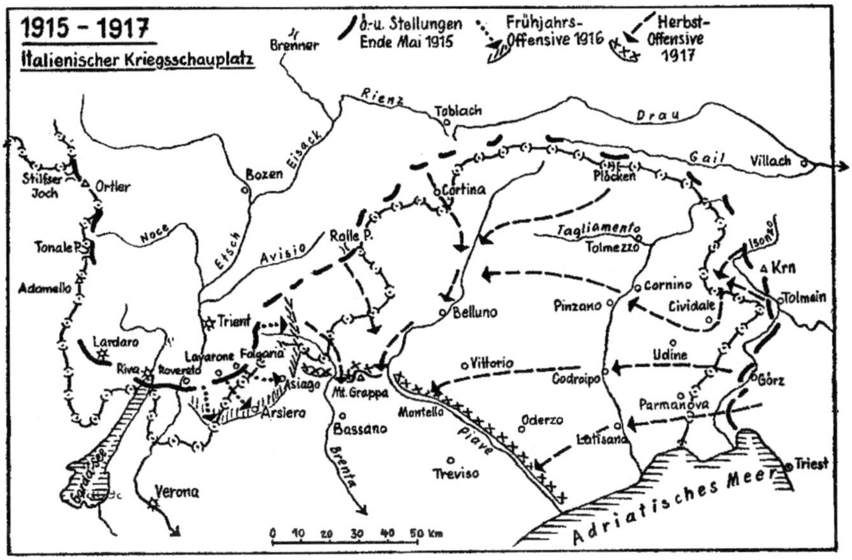

Am 5.XI. abends kam der erschütternde Befehl, dass wir keinen Stoss machen dürfen, sondern auch die Gruppe FML. Steinhardt nach Trient senden müssen. Der gewaltige Stoss wurde nicht erlaubt, alles musste nach Trient verschoben werden, was sehr lange gedauert hat und wohl zu nichts führen wird. Ich sprach noch abends persönlich telefonisch mit Conrad, umsonst: es bleibt dabei. Alle Truppen gehen von uns weg und wir müssen als eine Art ‚Zivilbehörde' in Brixen sitzen und zusehen!
Am 6. und 7. XI.: der Feind vor unserer Front in vollem Rückzug. Wir können ihm nicht einmal folgen oder irgend einen Abbruch tun! Am 12.XI. fuhr ich per Auto in das vom Feind geräumte Cortina d'Ampezzo.
Unsere quälende Ungewissheit, was mit uns ohne Truppen geschehen wird, wurde endlich gelöst, als am 14. früh das Telegramm kam, sofort nach Vezzano abzugehen, wo ich das Komdo des Rayons III[238]. zu übernehmen hatte".
Roth hatte verzweifelt zur Kenntnis nehmen müssen, dass Conrad ein eigenes strategisches Spiel spielte und die Truppen in Roths´ Befehlsbereich woanders massiert einsetzen wollte: Somit schlossen sich sechs ID der Heeresgruppe Conrad am 10. November 1917 der Offensive zum Piave an. Diesen rasch zusammengezogenen Kräften, die aus dem Raum Asiago den Durchbruch in Richtung Valstagna erstrebten, gelang jedoch mit Ausnahme der Erstürmung des Mt. Meletta kein durchschlagender Erfolg. Roth hatte Recht behalten, doch das hat den alten Soldaten und Patrioten wohl nur noch mehr betrübt.
Schon am 2. Dezember hatte Kaiser Karl den Befehl zur Einstellung der Offensive gegeben. Aus dem Blickwinkel der hohen Kriegsführung gesehen, mag das Ergebnis nicht voll befriedigt haben, weil am Tagliamento und im Grappagebiet wohl nicht alle Möglichkeiten ausgeschöpft wurden[239].

[238] Rayon III: Etwa der Abschnitt vom Reschenscheideck bis zum Gardasee
[239] R. Kiszling, Österr.-Ung. Anteil, 68

Da nunmehr die Dolomitenfront kein unmittelbares Kampfgebiet mehr war, wurde durch diese Frontverkürzung das 10. Armeekommando, welches von FM Alexander von Krobatin[240] befehligt wurde, nach Trient verlegt. General Roth wurde gleichzeitig mit seiner neuen Verwendung auch sein Stellvertreter. Dieser Zusammenarbeit sollte keine lange Zeitspanne beschieden sein. Beide Herren begaben sich den ganzen Dezember auf Inspektionsfahrten. Knapp vor Weihnachten erfuhr General Roth, dass FM. Krobatin zu Weihnachten auf Urlaub fährt und er die Vertretung in Trient übernehmen müsse.
Zur Jahreswende 1917/1918 hatte die offensichtliche Erschöpfung der deutschen und österr.-ung. Angriffskraft das ital. Heer nicht nur von einem möglichen totalen Zusammenbruch bewahrt, sondern verschaffte den Alliierten jene Atempause, die notwendig war, um im zeitigen Frühjahr 1918 die ital. Streitkräfte wieder kampffähig zu machen. Nach Entsendung englischer und französischer Divisionen an die Front in Oberitalien half die Rüstungsindustrie der Entente mit Geschützen, Infanteriewaffen, Munition und militärischer Ausrüstung aller Art nachhaltig aus.
Mitte Februar 1918 fuhr General Roth nach Brixen und weiter nach Schabs, wo er gemeinsam mit FM Conrad einer großen Übung von Sturmbataillonen teilnahm. Knapp nach Beendigung dieser Feldübung traf ein Telegramm ein, worin Roth aufgefordert wurde, sich sogleich beim Kaiser im Badener Hauptquartier zu melden. In einer länger als üblich dauernden Audienz übertrug der Kaiser dem altgedienten Soldaten das nunmehr neu ins Leben gerufene Generalinspektorat für heimkehrende Kriegsgefangene.
Obwohl es in dieser Position keine militärischen Ehren zu gewinnen gab, war Roth der richtige Mann zur richtigen Stunde: gutes Organisationstalent gepaart mit Sachlichkeit, Takt und Einfühlungsvermögen und vor allem einer großen Portion Menschlichkeit.
Sein Tagebuch meldet lakonisch[241]: *„Am 20.II. Kommando übergeben“.*

Als Roth Ende Februar 1918 nochmals im Badener Hauptquartier eintraf, ernannte ihn der Kaiser mit der zusätzlichen Funktion eines Generalsinspektors aller Militärschulen der Monarchie. Conrads alte Idee zur Verwendung Roths' hatte in dieser Stunde ihre Wiedergeburt erfahren.
„Am 25.II. beim A.O.K. Baden gemeldet, wo mir genau mitgeteilt wurde, dass ich nun zwei Aufgaben habe: Gen. Inspektorat der Erz.- u. Bildungsanstalten und die Inspizierung des Heimkehrerwesens, letzteres die Hauptsache. Am 27.II. beim Kriegsminister. Ich Generaloberst geworden[242]“.

Die Beschäftigung mit dem Problem des Heimkehrerwesen war mit dem Rückzug Russlands aus dem Kreis der kriegsführenden Staaten nach dem Frieden von Brest-Litowsk im März 1918[243] sehr dringend geworden, denn nunmehr strömten zehntausende Kriegsgefangene nach oft jahrelanger Ge-

---

[240] Alexander Frhr.v.Krobatin, * am 2.9. 1849 in Olmütz, + am 27.12. 1933 in Wien, 1869 als Lt. aus der AKSch. Mährisch-Weißenkirchen zu FABaon.3, Lfbhn im Artilleriestab, 1.11.1890 Kdt. AKSch., 1895 Obst., 23.10. 1896 Vorst.d. 7. Abt. d. KM., 1.11. 1900 GM., 1904 Sekt.Chef., 1905 FML., 1910 FZM., 12.12. 1912 Kriegsminister, 12.4. 1917 Kdt. d. 10. Armee an der Kärntner Front, 5.11. 1917 FM., nach der 12. Isonzoschlacht Kdt. einer neu aufgestellten 10. Armee in Südtirol, 1.12. 1918 pens.
[241] J. R-L, Kriegstagebuch, 74-75
[242] ebda, 74
[243] Vgl. auch Wolfdieter Bihl, Der Friede von Brest-Litowsk und die Folgen, in: ÖMZ, Heft 6/1968, 375-382

fangenschaft in die Monarchie zurück. Es musste von den k.u.k. Armeebehörden davon ausgegangen werden, das vor allem ehemalige slawische Kriegsgefangene massiv unter panslawistischer Beeinflussung gestanden waren und nun in ihren Heimatgemeinden, in allen slawisch dominierten Kronländern der Monarchie, eine subversive Tätigkeit im Sinne des aufstrebenden Bolschewismus in Russland aufnehmen könnten.
Die Sorge um die Heimkehrer war demnach nicht nur eine Sorge um die Ernährung und eventuell um die Möglichkeit einer Wiedereingliederung in die Armee, als vor allem eine sicherheitspolitische Problemstellung, die General Roth mit den zuständigen Behörden zu lösen hatte.
Für den Front- und Etappenbereich war die beim k.u.k. AOK eingerichtete Nachrichtenabteilung die zuständige Zentralstelle, für das Hinterland aber bedurfte es einer neu zu schaffenden Institution, die einerseits den militärischen nachrichtendienstlichen Apparat entlastete und andererseits seine Koordination mit den entsprechenden zivilen Behörden, also vor allem dem Innenministerium und der Polizei, durchführte. Diese überaus bedeutsame Institution war für die Österreichische Reichshälfte das 1917 neu errichtete "Kriegsüberwachungsamt“[244] für die Ungarische Reichshälfte die "Kriegsüberwachungskommission“. (Anm.: Beide beim k. u. k. Kriegsministerium eingerichtet und mit jeweils drei Verbindungsoffizieren zum Evidenzbüro versehen).
Zur Zeit als Roth seine neue Funktion übernahm, bereiteten dem Kriegsüberwachungsamt die Heimkehrer- und Flüchtlingsströme aus dem russisch besetzten Galizien die größten Probleme. Neben ihrer Unterbringung erwies sich auch ihre Überwachung als notwendig, *„...da der Verdacht nahe lag, daß sich unter ihnen russische Sendlinge befanden, die spionieren oder mit Kriegsgefangenen und Konfinierten in Verbindung treten sollten“,* wie es in einem Bericht an das EB hieß. Die Polnische Legion warnte in einer Studie vor der weitreichenden Durchsetzung der bisher von den Mittelmächten eroberten Teile Russisch-Polens mit russischen Agenten, wobei empfohlen wurde, alle leitenden Funktionäre der dortigen Selbstverwaltung zu entfernen und „russophilen Wühlereien“ entgegenzutreten. Das führte schon im Februar 1915 zur Errichtung zweier k.u.k. Hauptkundschafterstellen in den besetzten Ostgebieten. Vor allem wurden in Galizien „russophile Elemente“ durch diese Behörden interniert oder als Geiseln verhaftet.
Solche Vorkehrungen[245] waren durchaus angebracht, ging doch bereits ein nicht unerheblicher Teil der Heimkehrer durch die Propaganda-Lager des Galiziers und berüchtigten Bolschewiken Karl Sobelsohn, genannt Radek, der schon mit Lenin im plombierten Waggon der Dt. Reichsbahn mitgefahren war.
Sicherheitspolitisch bedenklich erwies sich der Umstand, dass erst das Jahr 1915 den allgemeinen Passzwang an den Grenzen der Monarchie vorsah. Zivilisten, die in den Gebieten des östlichen Kriegschauplatzes die Bahn benutzten, mussten sodann Legitimationen mit sich führen. Ab 1916 musste jede Passaustellung dem Evidenzbüro mitgeteilt werden, das solcherart einen Überblick über den gesamten Reiseverkehr erhielt.
Besonderer Überwachung bedurften sowohl die Heimkehrer als auch die Kriegsgefangenen an der russischen Front. In der für Kriegsgefangene zuständigen Abteilung 10 des k.u.k. Kriegsministeriums wurde mithilfe des Evidenzbüros als Behelf eine Evidenz über politisch verdächtige Heimkehrer an-

---

[244] A. Pethö, Agenten für den Doppeladler, 268-269
[245] A. Pethö, ebda, 307

gelegt, zu deren Führung auch die Ergebnisse der Zensur und die Auswertung der Auslandspresse herangezogen wurden. Es wurde rechtzeitig erkannt, dass vor allem über die Russland-Heimkehrer revolutionäre Ideologien in die Reihen der k.u.k. Armee Eingang finden konnten. Die Kundschafteroffiziere des Evidenzbüros arbeiteten mit dem Kommando des jeweiligen Lagerleiters zusammen, wie dem der Nachrichtenabteilung.
Ende 1917 kam es unter Oberst Maximilian Ronge, dem Chef des Evidenzbüros von 1917 bis Kriegsende, somit ebenso Chef der Nachrichtenabteilung, zu einer massiven Erweiterung des Apparates der Defensiven Nachrichtengruppe auf insgesamt 14 Gruppen, verteilt auf NA und Evidenzbüro, besetzt mit Offizieren aus allen Nationalitäten der Monarchie.
Ronge lieferte General Roth Datenmaterial als Grundlage für seine ab März 1918 stattfindenden, umfangreichen Inspektionsfahrten, die ihn nach zwei Jahren Ostfront-Absenz nun wieder in den Monaten März und April 1918 nach Galizien, Siebenbürgen und die eroberten Ostgebiete führten.

Nach tagelangen Eisenbahnfahrten besichtigte General Roth Unterkünfte, Übernahmestationen, Desinfektionsanlagen und Abschublager, Bäder, Krankenstationen, Soldatenkinos und Soldatenheime[246].
Gewissenhaft sammelte und dokumentierte GO Roth für das KM seine Eindrücke, die Wünsche der Heimkehrer, alle Informationen über die russischen und rumänischen Kriegsgefangenenlager, die Namenslisten der Verschollenen, Verstorbenen und Vermisten.
Im Frühjahr und Sommer 1918 war der Zustrom der Heimkehrer derart angewachsen, vom Jänner bis Anfang Juli 1918 über 500.000 Mann, sodass die verantwortlichen Kommandostellen kaum mehr in der Lage waren, ein Chaos zu verhindern. Das energische Auftreten und das Organisationstalent von GO Roth ermöglichte zumindest in seinem Einflussbereich eine Verbesserung der Qualität von Unterkünften, Bekleidung, Hygiene und Verpflegung. Die Aufenthaltsdauer der Heimkehrer in den Auffanglagern richtete sich auch nach den Inkubationsfristen jener Krankheiten, die vorwiegend in den Gebieten vorherrschten, aus denen die ehemaligen Kriegsgefangenen abgeschoben worden waren. Nach Ablauf einer Beobachtungszeit wurden sie in ihre Heimat beurlaubt, wo sie jedoch so bald als möglich zur Wiedereinrückung an die Front angehalten wurden. Die Erfahrung allerdings zeigte, dass diese Soldaten – nach den äußerst negativen persönlichen Erfahrungen und gesundheitlichen Beeinträchtigungen in der Zeit russischer Internierung sowie auch teilweise innerhalb der Auffanglager der k.u.k. Armee, – nur mehr sehr geringen Kampfwert aufwiesen. Im Verbund mit der ideologischen Beeinflussung hatte ein hoher Prozentsatz von Heimkehrern mit dem Krieg innerlich eigentlich abgeschlossen. Dagegen konnte auch GO Roth mit seinem persönlichen Einsatz, mit seiner menschlichen Hilfsbereitschaft, nicht mehr ankämpfen. So blieb es im Wesentlichen beim Administrieren dieser bedauernswerten Schicksale.
Ab den Frühlingswochen des Jahres 1918 fand sich die k.u.k. Armee in bisher unbekanntem Maße mit Auflehnung in den eigenen Reihen konfrontiert[247]. Der Armee brach das Hinterland zusammen, die Ersatztruppen wurden immer unzuverlässiger und immer geringer an Zahl. Den Kern dieses aktiven Wider-

---

[246] KA, NL B 14 : 15; Typoskript: Josef Roth. Soldat und Mensch, Juli 1939, o.V, ca. 70 S., n. pag
[247] A. Pethö, ebda 310

standes stellte eine besondere Gruppe: die Heimkehrer aus der russischen Kriegsgefangenschaft.
Hinzu kam noch, dass in Cisleithanien, besonders in Wien und in den Industriegebieten, der Nahrungsmangel noch viel großer war als in Deutschland, denn hier litt – im Unterschied zu den deutschen Fronten – auch das Feldheer unter den Ernährungsschwierigkeiten[248]. Wiederholt reichten die Vorräte an der Front nicht weiter als für wenige Tage. Die Beute des Sieges an der Piave war nunmehr aufgezehrt. Die Streikwelle zu Jahresbeginn 1918 nahm vom Kriegshafen Cattaro ihren Ausgang. Deserteure bildeten Räuberbanden.
Dass unter diesen Umständen auch die Rüstungsproduktion zurückging, kann nicht verwundern. Besonders ernst wurde der Mangel an Artilleriemunition, der bei einem Großkampf – wie bei der „Juni-Offensive" der Isonzo-Armee am Piave – dazu führen musste, das nicht einmal die vorhandene Artillerieausstattung zur vollen Wirkung gebracht werden konnte. Im übrigen litt die Artillerie wie das gesamte Fuhrwesen unter der infolge Futtermangels absinkenden Zahl und der Schwäche der Pferde.

Kaum war GO Roth von seinen Lagerinspizierungen nach Wien zur Berichterstattung ins KM zurückgekehrt, folgten sogleich die Inspizierungen der Militärschulen, waren es doch rund 50 an der Zahl, die im Laufe des kommenden Jahres hätten besucht werden sollen. Doch dazu war es nicht mehr gekommen.
GO Roth versuchte auch in diesem Bereich einen Anfang zu machen: Zunächst besuchte er seine geliebte „Alma Mater Theresiana", seine Wirkungsstätte vor dem Weltkrieg in Wr. Neustadt, dann folgten die Akademie in Budapest, die Franz Joseph Akademie und Oberrealschule in Wien-Boerhavegasse, die Militäroberrealschule in Marburg, die Offizierstöchter-Erziehungsanstalt in Marburg, das Offiziers-Waiseninstitut in Hirtenberg, die technische Militärakademie in Mödling bei Wien, die Militäroberrealschule in Lobzów, die Artilleriekadettenschule in Traiskirchen sowie noch rund zehn andere Bildungseinrichtungen bis Oktober 1918.
Welche Zielsetzungen, welche Zukunftsbotschaften konnte GO Roth inmitten des einstürzenden Reiches der in diesen Bildungseinrichtungen versammelten Jugend vermitteln? Aus den Quellen im Kriegsarchiv zu Wien geht das jedenfalls nicht hervor. GO Roth beschränkt sich in seinem Kriegstagebuch bei allen Destinationsangaben der Bildungseinrichtungen nur auf das lapidare Wort „inspiziert".
GO Roth schreibt auf den letzten Seiten seines Tagebuches[249]: *„Am 1. V. Audienz beim Kaiser in Baden. Mein Dienst war ein doppelter. Als Gen.Insp.d.M.Erz. – und Bildungs-Anstalten sollte ich alle mil. Anstalten inspizieren, Anträge an des K.M. stellen, den Konferenzen beiwohnen, in alle das Schulwesen einschlagende Akte Einsicht nehmen, etc., etc. Ein Dienst, der mich allein voll beschäftigt hätte. Das Heimkehrwesen war fast über halb Europa verteilt; ich hätte die H.K.Lager im deutschen Teil von Russland, in der Ukraine, in der Türkei, Rumänien etc. zu inspizieren, Anträge zu stellen etc.; somit einfach ein Ding der Unmöglichkeit! Dazu war das H.K.-Wesen sowohl dem K.M. als dem A.O.K. unterstellt, also auch wiederholt Kompetenzstreitig-*

[248] Hans Meier-Welcker, Die militärische Lage der Mittelmächte Anfang Juni 1918, in: ÖMZ, Heft 6/1968, 394-395
[249] J.R-L, Kriegstagebuch, 76-77

keiten und nicht zu überwindende Schwierigkeiten. Ich versah halt beide Dienste, so gut ich konnte – zur Not".

Am 11. Juli war der Tag des Abstieges für einen Feldherrn gekommen, der den Aufstieg so vieler Generalstabsoffiziere, wie auch den von Josef Roth, letztlich verhindert – oder zumindest behindert hatte: FM. Franz Frhr. Conrad von Hötzendorf wurde mit einem Telegramm aufgefordert, sich in die Reichshaupt- und Residenzstadt Wien zu begeben[250]. Drei Tage später setzte ihn Kaiser Karl in seiner Residenz in Eckhartsau, nordöstlich von Wien, persönlich von seiner Entlassung als Heeresgruppenkommandant in Kenntnis. Seine neue Verwendung als Oberst sämtlicher Garden[251] war ein tiefer Fall, doch Kaiser Karl hatte das nicht zynisch gemeint, wie die gleichzeitige Erhebung Conrads in den erblichen Grafenstand gezeigt hat. Als Chef der Garden verblieb Conrad technisch gesehen für den Rest des Krieges im aktiven Dienst, aber nach seiner Enthebung vom Tiroler Kommando ersuchte er um vier Monate Urlaub, ein Monat für jedes Kriegsjahr, in dem er gedient hatte. Conrad betrachtete dies als adäquate Entschädigung dafür, dass er seit dem Attentat von Sarajevo offiziell immer im Dienst gewesen war, mit Ausnahme eines Tages, des 18. Jänner 1918, den er freigenommen hatte, um am Begräbnis seines Sohnes Kurt teilzunehmen. Kaiser Karl gewährte die Bitte und entband Conrad jeglicher Pflichten bis zum 15. November 1918. In der Zwischenzeit fungierte sein alter Freund Dankl als prov. Oberst sämtlicher Garden.

Hingegen kam im gleichen Monat Juli 1918 für den erschöpften und frustrierten GO Roth noch ein kleiner Lichtblick in Sicht. *„Am 5. VII. traf in Wien eine Deputation des XX. Korps* (Anm.. Roths´ ehemaliges XIV. Korps) *unter Führung des Mjrs. Grabscheidt ein, um mir den vom Korps gewidmeten Ehrensäbel zu überreichen. Ein Prachtstück mit Portepeé und echter Damaszener Klinge!"*

Nach duzenden Lagerbesuchen in fast allen Landstrichen der Monarchie gab es auch noch im August 1918 über zwei Lichtblicke zu berichten: *„Den 6. VIII. verbrachte ich in Warschau; sehr schöne, alte und interessante Stadt. Mit Unterstützung unseres Attachés, Obst. Bollfras besichtigte ich die Stadt und Umgebung. Am 17.VIII. Kaisers Geburtstag. Ich wohnte der Ausmusterung in der Franz-Josephs Akademie in Wien bei".*

Mitte Oktober 1918 fuhr GO Roth mit seinem ehemaligen Glstbschef und nunmehrigen Mitarbeiter Oberst Langer zur Teilnahme und Inspizierung des feldmäßigen Kurses für Kommandanten der Mil.Erz.u. Bildung-Anstalten nach Udine: *„Am 15.X.*[252] *beim FM. Boroević gemeldet, dann nach Paneriano gefahren; dort waren wir alle im Prachtschloss eines ital. Adeligen untergebracht, ich* (habe) *im Napoleonzimmer gewohnt. Die Woche am Kurs teilgenommen".*

---

[250] L. Sondhaus, Conrad, 222-223

[251] Anm.: die Garden, waren keine Truppen des k.u.k. Heeres im eigentlichen Sinne, sondern zum Hofstaat gehörige Militärabteilungen, denen der Sicherungs- und Ehrendienst um die Person des Monarchen oblag; die Garden waren äußerst glanzvoll und aufwendig adjustiert; zu den Garden gehörten die k.k. Erste Arcieren-Leibgarde, die kgl. ung. Leibgarde, die Leibgarde-Reitereskadron und die k.u. Trabanten-Leibgarde

[252] J.R-L., Kriegstagebuch 78-79

Erstmals nimmt nun GO Roth in seinem Tagebuch auf das sich ganz offensichtlich anbahnende Ende der Monarchie Bezug. In stenogrammartigen, emotionslosen Worten – wie bei ihm üblich – schildert er seine Sicht der dramatischen Ereignisse: *„Während des Aufenthaltes in Ob.Italien hat es im Hinterlande schon zu brandeln begonnen. Infolge des Elends bei der Verpflegung etc. etc. hat der Kaiser ernstlich Friedensangebote an Amerika gerichtet; dieselben wurden akzeptiert unter der Bedingung, dass Tschechien selbstständig wird. Das war der Beginn des Zerfalls; es erschien das unglückselige Manifest, welches die Zertrümmerung der Monarchie zur Folge hatte. – In Wien angelangt, unternahm ich keine Inspizierungsreise mehr, sondern wartete die Ereignisse ab"*.

Die Ereignisse der nächsten Tage und Stunden wurden – jenseits aller Fakten und Detailaufzeichnungen wohl am stimmungsvollsten von Franz Theodor Csokor in seinem berühmten Dreiakter „3. November 1918" festgehalten[253]:
Handlungsort ist ein militärisches Rekonvaleszentenheim in den Kärntner Karawanken. Schwester Christina verabschiedet sich von Oberleutnant Ludoltz, Landwirt im Zivilleben. Das Begräbnis des Berufsoffiziers und Selbstmörders aus Verzweiflung, Oberst von Radosin, hat kürzlich stattgefunden.
Ludoltz: Jetzt erst – ist er wirklich gestorben, der Oberst!
Christina: Weil ich gehe? Oder weil ihr jetzt keiner mehr hinaus könnt aus euren Völkern und weil daraus wieder Krieg werden muss, Krieg über Krieg? Ich glaube es nicht. Denn daß Sie jetzt so an den Zierowitz denken, an den neuen Feind – das war schon der Oberst in Ihnen! Der Oberst stirbt nie – er kommt wieder –
Ludoltz: In den Reichen, die wir jetzt errichten – aus Blut, Trümmern und Tränen – drüben und hier – ?
Christina: In einem Reich, das aus Menschen gebaut wird und nicht aus Nationen und Grenzen (Sie tritt auf die Schwelle)
Ludoltz: Gute Nacht, Schwester – oder: leichte Nacht – wie die hier sagen!"

Dem ist eigentlich nichts mehr hinzuzufügen.

Als am 3. November in der Villa des Senators Giusti bei Padua – nach einem verhängnisvollen Irrtum des AOK – der Waffenstillstand tatsächlich zwischen den Alliierten und assoziierten Mächten einerseits und Österreich-Ungarn andererseits unterschrieben wurde, befand sich die k.u.k. Armee, zeitlebens die Heimat von GO Roth, schon längst in einem Auflösungszustand.
In sein Tagebuch[254] schreibt er als letzte Eintragung: *„Mit 12. XI. wurde die Republik ‚Deutsch-Österreich' ausgerufen"*.
Am gleichen Tag erreichte Roth – gleichsam wie ein letzter Gruß der Monarchie – ein Depeschenschreiben aus dem Schloss Schönbrunn[255]:

„Se.Exc. Herrn Generalsoberst Josef Roth Ritter von Limanowa-Lapanów.
Lieber Generaloberst v. Roth!

---

[253] Franz Theodor Csokor, 3. November 1918. 3. und letzter Akt, Wien-Hamburg 1936, 76
[254] J.R-L., ebda, 80
[255] KA, NL B 14 : 3

Ich erhebe Sie auf Grund statutenmässigen Anspruchs als Ritter des Militär-Maria Theresien-Ordens taxfrei in den erblichen österreichischen Freiherrnstand.
Schloss Schönbrunn am 10. November 1918. Gez. m.p. Karl"

Das Ordenskapitel des MMThO hatte schon in der Kapitelsitzung vom 2. Oktober 1918 die Ordenswürdigkeit von GO von Roth-Limanowa offiziell anerkannt.
Man hatte zu Kriegsbeginn mancherlei Bedenken gehabt, die bekannten Statuten des eigentlich schon ausgestorbenen Ordens wieder aufleben zu lassen[256]. Diese eigenartigen Satzungen hatten in den letzten Kriegen manche der Sache nicht nützliche, ehrgeizige Taten provoziert. Außerdem war in Zeiten des Telephons und des Autos kaum die Gelegenheit, ohne unnötige Verletzung der vorgeschriebenen Berichts- und Meldepflicht die Ordensstatuten zu erfüllen. Dennoch hatte der alte Kaiser die Statuten, die 1757 von Maria Theresia nach der Schlacht von Kolin festgesetzt worden waren, völlig identisch mit den ursprünglichen erneuert.
Lange Zeit existierte die falsche Auffassung, die Ordenswürdigkeit sei vor allem dann gegeben, wenn die Waffentat ohne Befehl oder entgegen einem solchen vollbracht worden sei[257]. Als sich diese Meinung sogar im Orden selbst festigte, schritt Kaiser Franz Josef ein und ließ ausdrücklich zusätzliche Bestimmungen aufnehmen, dass die Ordenswürdigkeit niemals durch Unbotmäßigkeit und Ausschreitungen persönlichen Ehrgeizes begründet werden könne – selbst dann nicht, wenn dem Erfolg nach eine glänzende Waffentat vorläge.
Am 17. August 1918 waren nochmals zwölf Ritter ernannt worden[258]. Es war die letzte regelrechte Promotion, durch ein Ordenskapitel nach Vorschrift dem Souverän des Ordens, dem Kaiser, vorgeschlagen und von diesem die Verleihung persönlich durchgeführt.
Nach dem Krieg bestand das Kapitel weiter. Es konnte jedoch keine Ordensverleihungen vornehmen, sondern nur die Würdigkeit zum Orden bekunden. Immerhin schickte man dem Kaiser in das selbstgewählte Exil jedes Kapitelergebnis zu, damit er es unterschreibe. Natürlich hatte auch er kein Recht mehr, eine Ordensverleihung vorzunehmen, da er durch die Erklärung vom 11. November 1918 auf die Ausübung aller Regierungsgeschäfte, also auch der Verleihung von Auszeichnungen, verzichtet hatte. Mit dem Tode Kaiser Karls starb auch der letzte Großmeister des MMThO.
Diese höchste Auszeichnung wurde nicht nur aus verständlichem Stolz, soldatischer Treue und Hingebung bis zum Tod, begehrt, sie war überdies mit zwei Annehmlichkeiten verknüpft[259]: Der Träger erhielt – das Gleiche galt auch für die Goldene Tapferkeitsmedaille – eine lebenslange Pension. Schließlich wurde der Ausgezeichnete ohne Antrag automatisch in den Ritterstand, auf persönlichen Antrag – wie bei Josef Roth erfolgt – in den Freiherrnstand erhoben.

---

[256] Peter Broucek, Glaise von Horstenau, Bd 1., 430
[257] Georg J.E. Mautner Markhof, Major Emil Fey. Heimwehrführer zwischen Bürgerkrieg, Dollfuß-Mord und Anschluß, Graz 2004, 48-49
[258] P. Broucek, Glaise von Horstenau, Bd.1, 430
[259] G. Mautner-Makthof, Mjr Fey, 49

Da nach Kriegsende noch zahlreiche unerledigte Ansuchen um Ordensverleihungen vorlagen, musste auch das Kapitel des MMThO weiterhin tagen und hatte erst 1931 seine Tätigkeit eingestellt. Formaljuristisch gesehen, arbeitete das Ordenskapitel im luftleeren Raum. Nach dem Tode des Großmeisters vermochte auch sein ältester Sohn Otto als Minderjähriger keine Ordensverleihungen aussprechen, ganz abgesehen davon, dass für die Republik Österreich – im Gegensatz zu den Hausgesetzen der Habsburger – ein Kaiser nicht mehr rechtlich handlungsfähig war. Doch es hatte sich für das Kapitel eine typisch österreichische Lösung gefunden, seine Tätigkeit dennoch fortzuführen: Noch von Kaiser Karl hatte es die Ermächtigung erhalten, weiter zu amtieren. „Amtieren" ist jedoch nicht verboten, vor allem wenn das Kapitel gleichsam auf privatrer Basis agiert. So konnte das Kapitel zwar, streng genommen, den MMThO nicht verleihen, aber es vermochte festzustellen, ob der Antragsteller würdig sei, ihn zu tragen oder nicht.
Für GO Josef Frhr.v. Roth-Limanowa hatten diese Spitzfindigkeiten keine Relevanz, da seine Ordenswürdigkeit noch in Zeiten der vollen Handlungsfähigkeit des Ordensgroßmeisters festgestellt worden war. Auch seine Erhebung in den Freiherrnstand in den letzten Stunden der Monarchie war völlig rechtens. Probleme eröffneten sich lediglich in der Ordensverleihung, da sich der Souverän und Großmeister des Ordens außer Landes begeben hatte und rechtlich dazu auch nicht mehr befugt war.
Im Jahr 1919, als Josef Roth das Schreiben der Ordenskanzlei mit der Geschäftszahl 216/1919, ausgestellt zu Innsbruck am 4. Dezember, ereichte, musste auf Villa Wartholz, Baden, Laxenburg, oder gar Schloss Schönbrunn als Ort des Ordensfestes verzichtet werden. Die Ordenskanzlei zog sich in diesem Schreiben elegant aus der Affaire[260]:

„In Anbetracht dessen, dass der schon am 2. Oktober 1918 erfolgte Beschluss des Ordenskapitels Euer Hochwohlgeboren zweifellos spätestens am 1. Jänner 1919 in den rechtlichen Bezug der Ordensgebühren gesetzt hätte, wird Ihnen die Ordenspension für das Jahr 1919 im Betrage von 2.400 Kronen nachträglich zugestanden und kann selbe gegen gestempelte Quittung bei der Ordenskassa in Wien I., Ballhausplatz 2, sofort in Empfang genommen werden.
Da die Verleihung des Ordens unter den geänderten Verhältnissen in herkömmlicher Weise nicht stattfinden kann, so wollen Euer Hochwohlgeboren das Ihnen zukommende Ritterkreuz von der Ordenskanzlei in den Eigenbesitz übernehmen und zu Lebzeiten die entsprechende Veranlassung treffen, dass die Ordensdekoration nach Ihrem Ableben an den Ordensschatz zurückgestellt werde.
Der Ordenskanzler: m.p. Conrad, FM"

Ein weiterer Tiefschlag bedarf einer kurzen Betrachtung: Hatten sich in besseren Tagen des Reiches und der Monarchie verdienstvolle Familien oft für Jahrhunderte an der höchst angesehenen Erhebung in den Freiherrn- oder Grafenstand erfreut und nebst einer Ehrenstellung durchaus auch kommerziellen Gewinn – etwa durch wertvolle gesellschaftliche Verbindungen – gezogen, so konnte sich offiziell Baron Josef von Roth-Limanowa nur gezählte

[260] KA, NL B 14 : 3

139 Tage seines Freiherrnstandes erfreuen, bevor seine mit dem Einsatz seines Lebens durch die siegreiche Schlacht von Limanowa-Lapanów erworbene Baronie im März 1919 in einem Verfassungsgesetz der jungen Republik „Zur Aufhebung des Adels und der Standesvorrechte“ nach fast einem Jahrtausend des Bestehens ersatzlos abgeschafft wurde[261].
Um nun zu vermeiden, dass nicht noch auch amtlicherseits der Familienname „amputiert“ wurde, musste nun bei den republikanischen Behörden ein Ansuchen um Führung des zusätzlich verliehenen Namens (Anm.: des früheren Adelprädikates) eingereicht werden[262]. Waren bestimmte Voraussetzungen erfüllt, konnte der noch in der Monarchie verliehene Name mit einem Bindstrich, natürlich ohne „von“, angefügt werden. Doppelnamen, die sich aus der Zusammenführung zweier Familien ergaben, waren von diesen Regelungen grundsätzlich nicht tangiert.
Hatte man in den Familien des Soldaten- und Beamtenadels auch noch Kriegsanleihen gezeichnet, die schon bald nach Kriegsende fast wertlos waren, dann blieb nach Verlust von Stand, Rang, Titeln und Teilen des Familiennamens oft nur mehr der Hausrat. Und auch der musste in vielen finanziellen Notfällen versteigert werden.
Tausende Familien, mit einem hohen Ausbildungs- und Wissensstand, waren mit diesen von der Republik ergriffenen Maßnahmen nicht mehr in die Aufbauarbeit der jungen Republik zu integrieren.

---

[261] Vgl. auch: Gudula Walterskirchen, Der verborgene Stand. Adel in Österreich heute, Wien-München 1999

[262] In einem Gespräch am 16. Aug. 2004 berichtete die Enkelin des Generals, Dr. Erika Roth-Limanowa, dem Verfasser, dass ihr Großvater als einziger der damals betroffenen Familienmitglieder nicht bei den Behörden um Namensergänzung angesucht hatte. Somit starb der General mit dem selben Namen mit dem er geboren wurde: als Josef Roth; auch wenn das seine wohlmeinende Umgebung (siehe das Parte im Anhang) nicht zur Kenntnis genommen hatte.

10. Die Nachkriegszeit bis 1927

10.1. Ein Netzwerk der Kameradschaft wird aufgebaut

Der Erste Weltkrieg endete bekanntlich mit Niederlage und revolutionärem Umbruch. Das hatte für die in Österreich verbleibenden Offiziere vielfältige Folgen: Hunger, Arbeitslosigkeit, Inflation, Existenznot, geistige und seelische Entwurzelung waren zu bewältigen. Anfang November 1918 schien es kurzfristig, als verlöre der Staat sein Gewaltmonopol: Eine revolutionäre Truppe, die „Rote Garde", entstand; aus unterschiedlichen Elementen bildeten sich ungestüme Gruppierungen, welche die Straße beherrschten. Arbeiter- und Soldatenräte wurden gewählt[263].

Ab dem 30. Oktober 1918 leitete der Deutschnationale Josef Mayer als Staatssekretär das Staatsamt für Heerwesen. Ihm wurden zwei Unterstaatssekretäre, der Christlichsoziale Dr. Erwin Waihs und der Sozialdemokrat Dr. Julius Deutsch beigegeben. Faktisch spielte Deutsch bald die bedeutendere Rolle und hatte vom 15. März 1919 bis 22.Oktober 1920 als Staatssekretär für das Heerwesen auch große Einflussmöglichkeiten auf die entstehende „Volkswehr". Als Gründer des „Republikanischen Schutzbundes" und als General der republikanischen Streitkräfte in Spanien in den Dreißigerjahren zog es den ehem. k.u.k. Oblt d. Res. jedoch endgültig in die „Parteipolitik mit anderen Mitteln".

In einem Balanceakt gelang es Deutsch zur Jahreswende 1918/19, die revolutionslüsternen Kräfte, die auch die Heimkehrer auf der Straße und am den Bahnhofsperron terrorisierten, zu neutralisieren und gleichzeitig der sozialdemokratischen Partei durch die Präsenz der „Volkswehr" ein zumindest relativ fügsames Exekutivorgan zu schaffen.

Wie viele Augenzeugenberichte, Memoiren und literarische Werke belegen, gruben sich jedoch die erlittenen Schmähungen, Beschimpfungen, Beleidigungen und Übergriffe den heimkehrenden Soldaten und Offizieren unauslöschlich ins Gedächtnis ein.

Carl Frhr.v.Bardolff hat in seinen Erinnerungen[264] seinen Seelenschmerz festgehalten: *„Nicht Dank erwartete sie, sondern tief verletzender, nie verzeihlicher Undank. Die Menschen auf den Straßen schrieen ihnen ‚Nie wieder Krieg' in die Ohren, beschimpften sie, rissen ihnen die Waffen aus der Hand und die Abzeichen und Auszeichnungen von den Uniformen und spotteten ihrer".*

Als erster Parlamentarier ergriff der deutschnationale Abgeordnete Dr. Hans Schürff[265] am 6. Dezember 1918 in einer Rede vor der prov. Nationalversammlung die Gelegenheit und sprach den Heimkehrern den Dank des Vaterlandes aus, weil er glaubte, eine Pflicht des Hauses erfüllen zu müssen! Kein Auftrag berief ihn dazu. Seine Worte konnten jedoch nicht als offizieller Dank des Staates gelten. Ein solcher wurde weder damals noch später in der Na-

---

263 Wolfgang Doppelbauer, Zum Elend noch die Schande. Das altösterreichische Offizierskorps am Beginn der Republik, Wien 1988, Eine Publikation d. HGM, Bd. 9, Hg.v. M. Rauchensteiner, 9-16

264 C. Bardolff, Soldat, 347

265 Dr. Hans Schürff, * am 12.5. 1875 in Mödling, + am 27.3.1939 ebda, Abg.z.RR für NÖ der Deutschen Volkspartei 1911-1818, 1919-1934 deutschnationaler Abg. z. NR

tionalversammlung oder im Staatsrat beantragt oder beschlossen. Eine versäumte und vor allem kostenlose Chance, sich in weiten Kreisen der ehemaligen k.u.k. Armee Verbündete zu schaffen.

Zur Zeit des Waffenstillstandes 1918 hatte Österreich-Ungarn rund 34.000 Berufsmilitärs (Offiziere des Heeres, der Marine und beider Landwehren) im Bestand[266]. Davon optierten 16.473 Offiziere (47 %) für den Verbleib in der Republik Deutsch-Österreich. Die Reserveoffiziere wurden größtenteils sofort entlassen. Die meisten hohen Berufsoffiziere wurden ebenso – mit wenigen Ausnahmen – sehr rasch pensioniert. Am 14. November hatte der Staatsrat auf Antrag Dr. Renners[267] beschlossen: *„Die k.u.k. Armee und die k.k. Landwehr haben zu bestehen aufgehört. (...) Da die Generalität in keiner militärischen Verwendung steht, besteht für sie zu Lasten der Gemeinsamkeit bloß der Anspruch auf die systemisierten Ruhegenüsse“.* Daher wurden mit 1. Jänner 1919 alle Militärgagisten der V. und jeder höheren Rangklasse sowie jene, die die Gebühren dieser Rangklasse bezogen, ohne Rücksicht auf die Dienstzeit in den Ruhestand versetzt. Unter diese Regelung fielen rund 300 Generale, Generalstabsärzte, Generalauditore und Generalintendanten der ehem. k.u.k. Armee.
GO Josef Frhr.v.Roth-Limanowa trat schon am 3. Dezember 1918 die Pension an. Zu diesem Zeitpunkt war er gerade erst 59 Jahre alt geworden.
Von den jüngeren Offizieren traten viele in die Volkswehr ein, die damit im weiteren Sinne auch als Versorgungsanstalt fungierte. Schließlich wurden im Laufe der nächsten Monate die meisten definitiv abgefertigt oder pensioniert.
Etwa ein Sechstel der Offiziere verblieb zeitweilig in der Volkswehr, und von diesen wurde wiederum nach dem Staatsvertrag von St. Germain nur die Hälfte in das neu gegründete Bundesheer übernommen.
Diese massenhafte Entlassung von Offizieren hatte für die Gesellschaft und Innenpolitik der Ersten Republik – wie gesagt – Konsequenzen. Zwar hatte sich der k.u.k. Offiziersstand aufgelöst, doch Fragmente seiner hochgehaltenen Tradition und seines Standesbewusstseins durchdrangen Politik und Gesellschaft des neuen Staatsgebildes.

Die ersten Wochen und Monate nach der Zerschlagung der Monarchie lebte Baron Josef von Roth-Limanowa mit seiner Gattin zurückgezogen in seiner Mietwohnung im 3. Bezirk, Fasangasse 49a.
Roths´ ältester Sohn, Mjr.a.D. Josef Roth-Limanowa fasste in einem Artikel aus Anlass des 100. Geburtstags seines Vaters, am 21. Oktober 1959 in den „Tiroler Nachrichten[268]“ seine ehrenamtlichen Tätigkeiten nach dem Weltkrieg kurz zusammen: „Als Ehrenbürger von Brixen wurde mein Vater ein richtiger Tiroler und wäre auch bei einem anderen Ausgang des Ersten Weltkrieges in Tirol verblieben. So aber wurde er zum Präsidenten des Offiziersverbandes, des Kameradschaftsbundes, des Theresienordenskapitels und mehrerer Ver-

[266] Peter Melichar, Die Kämpfe merkwürdiger Untoter. K.u.k. Offiziere in der Ersten Republik, in: ÖZG, 9.Jg. Heft 1/1998, 53
[267] Dr. Karl Renner, * am 14.12.1870 in Unter-Tannowitz, Mähren, + am 31.12.1950 in Wien, Dr. jur., seit 1905 Bibliothekar an der Bücherei des Parlaments, seit 1907 sozialdemokrat. Abg. Z. RR, 30.10. 1918-11.6.1920 Staatskanzler, 26.7.1919-22.10. 1920 Staatssekretär für Äußeres, 27.4.1945-20.12.1945 Bundeskanzler, 20.12.1945-31.12. 1950 Bundespräsident. Zahlreiche schrift. Arbeiten
[268] Tiroler Nachrichten v. 17. Oktober 1959

einigungen gewählt. Die Bitte, die Kandidatur zum Bundespräsidenten anzunehmen, mußte er allerdings wegen schwerer Erkrankung ablehnen. Am 9. April 1927 starb mein Vater und wurde mit allen militärischen Ehren und einem Staatsbegräbnis in seiner Gruft bestattet".

Am 26. Dezember 1919 meldete Josef Roth in einem Scheiben an seinen ehemaligen Allerhöchsten Kriegsherren, dass er zum Präsidenten der „Vereinigung Alt-Neustadt" gewählt worden war.
Am 9. Jänner 1920 erhielt Josef Roth die Antwort aus der Villa Prangins, Gland, Schweiz, gezeichnet von Korvettenkapitän a.D. v.Schonta[269]:
„Eure Exzellenz!
Ich habe nicht verfehlt, das Schreiben Eurer Exzellenz vom 26. Dezember 1919 Seiner Majestät vorzulegen. Seine Majestät war von den in diesem Schreiben zum Ausdrucke gebrachten Gefühlen und der Gesinnung tief bewegt und hat mich beauftragt, Eurer Exzellenz und allen ‚Neustädtern' herzlichsten Dank zu sagen. Gleichwie Seine Majestät Sich stets gerne und dankbar der hervorragenden Verdienste Eurer Exzellenz erinnert, so gedenkt der Kaiser oft und oft der Treue, Hingebung und Opferwilligkeit so vieler, vieler Generale, Offiziere und Soldaten. Die alte, unvergleichliche Armee ist eine der kostbarsten Erinnerungen Seiner Majestät.
Seine Majestät freute sich zu hören, dass alle Neustädter sich zu einem Bunde vereinigt und Eure Exzellenz zum Präsidenten gewählt haben. Seine Majestät hat mich besonders beauftragt, Eurer Exzellenz zu sagen, dass Allerhöchster in diesem Zusammenschluss die Bekundung des festen Willens erblickt, die ritterliche Gesinnung und die glorreiche Tradition, die in Leid und Freud´ alle Neustädter seit jeher zusammenschloss, auch in den jetzigen sturmbewegten Zeiten zu bewahren; Gott nehme alle Neustädter in Seinen gnädigen Schutz!"

Die Ehrenfunktion eines Präsidenten der Vereinigung „Alt-Neustadt", die Josef Roth von 1919 bis 1926 inne hatte, war eher als eine sozial-gesellschaftliche zu verstehen, als ein politisches Kampf-Mandat.
Das Selbstverständnis des heute noch bestehenden „Verbandes der Absolventenvereinigung der Theresianischen Militärakademie" liest sich auszugsweise[270] wie folgt

- für die Wahrung und Weiterentwicklung des Berufsbildes des Berufsoffiziers auf der Basis der Tradition der Theresianischen Militärakademie und des Gründungsauftrages an dieser Ausbildungsstätte einzutreten;
- unverschuldet in Not geratene Mitglieder oder deren Hinterbliebene zu betreuen und zu unterstützen;
- an der Bestandssicherung und Widmung der Denkmäler und Sammlungen der Militärakademien sowie des historischen Teiles des Akademiefriedhofes mitzuwirken;
- soziale Einrichtungen, die dem Zusammenhalt förderlich sind, zu schaffen und/oder zu erhalten.

---

[269] KA, NL B 14 : 4
[270] Zu finden auf der Homepageadresse http://www.alt-neustadt.at

Dem gegenüber gab es 1918/19 neugegründete Vereinigungen, die sich verstärkt um die wirtschaftlichen Basisprobleme der Heimkehrer kümmerten und die dementsprechend auch intensiver im politischen Tageskampf mit der politischen Linken engagiert waren[271]. Dazu gehörte etwa der am 6. November 1918 von Offizieren in Wien gegründete „Verband deutsch-österreichischer Militärgagisten". Er sollte die wirtschaftlichen Interessen der aktiven oder Ruhestand-Militärgagisten wahren.
Den bedeutendsten öffentlichen Einfluss gewann der „Wirtschaftsverband der Berufsmilitärgagisten" unter dem Präsidenten Major Friedrich Kollarz[272]. Seine Mitgliederzahl stieg in die Tausende. Im Dezember 1919 behauptete der Verband, er vertrete etwa 18.000 Mitglieder. Hervorgegangen war er aus einem kleinen Komitee im Kriegsministerium.
Der „Offiziers-Verband", dem Josef Roth ebenso wie beim Verband „Alt-Neustadt" als Präsident vorstand, ist heute im Bereich des ÖBH in die Offiziersgesellschaft[273] übergegangen und versteht sich als „Das Sicherheitspolitische Gewissen der Republik Österreich".
Josef Roth war auch Erster Präsident des Reichskameradschafts- und Kriegerbundes, der nach der Amtszeit von GO Roth in den „Kriegerlandbund", einer Art Dachverband zusammengeführt wurde. 1928, ein Jahr nach Roths Hinscheiden, umfasste er 285 Kameradschafts- und Heimkehrervereine mit rund 25.000 Mitgliedern[274].
Ab 1925 hatte Josef Roth – als sehr ehrenvolle und hoch angesehene Aufgabe – die Funktion des Präses des Ordenskapitels des MMThO wahrzunehmen, wobei er die Funktion von FM Hermann Kövess von Kövesshaza übernommen hatte, der im Herbst 1924 verstorben war.

Den Vorsitz im obersten Offiziers-Ehrenrat hatte Josef Roth auf zahlreichen Wunsch aus Offizierskreisen übernommen, da seine konziliante Art, seine Kontakt- und Integrationsfähigkeit allgemein bekannt war.
Die Problematik der zahllosen Streitigkeiten unter Offizieren war dem Umstand zuzuschreiben, dass im Vereinsleben der ehemaligen k.u.k. Offiziere die alte militärische Hierarchie nicht mehr zur Geltung kommen konnte und auch nicht mehr verbindlich war. So kam es durchaus in einem Verein vor, dass der Präsident ein Major, der Vizepräsident jedoch ein General war[275]. Allerdings wurde der alten Hierarchie zumindest insofern Rechung getragen, als kein General als Schriftführer oder Kassier fungierte. Die Aufweichung der Rangstruktur und der militärischen Autorität evozierte demnach Konflikte, die eines Schiedsspruches im Geiste der alten Armee bedurfte. So etwa forderte GM a.D. Emil Sommer im „Bund jüdischer Frontsoldaten" 1934 weitgehende Vollmachten bei der Besetzung der Stabs- und Funktionärsstellen, die ihm von Vereinsvorstand jedoch nicht eingeräumt wurden. Daraufhin legte er seine Präsidentschaft zurück und versuchte erfolglos, einen Bund legitimistisch-jüdischer Frontkämpfer zu gründen.

---

[271] W. Doppelbauer, Zum Elend noch die Schande, 58-59
[272] Mjr d. Luftfahrtruppe Friedrich Kollarz, * am 5.11.1876 in Braunau, + am 24.2. 1943 in Wien, 1918-19 Kdt.d. Fliegerarsenals, saß von 1920 bis 1923 als möglicherw. erster Offizier im Nationalrat als Vertreter der Rechtspartei, einer Splittergruppierung.
[273] Die Offiziersgesellschaft hat die Homepage-Adresse: http://www.oeog.at
[274] P. Melichar, Die Kämpfe werkwürdig Untoter, 60
[275] P. Melichar, ebda, 62

Außerdem erforderten die Prozesse gegen die ehem. Armeeangehörigen z.B. FML Alois Pokorny, Oberst Josef Teisinger von Tüllenburg oder GdI Kasimir Frhr v. Lütgendorf, die vor einem Sondersenat des OGH abgehandelt worden waren und fast alle mit einem Freispruch abschlossen wurden, jedoch einer offiziersinternen ehrenrechtlichen Abhandlung zugeführt zu werden.
Mit Ausnahme der kurz angedachten Kandidatur zur Bundespräsidentenwahl, nachdem die Amtszeit von Michael Hainisch[276] 1928 auslaufen sollte und die Josef Roth angesichts seiner fortschreitenden Darmkrebserkrankung absagen musste, ist Josef Roth in der ersten Republik nicht im parteipolitischen Sinne tätig geworden.
Josef Roth pflegte jedoch mit einigen Kriegskameraden engen Briefkontakt, wie ein persönliches Handschreiben[277] von Erzhg. Friedrich vom 13. Jänner 1923 aus Ovar[278] (West-Ungarn) dokumentiert:

„Lieber Gen.Oberst Roth!
(...) Seit Mai 1922 bin ich in M.Ovar, wohne im Direktionsgebäude, da leider mein Schloss Halbthurn im Burgenland liegt.
Sie sagen, es geht in Oesterreich langsam besser, das ist sehr erfreulich; vielleicht erlebe ich es noch, dass man dort ruhig leben kann.
Hier merkt man gar nichts, alles wie vor dem Kriege. Alle milit. Ehrenbezeugungen werden mir geleistet. Die Truppen sind sehr stramm und gut, nur in der Auswahl der Offiziere ist man nicht glücklich. Mir geht es gut, ich gehe viel auf die Wirtschaften und jage auch, obwohl wenig Wild ist.
Ich freue mich stets, wenn ich Nachrichten meiner braven Kriegskameraden erhalte. Ihr Ezhg. Friedrich, FM“
Der „brave Kriegskamerad“ Josef Roth hatte auch brav zurückgeschrieben, denn am 3. Juni 1923 kam aus M. Ovar die Antwort:

„Lieber Generaloberst Roth!
Mit grosser Freunde erhielt ich Ihren freundlichen Brief vom 30.V. Danke Ihnen bestens für denselben und die guten Wünsche zu meinem Geburtstage. Trotz meiner 67 Jahre fühle ich mich hier recht wohl, und geniesse sehr das stille Landleben, fern von allen politischen Getrieben.
Der 31. Mai war für mich ein Freundentag – nach der Fronleichnams-Prozession – defilierte die sehr stramme, superbe Kompagnie vor dem alten Feldmarschall in Civil! – Stationskommandant ist ein Major Baugha, der seinerzeit beim 83.Inf.Regt. im 5. Korps diente.
Wie gern hätte ich mir das Fest des Edelweißkorps im Salzburg angesehen, las erhebende Berichte darüber in den Zeitungen. Wie schade, dass es mir jetzt noch unmöglich ist Oesterreich zu betreten. Selbst die Durchreise hat immer seine Schwierigkeiten. Vielleicht erleben wir doch endlich noch bessere Zeiten!
Mit herzlichen Grüssen verbleibe ich Ihr alter Feldmarschall Friedrich.
PS: Vor 1914 hätten wir uns jetzt wieder für Generals-Reisen rüsten können. Hoffe, Sie befinden sich wohl.“

---

[276] Michael Hainisch, * am 15.8.1858 in Aue bei Schottwien, + am 26.2.1940 in Wien, Sozial- u. Wirtschaftspolitiker, 1920-1928 Bundespräsident, 1929/30 BM f. Handel u. Verkehr
[277] KA, NL B 14 : 4
[278] Anm.: M.Ovar offenbar eine Abkürzung für Magyaróvár, dt. Ungarisch-Altenburg

Erzhg. Friedrich richtet am 30. Dezember 1923 aus M. Ovar ein weiteres Schreiben an Josef Roth:
„Lieber GeneralOberst!
(...) Die vielen Memoiren, die jetzt erscheinen, lese ich nur flüchtig; sie enthalten zumeist Selbstverherrlichungen und Indiskretionen. Sie ärgern mich zu sehr. Es ist traurig, dass nun auch hohe Herrn in Vertrauensstellung dienstliche mündliche Mitteilungen Ihrer Vorgesetzten im Wortlaut wiedergeben, wo es sich um Personalien handelt, und nicht um operative Fragen.
PS: Ihre Schilderungen über die letzte Feier der Alt-Neustädter hat mich freudigst bewegt. Wie oft und wie viel ich an Unsere alte Armee denke, brauche ich nicht zu sagen. (...)
Ihr einstiger Armee Ober Kmdt. Friedrich, FM"

Der letzte Brief aus der Feder von Erzhg. Friedrich, der im Nachlass[279] von Josef Roth erhalten ist datiert vom 1. Jänner 1925, ebenfalls aus M. Ovar:

„Lieber Generaloberst Roth!
(..) Hoffe, dass FM Conrad in seinem nächsten Band weniger Dienst-Geheimnisse erwähnt!
Der selige FM Kövess hat mir nach jedem Theresien-Ordens Kapitel mitgeteilt, wem der Orden verliehen worden ist. Wären Sie so freundlich, sein Erbe anzutreten, und mir Nachrichten über den Orden geben würden, denn mit GO Pflanzer bin ich nicht so gut bekannt. Ihren Bericht könnten Sie stets gesondert mir zukommen lassen[280].
Die Limanowa-Feier in Budapest soll sehr schön verlaufen sein!
Indem ich Sie herzlichst grüsse, gedenke ich oft der schönen Zeiten, wo wir zusammen arbeiteten. Ihr alter Feldmarschall Ezh. Friedrich"

Die Schlacht von Limanowa wurde auch in den Medien gefeiert: Gdl Ernst Horsetzky, der GO Josef Roth auch bei der Abfassung und Herausgabe des Buches „Die Schlacht von Limanowa-Lapanow. Dezember 1914[281]" unterstützt hatte, schrieb in der „Österr. Wehrzeitung" vom 12. Dezember 1924, also zum zehnjährigen Gedenken, eine ganzseitige Zusammenfassung der Ereignisse. Die letzten beiden Absätze dieses Aufsatzes klingen fast schon wie ein Nachruf auf eine große Führerpersönlichkeit:
„Man bedenke, dass es keine frischen Truppen waren, welche FML Roth über die frostigen Berge des Karpathenvorlandes vorwärts führte. Es waren Regimenter, welche eben aus dem blutigen Ringen nordöstlich Krakau kamen, in dem sie schwere, noch unersetzliche Verluste erlitten hatten. Es galt, den Schwung, die Tatkraft, den Opfermut und die Unermüdlichkeit dieser Truppen neu zu beleben und wach zuhalten. Das Verdienst, diese fast unermessliche Leistung vollbracht zu haben, fällt vor allem dem Kommandanten des k.u.k. 14. Korps, dem Sieger von Lapanów-Limanowa, zu. Es war *sein*

[279] KA, NL B 14 : 4
[280] Josef Roth war zu diesem Zeitpunkt schon als Präses des Ordenskapitels designiert. Dass FM Erzhg. Friedrich mit GO v. Pflanzer-Baltin „nicht so gut bekannt" sei, ist ein wenig untertrieben. Erzhg. Friedrich hatte GO Pflanzer nach der Katastrophe von Luck als Führer der 7. Armee absetzen lassen.
[281] Wie schon erwähnt, kam das Büchlein in Innsbruck 1928, also nach dem Tod von Go Roth heraus.

Geist, der alles belebte, sich allen mitteilte, alles mit sich fortriß und diesen fast unmöglich scheinenden Sieg errang.
Und es war doch nicht allein *sein* Geist; es war der Geist, der unser ruhmreiches Heer seit Prinz Eugen, Ezhg. Karl und Radetzky beseelte, den der General von seinen Vorgängern ererbte, und der in seinen Nachfahren fortleben wird – solange es ein Österreich gibt. A.E.I.O.U“

10.2 Das Begräbnis des GO Josef Roth[282]

Der Leichnam des am 9. April 1927 nach langwierigem und schmerzvollem Krankenstand verstorbenen GO Josef Frhr.v. Roth-Limanowa-Lapanów wurde vom Dienstag, dem 12. bis zum Mittwoch, dem 13. April im großen Marmorsaal des Militärkasinos, in Wien 1., Schwarzenbergplatz 1, aufgebahrt. In diesem Zeitraum erfolgte auch die Kranzniederlegung der verschiedenen Abordnungen.
Die Einsegnung erfolgte Mittwoch, den 13. April um 15.00 Uhr 30 in den gleichen Räumlichkeiten. Zutritt in das Palais hatten zum Zeitpunkt der Einsegnung nur folgende Personen: Die Familie, die Vertreter der Regierung, der amtlichen Stellen, des National- und Bundesrates, die Ritter des MMThO, die Generalität der Alten Armee und des österr. Bundesheeres.
Auf einem abgesperrten Areal des Schwarzenbergplatzes vor dem Denkmal des Fürsten zu Schwarzenberg, das von militärischen Ordnern kontrolliert wurde, nahmen während der Einsegnung die Deputationen des Bundesheeres, der militärischen Verreinigungen und die Mitglieder des Gagistenverbandes sowie der Vereinigung Alt-Neustadt Aufstellung.
Nach der Einsegnung bewegte sich der Trauerkondukt über die für den allgemeinen Verkehr gesperrte Ringstraße, der Babenbergerstraße bis zum Getreidemarkt. Von dort wurde der Sarg mit dem Leichnam nach erfolgter Leistung der Ehrenbezeugung durch die Ehrenkompanie und den Kondukt auf den Zentralfriedhof überführt.
Zwei Monate nach dem Tod von Josef Roth erreichte ein mit 9. Juni 1927 datiertes Schreiben Malwine Roth-Limanowa. Am gedruckten Briefkopf stand vermerkt:
Der Bundeskanzler.

„Eure Exzellenz!
Für das liebenswürdige Schreiben, das Sie, hochverehrte Baronin, an mich zu richten die Freundlichkeit hatten, beehre ich mich Euer Exzellenz verbindlichst zu danken und bitte Sie überzeugt zu sein, dass die Erinnerung an den von mir so sehr verehrten verewigten Herrn Generaloberst immer in mir lebendig bleiben wird.
Es hat mich ungemein erfreut, zu erfahren, daß die Bemühungen Ihres Sohnes[283]*, eine geeignete Stelle im Bereiche der Bundesverwaltung zu finden, eine für ihn befriedigende Lösung gefunden haben.*

---

[282] KA, NL B 14 : 6
[283] Mjr.a.D. Josef Roth, der älteste Sohn des GO Roth

Indem ich diesen Anlaß benütze, um Ihnen, hochverehrte gnädigste Baronin, alles Gute für Ihr Wohlergehen zu wünschen, bitte ich Sie, den Ausdruck vorzüglichster Hochachtung empfangen zu wollen.
Ihres ergebenen Seipel[284] *m.p.“*

Bundeskanzler Prälat Dr.Ignaz Seipel hatte dieses Staatsbegräbnis persönlich angeordnet. Nach dem am 27. Jänner 1927 erfolgten Zusammenstoß zwischen dem Schutzbund und den Frontkämpfern in Schattendorf, einem kleinen Ort des sonst politisch recht ruhigen Burgenlandes, der auf sozialdemokratischer Seite zwei Todesopfer gefordert hatte und zu dieser Zeit unter heftiger Erregung der Arbeiterschaft im Justizpalast verhandelt wurde, wollte Bundeskanzler Seipel offenbar als Kontrast das konservative alte Österreich auf der Straße sehen. Noch dazu standen am 24. April Neuwahlen an, die der Christlichsoziale Dr. Seipel mit einer „Einheitsliste“ mit den Großdeutschen zu gewinnen hoffte[285].

In den Wochen nach der Beerdigung bekam die Witwe neben dem Brief des Bundeskanzlers noch unzählige Beileidsschreiben und Telegramme[286]. Drei seien herausgegriffen, da es sich um Persönlichkeiten des dt. Verbündeten handelte:
Ein Telegramm, aufgegeben in Berlin.
„Den Ausdruck herzlicher treuer Teilnahme sendet von Hindenburg“

Ein Brief aus Falkenwalde bei Stettin.
„Allverehrte gnädige Frau!
Eurer Exzellenz spreche ich meine aufrichtige Teilnahme am Heimgang Ihres Herrn Gemahls aus. Er ist frühzeitiger abberufen worden, als menschliche Voraussicht erwarten konnte. Das harte Geschick seines Vaterlandes, der jähe Verlust seines Kaiserhauses und die unheilvolle Vernichtung der ruhmvollen Armee, der sein Herz und sein Können gehört, haben seinen Lebensabend Heimsuchungen bereitet, die er kaum überwunden haben wird. Doch das Gefühl allezeit erfüllter Pflicht konnte er mit ins Grab nehmen. Einer der ausgezeichnetsten wertvollsten Führer des tapferen österreichischen Heeres, hat er sich in dessen Geschichte einen unauslöschlichen Namen erworben. Auch ich werde dem in entscheidenden Stunden bewährten Führer und Kriegskameraden ein treues Andenken bewahren, bis an mich selbst der Abruf zur grossen Armee ergeht. In aufrichtiger Mittrauer Eurer Exzellenz ehrerbietigst ergebener Mackensen“

Ein weiteres Kondolenz-Schreiben kam aus München:
„Gnädigste Exzellenz!
Nehmen Sie den Ausdruck meines tiefsten Beileids über das Hinscheiden Ihres Herrn Gemahls, dessen Name in der Kriegsgeschichte hell hervorleuchtet

---

[284] Ignaz Seipel, * am 19.7.1876 in Wien, + am 1.8. 1932 in Pernitz, Dr. theol., Universitätsprof., 27.10.1918-11.11.1918 Minister f. soz. Fürsorge, ab 1919 Abg.z.NR., 1921 Prälat, 1921-1929 Obmann der Christlichsozialen Partei, 31.5.1922-20.11.1924 und 10.10.1926-4.5.1929 Bundeskanzler, 30.9.1930-4.12.1930 BM f.Äußeres

[285] Erich Zöllner, Geschichte Österreichs. Von den Anfängen bis zur Gegenwart, Wien 1990, 8.Aufl., 505-506

[286] KA, NL B 14 : 15

und den Ruhm der alten k.u.k. Armee erhöht hat.
In Verehrung Ihr sehr ergebener Ludendorff"

Das menschlich berührendste Schreiben erreichte Malwine Roth jedoch erst 15 Jahre später, im Herbst 1942 von einer Frau Gamper. Ihr Mann, Johann Gamper, ein Tiroler Bauer aus Kitzbühel, war einer von Roth´s Ordonanzen (Anm: in der Alten Armee oft kurz und liebevoll „Pfeiffendeckl" genannt), der bei Roth nicht nur an der Akademie zu Wiener Neustadt von 1910 bis 1914, sondern auch im Weltkrieg von 1914 bis 16 seinen Dienst versehen hatte. Die Worte, die Johann Gamper vor seinem Hinscheiden seiner Frau anvertraute, um sie der Witwe des Generalobersten zu übermitteln, lauteten:
„Ich lasse ihr sagen, daß ich niemals vergessen habe, diese menschliche Güte und unterschiedslose Kameradschaft, die der Exzellenzherr auch mir gegeben hat. Keinem hochgestellten Menschen bin ich je begegnet, der derart menschlich und verstehend fühlte und so ungeschminkt sich gab. Möge der Herrgott seine Familie weiter unter seinen Schutz nehmen!"

Der Name des Generalobersten Josef von Roth-Limanowa hat sich im Gedächtnis geschichtsinteressierter Menschen auch nach dem 2. Weltkrieg erhalten können:
Anlässlich seines 100. Geburtstages, am 21. Oktober 1959, war ihm im Österr. Rundfunk eine halbstündige Sendung gewidmet. Wie schon erwähnt, gab es rund um diesen runden Geburtstag zahlreiche Zeitungsartikel[287], die seine Leistungen und Erlebnisse im 1. WK im Überblick wiedergaben.
Am 10.1. 1966 schrieb unter der Aktenzahl 350-4-15/R/Fi/12 der Obermagistratsrat der Stadt Linz, Dr. Wilhelm Rausch unter dem Betreff: *„Straßenumbenennung der Roth-Straße in Roth-Limanowa-Straße"* an Herrn Alfred Roth-Limanowa[288], Wien 18., Wurzingergasse 3a, dass *„... Über Antrag des Archivs der Stadt Linz der Linzer Stadtrat in seiner Sitzung vom 20.12.1965 die Umbenennung der Roth-Straße im beantragten Sinne einstimmig beschlossen* (hat)*"*.
Doch bekanntlich ist keine Freude im Leben wirklich ganz umsonst. Das amtliche Schreiben schließt: *„Ob Ihnen durch die Umbenennung der Straße für die Anfertigung der Tafeln Kosten erwachsen, kann die Leitung des Archivs nicht absehen, gewiß ist aber, daß die Kosten geringfügig sein werden. Die Vorschreibung eines ev. Kostenersatzes wird seitens des Vermessungsamtes erfolgen"*.
Die „Nachrichten aus Südtirol" berichteten in ihrer Wochenend-Ausgabe vom 14./15. Mai 1988, dass die Enkelin des Brixener Ehrenbürgers GO Josef Roth, Dr. Erika Roth-Limanowa, dem Bürgermeister der Stadt Brixen, Dr. Zeno Giacomuzzi, das von einem unbekannten Meister stammende Ölportrait des Generals zum Geschenk gemacht hatte. Das Bild erhielt im Amtszimmer des Bürgermeisters einen Ehrenplatz[289].

[287] Siehe u.a.auch: „Der Soldat" v. 11. Okt. 1959 oder „Neue Österr. Tageszeitung", Nr. 245, v. 22. Okt. 1959
[288] Josef Roths´ jüngster Sohn
[289] Dr. Erika Roth-Limanowa hat darüber hinaus im Jahr 1984 dem O.Ö. Landesmuseum, Außenstelle Schloss Ebelsberg, ebenfalls ein Portrait ihres Großvaters zum Geschenk gemacht. Weiters hängt ein Portrait des Generaloberst Roth im Berg-Isel-Museum in Innsbruck. Hingegen wurde in den späten 60er Jahren ein Portrait des GO Roth von Brüch aus den Räumlichkeiten des Rainer-Museums in Salzburg entfernt und dürfte im Depot gelandet sein.

Zuletzt hielt Dr. Helmut Steinacker am 19. November 1994 einen Festvortrag – in Anwesenheit der Enkelin des Generals – im Rittersaal der MilAk zu Wr. Neustadt. Somit zum 80. Jahrestag der Schlacht von Limanowa-Lapanów,

Die vorliegende Diplomarbeit möge, 90 Jahre nach Beginn des Ersten Weltkrieges, gleichsam als Zusammenfassung der Lebensaktivitäten des k.u.k. Generals und Patrioten Josef Roth dienen.

11. Zusammenfassung und Lebensbilanz

Vergleicht man beispielsweise bis 1916 den militärischen Lebensweg von GO Josef Roth mit FM Hermann Kövess von Kövesshaza, so war Roth durch den positiven Abschluss der Kriegsschule und den Eintritt in den Generalstab vom zeitlichen Ablauf betrachtet, in den rangmäßigen Vorrückungen bevorzugt. Auch hatten sich für Josef Roth als Generalstäbler die Karrierechancen merklich erhöht und damit auch die gesellschaftlichen Aspekte: Somit konnte Roth als „Bürgerlicher Offizier“ in die wohlhabende gräfliche Familie Lažansky v.Bukové einheiraten; im Jahre 1892 alles andere als eine Selbstverständlichkeit.

Die Auswertung des Nachlasses von Josef Roth hat gezeigt, dass vor allem FM Franz Conrad von Hötzendorf großen Einfluss auf seine militärische Karriere hatte. Zunächst verlief aufgrund sehr guter militärischer Qualifikationen, etwa die des Armeeinspektors Erzhg. Friedrich, alles harmonisch: Conrad ermöglichte Roth die einflussreiche und imageträchtige Position eines Kommandanten der Militärakademie in Wiener Neustadt, in der sich Josef Roth durch zahlreiche beeindruckende Reformen und guten Kontakt zu der Jugend außerordentlich gut bewährte.

In den ersten Gefechten des Weltkrieges an der Ostfront fiel Roth den hohen Herren im AOK durch Charaktereigenschaften wie Selbstständigkeit, Kommunikationsfähigkeit und persönliche Tapferkeit positiv auf. Sein Sinn für Kameradschaft und Menschlichkeit wurde wiederum von seinem Stab und seinen Soldaten hoch geschätzt.

Die von Hindenburg und seinem kongenialen Stabschef Ludendorff in der Schlacht von Tannenberg vorgeführte ineinandergreifende Zusammenarbeit, die durch eine Kombination von raschem Erkennen der eigenen Chancen, ohne Unterschätzung des Gegners und der eigenen Schwächen geprägt war, konnte durch enge und reibungslose Kooperation zwischen Conrad und der Armeegruppe Roth in diesem Sinne umgesetzt werden. Der die Schlacht entscheidende Flankenstoß in einer Umfassungsbewegung kam für die Russen völlig überraschend und traf sie – wie bei Tannenberg – an einer heiklen Schwachstelle, die eine ganze russische Armee in diesem Abschnitt mit Vernichtung bedrohte. Der Lehrer für Taktik und Kommandant an der MilAk zu Wr. Neustadt hatte sich somit auch in der Praxis bewährt.

Roth fiel mit seiner Leistung – inmitten von zahlreichen militärischen Tiefschlägen an der Ostfront – auch in den Medien besonders positiv auf und verfestigte seinen Nimbus als siegreicher Feldherr. Diese positive Verankerung im Bewusstsein der Bevölkerung Österreich-Ungarns konnte ihm auch nicht genommen werden, als er – nach der Verbesserung der militärischen Lage durch die siegreiche Schlacht von Gorlize-Tarnów – im zunächst erfolgreichen Vorstoß auf Luck gemeinsam mit FZM Puhallo in persönliche Schwierigkeiten kommt. Vor allem wurde vom AOK Roth der Vorwurf gemacht, beim neuerlichen Rückzug aus Luck mit seinen Truppen zu spät und zu zögerlich reagiert und damit große Verluste verursacht zu haben.

Das quellenorientierte Kriegsarchivwerk „Österreich-Ungarns letzter Krieg“ sowie die persönlichen Tagebuchaufzeichnungen von Josef Roth weisen jedoch darauf hin, dass die Fehler und Unterlassungen des AOK zunächst durch fehlerhafte Weisungen und schließlich verspätete Erteilung der Hand-

lungsfreiheit an GdI. Roth, für die hohen Verluste verantwortlich waren. Hier mag auch eine gewissen Entscheidungsschwäche von Erzhg. Josef Ferdinand mitgespielt haben.
Im AOK, in der unmittelbaren Umgebung von Generalstabschef Franz Conrad von Hötzendorf, agierten einflussreiche Offiziere, wie z.B. Gdl Alfred Krauß und Mjr. Karl Schneller, die Roth aus unterschiedlichen Gründen nicht wohlgesinnt waren. Conrad schrieb eigenhändig in Roths Qualifikationsliste: *„Zum Armeekommandanten nicht geeignet“.* Schon zuvor hatte der ebenso einflussreiche Heeresgruppenkommandant Erzhg. Eugen in einer Qualifikation formuliert: *„Zum Armeekommandanten fehlen die überwiegenden soldatischen Charaktereigenschaften“,* womit er konkret die *„..rücksichtslose Durchsetzung nötiger Maßnahmen“* meinte. Im Klartext war Erzherzog Eugen offenbar der Überzeugung, dass Roth in entscheidenden Augenblicken die menschenverachtende Rücksichtslosigkeit fehlte.
Roth wurde als Landeskommandant von Tirol und später als Rayonskommandant militärisch auf einen Beobachterposten in die zweite Reihe gesetzt. Ohne zu klagen, stets loyal zu Conrad und dem AOK, versah Roth mit großem persönlichen Einsatz seinen Inspektionsdienst in der Front aus Fels und Eis.
Doch durch diese zurückgesetzte Position verlor Roth weiter an Einfluss im Zentrum der Entscheidungsträger. So konnte er zunächst nur durch persönliche Intervention bei Kaiser Karl verhindern, dass er ins militärische Hinterland abgeschoben wurde.
Die letztlich ehrenvolle Verwendung im letzten Kriegsjahr als Generalsinspektor der Militär-Erziehungs- und Bildungsanstalten sowie des Heimkehrerwesens versah Roth mit ungebrochenem Elan, die übergeordneten Ziele für Armee und Monarchie stets im Auge behaltend.

Nach dem Krieg ließ sich Roth nicht in den tagespolitischen Kampf oder in die Parteipolitik hineinziehen, sondern übernahm Ehrenämter, die vor allem seinen sozialen und kameradschaftlichen Neigungen entsprachen. Er ist auch nach dem Untergang der Monarchie in seinem Glauben an die historische Sendung von Kaiserhaus und Armee nie wankend geworden.
Doch der ungeheure Stress des Kriegsalltages mit seinen letztlich vergeblichen Menschenopfern, die Zerschlagung der Monarchie mitsamt der jahrhundertealten Gesellschaftsordnung und der ebenso traditionellen Lebenseinstellung sowie der damit tradierten Werte, die negativen Erfahrungen als Kriegsheimkehrer, haben auch bei dem sehr empfindsamen Josef Roth tiefe seelische Spuren hinterlassen, die letztlich die frühzeitige Krebserkrankung sicherlich begünstigt haben.
Der umgängliche Familienmensch Josef Roth hatte im Musil´schen Sinne als „Mann ohne soldatische Eigenschaften“ (→ sehr frei zitiert nach Erzhg. Eugen), trotz großem persönlichen Einsatz und Selbstmotivation in der zweiten Hälfte des Weltkrieges einen Karriereknick hinnehmen müssen, der durch Ehrungen und Rangerhöhungen lediglich nach Außen hin verdeckt werden konnte.

12. Auszeichnungen

12.1. Auszeichnungen und Würden der österr.-ung. Monarchie[290]

- Ritterkreuz des Militär-Maria-Theresien-Ordens
- Österr.-kais. Leopold-Orden, 1. Klasse, Kriegsdekoration mit Schwertern
- Ritter 1. Klasse des österr.-kais. Ordens der Eisernen Krone, Kriegsdekoration mit Schwertern
- Kommandeur des österr.-Kais. Leopold-Ordens, Kriegsdekoration mit Schwertern
- Ritterkreuz des österr.-kais. Leopold-Ordens
- Ritter 3. Klasse des österr.-kais. Ordens der Eisernen Krone
- Ehrenzeichen 1. Klasse des Roten Kreuzes, Kriegsdekoration
- Militär Verdienstkreuz 3. Klasse, Kriegsdekoration mit Schwertern
- Bronzene Militär Verdienstmedaille, Kriegsdekoration mit Schwertern
- Bronzene Militär Verdienstmedaille,
- Dienstzeichen für Offiziere 2. Klasse
- Militär-Jubiläumsmedaille 1898
- Militär-Jubiläumskreuz 1908

Geheimer Rat, Generalinspekteur der Militär Erziehungs- und Bildungsanstalten, betraut mit der Obersten Leitung des Heimkehrwesens

12.2. Ausländische Auszeichnungen

- Japanischer Orden
- Türkischer Orden

[290] Jörg. C. Steiner, Schematismus der Generale und Obersten der k.u.k. Armee. Stand 31. Dezember 1918. Mit Berücksichtigung der auszeichnungsmäßigen Veröffentlichungen bis 1. Februar 1919, Wien 1992, 13

13. Quellen- und Literaturverzeichnis

13.1. Archivquellen

Österreichisches Staatsarchiv, Kriegsarchiv, Bestandsgruppe „Nachlässe und Sammlungen des ÖstA", Nachlass Roth-Limanova B und C 14

13.2. Gedruckte Quellen

Auffenberg-Komarów, M.v. Aus Österreichs Höhe und Niedergang. Eine Lebensschilderung, München 1921,

Bardolff, Carl Frhr.v. Soldat im alten Österreich. Erinnerungen aus meinem Leben, Jena 1938

Benedikt, Heinrich Damals im alten Österreich. Erinnerungen, Wien-München 1979

Broucek, Peter (Hg.), Ein General im Zwielicht. Die Erinnerungen Edmund Glaises von Horstenau, Wien-Köln-Graz 1980, Bd 1 k.u.k. Generalstabsoffizier u. Historiker, in: Veröffentlichungen der Komm. f. Neuere Geschichte Österreichs, Bd. 67,

Ludendorff, Erich Meine Kriegserinnerungen 1914-1918, Berlin 1919,

Roth-Limanowa, Josef v. Die Schlacht von Limanowa-Lapanów. Dezember 1914, aus seinem Nachlass hg. vom Alt-Kaiserjäger-Klub, Innsbruck 1928

13.3. Zeitschriften

Tagesbefehl FML Roth Neues Wiener Journal vom 23. November 1915

Georg Bittner Fahrt zur Dolomitenfront, in: Neues Wiener Journal vom 17. Mai 1916

Kiszling, Rudolf Die österr.-ung. Armee in den letzten Dezennien vor 1914, in: ÖMZ, Sonderheft II/1964

Meier-Welcker, Hans Die militärische Lage der Mittelmächte Anfang Juni 1918, in: ÖMZ, Heft 6/1968

Melichar, Peter Die Kämpfe merkwürdiger Untoter. K.u.k. Offiziere in der Ersten Republik, in: ÖZG, 9.Jg. Heft 1/1998

Mitteilungsblatt „Alt-Neustadt" 1 (1965)

Stöckelle, Gustav Der Feldzug von Limanova-Lapanów 1-.20. Dez. 1914. Abschluss der Herbstkämpfe gegen Russland, in: ÖMZ, Sonderheft I/1965

13.4. Literaturverzeichnis

Bauer, E. — Der letzte Paladin des Reiches. Generaloberst Stefan Freiherr Sarkotic von Lovcen, Graz-Wien-Köln 1988

Bauer, E. — Der Löwe vom Isonzo. Feldmarschall Svetozar Boroevic de Bojna, Graz-Wien-Köln 1986

Buchmann, Bertrand M. — Kaisertum und Doppelmonarchie, Wien 2003, (Reihe Geschichte Österreichs, Bd. V.)

Bührer, Helmut — Feldmarschall Hermann Kövess von Kövesshaza. Letzter Oberkommandant der k.u.k. Armee, Wien 2000, (Ungedr. Dipl.Arbeit)

Csokor, Franz Theodor — 3. November 1918. Theaterstück in 3 Akten, Wien-Hamburg 1936

Deák, István — Der k.(u.)k. Offizier 1848-1918, Wien-Köln-Weimar 1991

Doppelbauer, Wolfgang, — Zum Elend noch die Schande. Das altösterreichische Offizierskorps am Beginn der Republik, Wien 1988

Keimel, Reinhard — Enzyklopädie des österreichischen Flugzeugbaus. Von den Anfängen bis zur Gegenwart, Oberhaching 2003,

Kiszling, Rudolf — Österreich-Ungarns Anteil am Ersten Weltkrieg, Graz 1958

Kronenbitter, Günther — „Krieg im Frieden". Die Führung der k.u.k. Armee und die Großmachtpolitik Österreichs-Ungarns 1906-1914, München 2003, (Aus: Studien zur Internationalen Geschichte, Wilfried Loth (Hg.), Bd.13)

Langes, Gunther — Die Front in Feld und Eis. Der Weltkrieg 1915-1918 im Hochgebirge, Bozen 1972, 4. Auflg.

Lichem, Heinz von — Krieg in den Alpen 1915-1918, Bd. 1, Augsburg 1993

Markus, Georg — Der Fall Redl, Wien-München 1984

Österreich-Ungarns letzter Krieg. Hg vom Bundesministerium für Heerwesen und Kriegsarchiv, 7 Text- und 7 Kartenbände, Register, Wien 1930-1938

Peball, Kurt (Hg) — Conrad v. Hötzendorf. Private Aufzeichnungen. Erste Veröffentlichungen aus den Papieren des k.u.k. Generalstab-Chefs, Wien-München 1977

Pethö, Albert — Agenten für den Doppeladler. Österreich-Ungarns Geheimer Dienst im Weltkrieg, Graz 1998

Rauchensteiner, M. — Der Tod des Doppeladlers. Österreich-Ungarn und der Erste Weltkrieg, Graz-Wien-Köln 1993

Rauchensteiner, M. — Österreich-Ungarn und der Erste Weltkrieg 1914-1918. Eine Publikation des Heeresgeschichtlichen Museums/Militärhistorisches Institut und des Österreichischen Staatsarchivs/ Kriegsarchiv, Graz 1998

Rauchensteiner, M.	Österreich-Ungarn, in: Enzyklopädie Erster Weltkrieg, Gerhard Hirschfeld, Gerd Krumeich, Irina Renz (Hg.), Paderborn-München 2003
Schäfer, Theobald v.	Tannenberg, Oldenburg-Berlin 1917, (Aus: Reihe Schlachten des Weltkrieges, Bd. 19, Hg. im Auftrage des Reichsarchives)
Sondhaus, Lawrence	Franz Conrad von Hötzendorf. Architekt der Apokalypse, Wien-Graz 2003
Steiner, Jörg C.	Schematismus der Generale und Obersten der k.u.k. Armee. Stand 31. Dezember 1918. Mit Berücksichtigung der auszeichnungsmäßigen Veröffentlichungen bis 1. Februar 1919, Wien 1992
Stone, Norman	The Eastern Front 1914-1917, London 1975
Veltze, A.	Unsere Heerführer, Band II/III, Wien 1917/18
Zöllner, Erich	Geschichte Österreichs. Von den Anfängen bis zur Gegenwart, Wien 1990, 8. Auflg.

14. Abbildungen und Dokumente

14.1. Dokumentation der Abbildungen

Mil. Lageskizzen 1, 3 und 5 im Textteil entnommen aus: Rudolf Kiszling, Österreich-Ungarns Anteil am Ersten Weltkrieg, Graz 1958
Mil. Lageskizze 2 im Textteil entnommen aus: Oskar Regele, Gericht über Habsburgs Wehrmacht, Wien-München 1968, 31
Mil. Lageskizze 4 im Textteil entnommen aus: Rudolf Kiszling, Die hohe Führung der Heere Habsburgs im Ersten Weltkrieg (Wien 1965, ungedr. Broschüre, Skizze 21

Abb. 1: Taufurkunde Josef Roth 1859 (Duplikat ex 1916), Archiv Dr. Erika Roth-Limanova
Abb. 2: FML Josef Roth, signiert „16. August 1916, J. Epstein", entnommen aus: Gustav Stöckelle, Der Feldzug von Limanowa-Lapanów 1.–20. Dez. 1914. Abschluss der Herbstkämpfe gegen Russland, in: ÖMZ, Sonderheft I/1965
Abb. 3: Das Wappen der „Freiherrn von Roth-Limanowa-Lapanów", Archiv Dr. Erika Roth-Limanowa
Abb. 4: Hochzeitsbild Josef Roth und Malwine Lažansky, 1892, Archiv E. R-L.
Abb. 5: Ehrenkomp. d. Wr. Neustädter Militärakademiker, 1912, Archiv E.R-L.
Abb. 6: FML Roth mit seinem Stab, Galizien 1914, Archiv E. R-L.
Abb. 7: FML Roth mit seinem Stab im Offz.Kasino in Debno 1915, Archiv R-L.
Abb. 8: Gdl Roth bei einer Flugstaffel in Brixen, entnommen aus: Heinz von Lichem: Der Tiroler Hochgebirgskrieg 1915-1918 im Luftbild, Berwang/Tirol, 1985, 79
Abb. 9: FML Roth mit seinem Wallach-Rappen „Gustl", Galizien 1915, Archiv E. R-L.
Abb. 10: Familiengruppenbild v.l.n.r.: Alfred, Melanie, FML Roth, Gattin Malwine, Josef und Marga; Brixen 1917, Archiv E. R-L.
Abb. 11: FML Roth u. Familie, rechts außen Adjutant Hptm. Botho Gf. Coreth, vor der "Roth-Brücke", Brixen 1917, Archiv E. R-L.
Abb. 12: Familienparte GO Josef Frh.v.Roth-Limanowa, 1927, Archiv. E. R-L.
Abb. 13: Statsbegräbnis GO Josef Fr. v. Roth-Limanowa, Trauerkondukt am Schwarzenbergplatz, der Sarg wird von einer Lafette gezogen, Archiv E. R-L.
Abb. 14: HGr. Kdt. FM Erzhg. Eugen, 1917, Archiv E. R-L.
Abb. 15: Gdl. Erzhg. Josef Ferdinand, mit pers. Widmung an Roth, Dez. 1915, Archiv E. R-L.
Abb. 16: FM Erzhg. Friedrich, Oberkommandierender d. k.u.k. Armee, 1916 Archiv E. R-L.

14.2 Bildteil

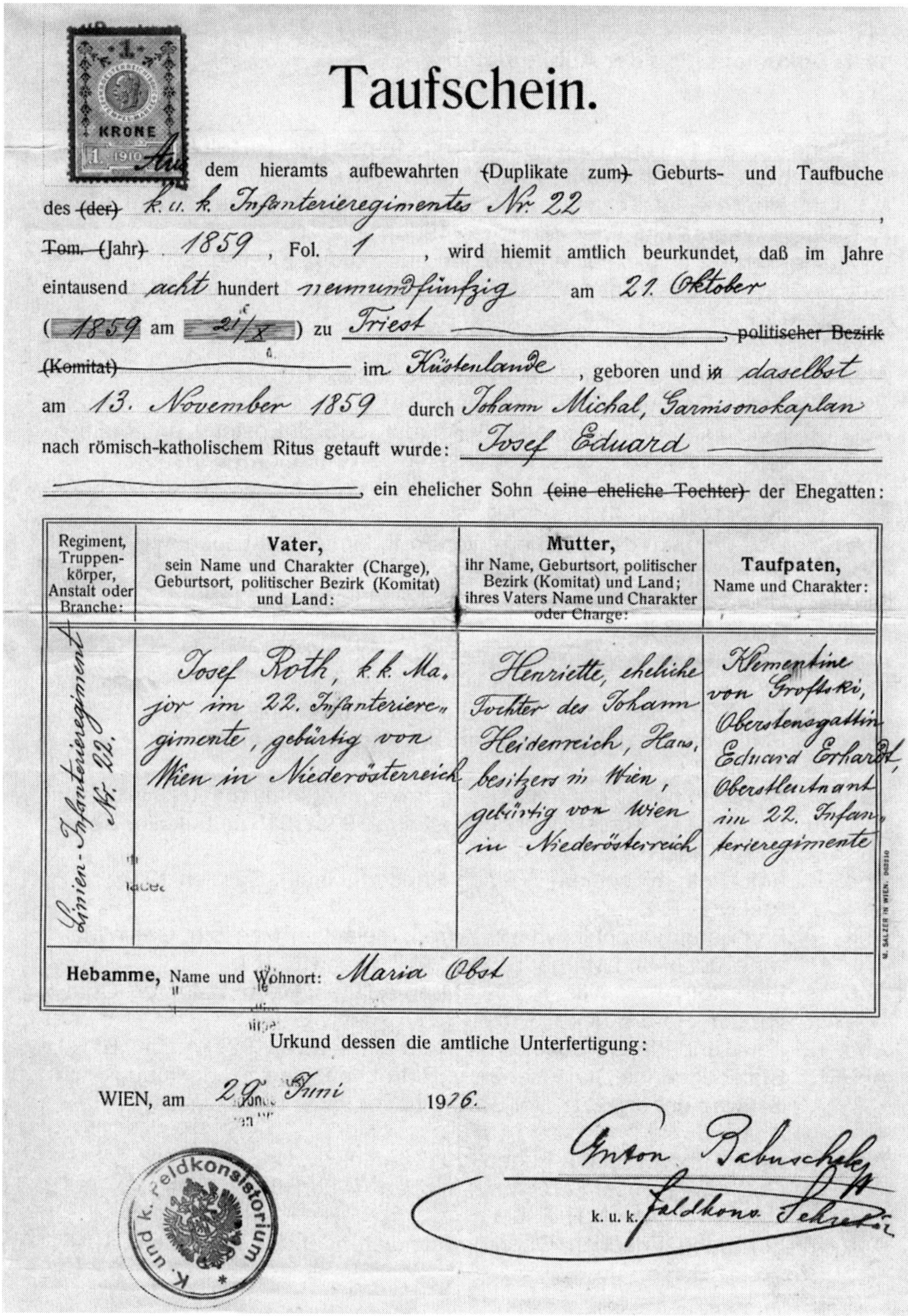

Taufschein.

Aus dem hieramts aufbewahrten ~~(Duplikate zum)~~ Geburts- und Taufbuche des ~~(der)~~ k. u. k. Infanterieregimentes Nr. 22, ~~Tom.~~ ~~(Jahr)~~ 1859, Fol. 1, wird hiemit amtlich beurkundet, daß im Jahre eintausend acht hundert neunundfünfzig am 21. Oktober (1859 am 21/X) zu Triest ~~politischer Bezirk (Komitat)~~ im Küstenlande, geboren und in daselbst am 13. November 1859 durch Johann Michal, Garnisonskaplan nach römisch-katholischem Ritus getauft wurde: Josef Eduard, ein ehelicher Sohn ~~(eine eheliche Tochter)~~ der Ehegatten:

Regiment, Truppenkörper, Anstalt oder Branche:	Vater, sein Name und Charakter (Charge), Geburtsort, politischer Bezirk (Komitat) und Land:	Mutter, ihr Name, Geburtsort, politischer Bezirk (Komitat) und Land; ihres Vaters Name und Charakter oder Charge:	Taufpaten, Name und Charakter:
Linien-Infanterieregiment Nr. 22.	Josef Roth, k.k. Major im 22. Infanterieregimente, gebürtig von Wien in Niederösterreich	Henriette, eheliche Tochter des Johann Heiderreich, Hausbesitzers in Wien, gebürtig von Wien in Niederösterreich	Klementine von Grofski, Oberstensgattin; Eduard Erhardt, Oberstleutnant im 22. Infanterieregimente

Hebamme, Name und Wohnort: Maria Obst

Urkund dessen die amtliche Unterfertigung:

WIEN, am 29. Juni 1916.

Anton Babuschek
k. u. k. Feldkons. Sekretär

Abb. 1: Taufurkunde Josef Roth 1859 (Duplikat ex 1916),
Archiv Dr. Erika Roth-Limanova

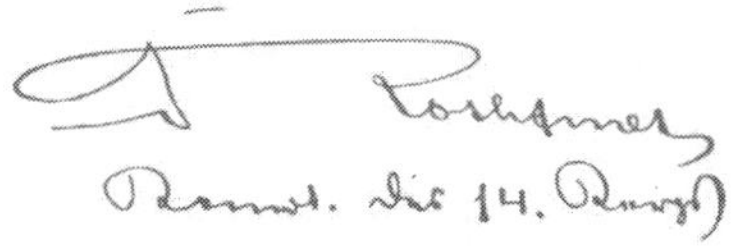

Abb. 2: FML Josef Roth, signiert „16. August 1916, J. Epstein“, entnommen aus: Gustav Stöckelle, Der Feldzug von Limanowa-Lapanów 1.–20. Dez. 1914. Abschluss der Herbstkämpfe gegen Russland, in: ÖMZ, Sonderheft I/1965

Abb. 3: Das Wappen der „Freiherrn von Roth-Limanowa-Lapanów“, Archiv Dr. Erika Roth-Limanowa

Abb. 4: Hochzeitsbild Josef Roth und Malwine Lažansky, 1892, Archiv E. R-L.

Abb. 5: Ehrenkomp. d. Wr. Neustädter Militärakademiker, 1912, Archiv E. R-L.

Abb. 6: FML Roth mit seinem Stab, Galizien 1914, Archiv E. R-L.

Abb. 7: FML Roth mit seinem Stab im Offz.Kasino in Debno 1915, Archiv R-L.

Abb. 8: GdI Roth bei einer Flugstaffel in Brixen, entnommen aus: Heinz von Lichem: Der Tiroler Hochgebirgskrieg 1915–1918 im Luftbild, Berwang/Tirol, 1985, 79

Abb. 9: FML Roth mit seinem Wallach-Rappen „Gustl“, Galizien 1915, Archiv E. R-L.

Abb. 10: Familiengruppenbild v.l.n.r.: Alfred, Melanie, FML Roth, Gattin Malwine, Josef und Marga; Brixen 1917, Archiv E. R-L.

Abb. 11: FML Roth u. Familie, rechts außen Adjutant Hptm. Botho Gf. Coreth, vor der „Roth-Brücke“, Brixen 1917, Archiv E. R-L.

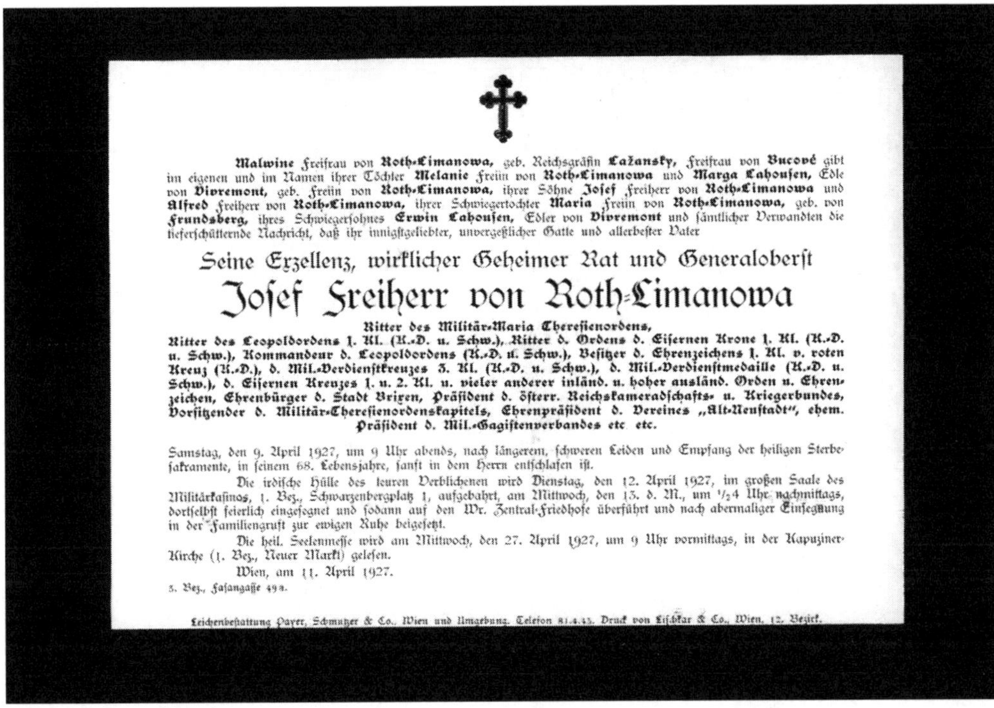

Malwine Freifrau von **Roth-Limanowa,** geb. Reichsgräfin **Lažansky,** Freifrau von **Bucové** gibt im eigenen und im Namen ihrer Töchter **Melanie** Freiin von **Roth-Limanowa** und **Marga Lahousen,** Edle von **Vivremont,** geb. Freiin von **Roth-Limanowa,** ihrer Söhne **Josef** Freiherr von **Roth-Limanowa** und **Alfred** Freiherr von **Roth-Limanowa,** ihrer Schwiegertochter **Maria** Freiin von **Roth-Limanowa,** geb. von **Frundsberg,** ihres Schwiegersohnes **Erwin Lahousen,** Edler von **Vivremont** und sämtlicher Verwandten die tieferschütternde Nachricht, daß ihr innigstgeliebter, unvergeßlicher Gatte und allerbester Vater

Seine Exzellenz, wirklicher Geheimer Rat und Generaloberst

Josef Freiherr von Roth-Limanowa

Ritter des Militär-Maria Theresienordens,
Ritter des Leopoldordens 1. Kl. (K.-D. u. Schw.), Ritter d. Ordens d. Eisernen Krone 1. Kl. (K.-D. u. Schw.), Kommandeur d. Leopoldordens (K.-D. u. Schw.), Besitzer d. Ehrenzeichens 1. Kl. v. roten Kreuz (K.-D.), d. Mil.-Verdienstkreuzes 3. Kl. (K.-D. u. Schw.), d. Mil.-Verdienstmedaille (K.-D. u. Schw.), d. Eisernen Kreuzes 1. u. 2. Kl. u. vieler anderer inländ. u. hoher ausländ. Orden u. Ehrenzeichen, Ehrenbürger d. Stadt Brixen, Präsident d. österr. Reichskameradschafts- u. Kriegerbundes, Vorsitzender d. Militär-Theresienordenskapitels, Ehrenpräsident d. Vereines „Alt-Neustadt", ehem. Präsident d. Mil.-Gagistenverbandes etc. etc.

Samstag, den 9. April 1927, um 9 Uhr abends, nach längerem, schweren Leiden und Empfang der heiligen Sterbesakramente, in seinem 68. Lebensjahre, sanft in dem Herrn entschlafen ist.

Die irdische Hülle des teuren Verblichenen wird Dienstag, den 12. April 1927, im großen Saale des Militärkasinos, 1. Bez., Schwarzenbergplatz 1, aufgebahrt, am Mittwoch, den 13. d. M., um ½4 Uhr nachmittags, dortselbst feierlich eingesegnet und sodann auf den Wr. Zentral-Friedhofe überführt und nach abermaliger Einsegnung in der Familiengruft zur ewigen Ruhe beigesetzt.

Die heil. Seelenmesse wird am Mittwoch, den 27. April 1927, um 9 Uhr vormittags, in der Kapuziner-Kirche (1. Bez., Neuer Markt) gelesen.

Wien, am 11. April 1927.

3. Bez., Fasangasse 49a.

Leichenbestattung Payer, Schmutzer & Co., Wien und Umgebung. Telefon 81.4.43. Druck von Lischkar & Co., Wien, 12. Bezirk.

Abb. 12: Familienparte GO Josef Frh. v. Roth-Limanowa, 1927, Archiv. E. R-L.

Abb. 13: Staatsbegräbnis GO Josef Frh. v. Roth-Limanowa, Trauerkondukt am Schwarzenbergplatz, der Sarg wird von einer Lafette gezogen, Archiv E. R-L.

Abb. 14: HGr. Kdt. FM Erzhg. Eugen, 1917, Archiv E. R-L.

Abb. 15: GdI. Erzhg. Josef Ferdinand, mit persönlicher Widmung an Roth, Dezember 1915, Archiv E. R-L.

Abb. 16: FM Erzhg. Friedrich, Oberkommandierender d. k.u.k. Armee, 1916, Archiv E. R-L.